Uma Poética em Cena

Coleção Estudos
Dirigida por J. Guinsburg

Equipe de realização – Edição de texto: Luiz Henrique Soares; Revisão: Elen Durando; Produção textual: Luiz Henrique Soares e Elen Durando; Sobrecapa: Sergio Kon; Produção: Ricardo W. Neves, Sergio Kon e Lia N. Marques.

Reni Chaves Cardoso

UMA POÉTICA EM CENA
MEIERHOLD, BLÓK, MAIAKÓVSKI

 PERSPECTIVA

CIP-Brasil. Catalogação-na-Fonte
Sindicato Nacional dos Editores de Livros, RJ

C266p
    Cardoso, Reni Chaves, 1945-2008
    Uma poética em cena : Meierhold, Blók, Maiakóvski / Reni
Chaves Cardoso. - 1.ed. - São Paulo : Perspectiva, 2018.
    332 p. : il. ; 23 cm. (Estudos ; 358)

    Inclui bibliografia
    ISBN 978-85-273-1126-7

    1. Meyerhold, V. E. (Vsevolod Emilevich), 1874-1940. 2. Blók,
Alessandr, 1880-1921. 3. Maiakóvsk, Vladimir, 1893-1930. 4. Teatro
russo - História e crítica. 5. Representação teatral. 6. Vanguarda
(Estética). I. Título. II. Série.

18-50494   CDD: 792.0947
                                            CDU: 792(470)

Meri Gleice Rodrigues de Souza - Bibliotecária CRB-7/6439
15/06/2018   22/06/2018

Direitos reservados em língua portuguesa à
EDITORA PERSPECTIVA LTDA.

Av. Brigadeiro Luís Antônio, 3025
01401-000 São Paulo SP Brasil
Telefax: (011) 3885-8388
www.editoraperspectiva.com.br

2018

Sumário

Introdução – *J. Guinsburg* VII

OS TEXTOS

    1. A Barraca de Feira – *Aleksandr Blók*
       [*tradução de Reni Chaves Cardoso*]. 3

    2. Os Banhos – *Vladímir Maiakóvski*
       [*tradução de Luiz Sampaio*] 15

A CENA

    1. Meierhold: Uma Poética em Cena –
      Reni Chaves Cardoso 79

      I Prólogo. 79
      II Entreato 89
     III Ação: As Narrativas Sobre os Diversos Banhos 121
     IV Da Música Que É Bom. 243
      V Epílogo?!. 247

2. Proposta Para uma Montagem de A Barraca de Feira – *Reni Chaves Cardoso* 251

3. Esboços de A Barraca de Feira – *Reni Chaves Cardoso* 263

4. Simbolismo e Teatro Russo – *J. Guinsburg e L.H. Soares* 295

POSFÁCIO
Minha Memória Afetuosa – *José Eduardo Vendramini* 315

Introdução

Os caminhos de Reni Chaves Cardoso (1945-2008) e os meus se cruzaram em vários momentos. Como aluna de pós-graduação, orientanda de Boris Schnaiderman, ela participou de meus cursos sobre Meierhold ministrados na Escola de Comunicações e Artes, nos longínquos anos de 1975 e 1976, durante os quais, além das relações de professor e aluno, no exame de toda a rica carreira do diretor russo, estabelecemos vínculos de amizade e, o que mais importa ressaltar neste momento, de cooperação de esforços para a realização da coletânea de *Semiologia do Teatro* (1978), em parceria com Teixeira Coelho Neto. Conheci, portanto, sua capacidade de trabalho e a particular paixão que devotava ao teatro em geral e sobretudo à figura de um dos maiores renovadores da cena moderna e russa, o *régisseur*, por excelência, de Maiakóvski.

Sabia que ela pretendia dedicar uma de suas pesquisas à obra cênica de Meierhold e que, com a ajuda não só de seu orientador, mas também de seu esposo, um conhecedor da língua e da cultura russas, estava empenhada em investigar as fontes literárias e documentais da produção de Meierhold e do extraordinário processo criativo que o cercou.

VIII UMA POÉTICA EM CENA

De que foi bem-sucedida é prova o conjunto que ora apresentamos. A pesquisadora reuniu, como se pode verificar nas referências, quase tudo o que seria possível obter à distância, sem uma exploração *in loco* nos arquivos russos. E foi bastante. O historiador e intérprete de Meierhold e do teatro soviético dos anos 1920, Konstantin Rudnítski, que em correspondência com Reni duvidou da viabilidade de semelhante empreitada, nessas condições, ficaria, creio eu, deveras surpreendido pelo resultado final. A dedicação e o gosto podem vencer barreiras, à primeira vista, intransponíveis. E foi o que Reni conseguiu, com o entusiasmo e a tenacidade que a caracterizavam, numa linha reconstrutivista de base documental e crítica.

A leitura de seu trabalho, quase um roteiro de pesquisa permeado de comentários em tom muito pessoal sobre entraves e preferências, nos proporciona, todavia, não aquelas generalidades teóricas e críticas com que muitas vezes se costuma ocultar a falta de dados específicos e de conhecimentos objetivos, mas, numa sucessão como que de *slides*, uma tentativa de verdadeira remontagem da peça *Bania* (Os Banhos, 1929), de Maiakóvski, dos procedimentos dramatúrgicos, atorais, cenográficos e diretoriais que moldaram o texto e a encenação, de rever seus propósitos artísticos e sociopolíticos, a reação do meio intelectual e da crítica militante e o acolhimento do público. Trata-se, na verdade, de uma busca de recaptura do espetáculo em ato, na sucessão de suas partes, por um processo de imagens e metáforas teatrais, nos termos da proposta dramático-cênica e da linguagem artística dos dois grandes revolucionadores da poética teatral russa, como se pode ler no subtítulo do livro: uma poética em cena.

Entretanto, essa linha de trabalho tem um preço a ser pago. É um custo, em primeiro lugar, intrínseco, que se deve à própria natureza do teatro. Arte que se concretiza sempre, em sua destinação última, no aqui-agora do palco, está condenada à efemeridade, perecendo como plena materialização sensível no próprio momento em que toma corpo. Assim, de sua passagem pelo tempo e pelo espaço, só podem sobrar rastros, mesmo quando flagrados por câmeras. Por isso, alguns claros são inevitáveis e a completude da linha sequencial se esmaece, o espetáculo-objeto torna-se uma série discreta de maior ou menor número de quadros, ainda que, felizmente, a imaginação possa preencher satisfatoriamente, com apoio da objetividade crítica, os vazios. É evidente que, sob esses aspectos, não há como cobrar de ensaísta algum a plena restituição do "teatro" mesmo pela narratividade proposta. É o caso particular desta *mise en scène* de *Os Banhos*.

Outro custo é o de uma reconstituição de base excessivamente documental, posto que não se dispõe de registros e/ou testemunhos suficientes para acompanhar a descrição de seu objeto em intervalos pequenos sem incorrer em hiatos na dinâmica de sua sucessão. Reni, evidentemente, se apercebeu do fato e tentou solucioná-lo por diversos ângulos. O de maior importância operativa, tanto do ponto de vista estrutural como do da lógica da argumentação, me parece ser o das narrativas. Uma vez que o fito é armar os elementos de uma poética, não é em vão que sua argumentação se subdivida em: narrativa pela publicidade, narrativa pelos debates, narrativa pela crítica, narrativa pelas fotos e narrativa pelo texto escrito.

No seu conjunto, essas narrativas formam uma armação de leituras cujo pivô é a noção de texto teatral como organização integrativa do dramatúrgico e do cênico. A concepção é interessante e tem sido discutida em estética e teoria teatral, principalmente pelas abordagens fenomenológicas. E a nossa autora enveredou por esse caminho, associando o material documental, fotográfico, histórico, testemunhal etc. aos elementos do texto disponível de Maiakóvski, distinguindo entre os seus rearranjos redacionais e também levando em conta as várias interpretações da montagem, com destaque, por certo, para as preferências de linguagem e de estilo de seus criadores presentes nas versões do texto da peça. Cabe aqui observar que essa forma de tentativa de apreensão do espetáculo em seu fazer deixa patente o quanto, na interação entre dramaturgia e proposta cênica, o modo de ser da primeira se transforma. De fato, o discurso do dramaturgo, mesmo dotado de grandes qualidades encenantes, abandona a manifestação verbal escrita para transmutar-se numa linguagem auditiva e visual a um só tempo, o que equivale a dizer que qualquer texto dito "teatral" é, nesses termos, teatro encenado.

Fazendo uso da máquina de se deslocar no tempo de Maiakóvski, iremos a outro período – ao início do percurso de Meierhold, à realidade russa pré-revolucionária e ao estilo artístico que seduzia a vanguarda à época – para trazer o exemplo mais marcante do que acabamos de afirmar: *Balaganchik* (A Barraca de Feira), de Aleksandr Blók. O enredo simples e o complexo universo de referências dessa peça, que bem podem ser considerados os principais representantes do simbolismo no teatro russo, procuram discutir a problemática relação entre o escrito e o encenado na linguagem do simbolismo. Isso, à época, vinha mais do que a calhar para o diretor do Teatro Dramático e seu "laboratório experimental", para usar a expressão de Vera Komissarjévskaia, atriz e dona da companhia – faz todo o sentido, portanto, a peça ter sido a ele dedicada[1]. Convém lembrar que Blók já era um poeta maduro quando se voltou para a dramaturgia. Sua poesia, de início monológica e idealista, entrava em uma segunda fase, sob a influência de Valeri Briússov (1873-1924), mais experimental, na qual a desilusão e as múltiplas vozes expandem os limites do seu lirismo inato.

Na tradução de *A Barraca de Feira* por Reni Chaves Cardoso, presente neste volume, podemos observar como as características citadas se relacionam na tessitura do drama, inovador e polêmico. O texto faz-se acompanhar dos esboços do palco e dos figurinos para um projeto de encenação, feitos por ela, e traz algumas imagens da época, de modo a propiciar ao leitor uma visão acurada dos desafios que instigaram e ainda instigam aqueles que se dispõem a levar ao palco essa obra cuja primeira montagem, em 1906, constitui um marco da encenação moderna. O estudo da versão cênica de Meierhold para *Os Banhos* de Maiakóvski – acompanhado de sua tradução por Luiz Sampaio, com revisão de Boris Schnaiderman –, o projeto de encenação e a tradução de *A Barraca de Feira*, de Blók, enfeixam obras da dramaturgia russa que, embora sobejamente referidas, jamais haviam sido publicadas na íntegra em português.

Saliente-se que, ao associar neste volume duas peças de aclamados poetas, o que se tem em mira é trazer a primeiro plano uma parte da contribuição desses autores ao universo da dramaturgia, contribuição em geral negligenciada, e ressaltar

---

1 Cf. J. Guinsburg, *Stanislávski, Meierhold & Cia*, São Paulo: Perspectiva, 2015, p. 37-38, 48s.

que o papel do teatro em suas obras não foi incidental. As várias incursões de ambos (e de outros autores como Tzvetáeva ou mesmo Khlébnikov) por essa arte atestam a importância da irrupção do teatro de vanguarda na arte dramática daquele contexto histórico e também testemunham o quanto o impulso artístico dominante já se propunha, nesse universo literário, a transcender os limites estabelecidos entre as diferentes formas artísticas para materializar o novo: a voz e o gesto de um novo tempo, na cultura e na história do país, de uma nova sensibilidade, de uma nova arte.

Fruto do mesmo ímpeto vanguardista e levadas pelo mesmo genial encenador em momentos distintos de sua carreira, ambas as peças delimitam um período da história do teatro, da Rússia e da própria humanidade cujas repercussões ainda se fazem sentir hoje, mais de um século depois que os primeiros assobios se fizeram ouvir no Teatro Vera Komissarjévskaia, naquela noite de inverno em dezembro de 1906, em São Petersburgo, em que *A Barraca de Feira* estreou, marcando um dos pontos de inflexão de uma aventura que, para dar ao poeta da Revolução a última palavra, "exige que se escreva a respeito".

NOTA DE EDIÇÃO

Dada a importância dos textos de Blók e Maiakóvski e a necessidade de ambientar o leitor desde logo com suas propostas estéticas, esta edição privilegiou-os ao apresentar já de início suas peças e a arte que elas defendem, deixando para a segunda parte as análises da lógica do ato teatral que efetivamente lhes deu e dá sopro vital na sua materialização ao vivo em cena, isto é, de sua encarnação no corpo do ator, mesmo porque esta não tem nenhuma possibilidade de ser exposta.

J. Guinsburg

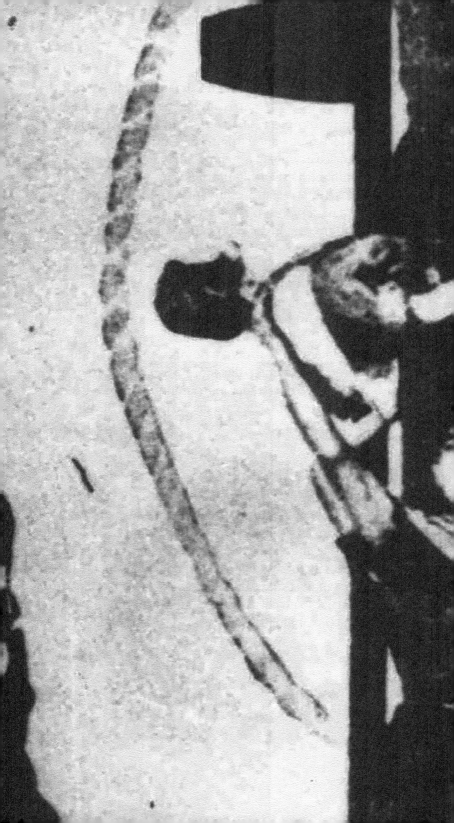

Os Textos

A Barraca de Feira
Aleksandr Blók

DEDICADA A VSÉVOLOD EMÍLIEVITCH MEIERHOLD

Trad. Reni Chaves Cardoso

DRAMATIS PERSONAE

Colombina
Pierrô
Arlequim
Místicos de ambos os sexos em sobrecasacas e trajes da última
    moda, porém mais tarde mascarados e de fantasia
O Chefe do Encontro dos Místicos
Três Casais de Namorados
Um Palhaço
O Autor

*(Uma sala comum sobre o palco com três paredes, uma janela
e uma porta. Místicos de ambos os sexos, de sobrecasacas e em
trajes da última moda, estão sentados em volta de uma mesa
iluminada, com expressões de profunda concentração. Um pouco
afastado, perto da janela, Pierrô está sentado, vestindo um macacão largo e branco – sonhadoramente distraído, pálido, sem bigode
nem sobrancelhas, como todos os Pierrôs. Os Místicos ficam em
silêncio por um momento.)*

PRIMEIRO MÍSTICO: Está ouvindo?
SEGUNDO MÍSTICO: Sim.
TERCEIRO MÍSTICO: Algo acontecerá.
PIERRÔ: Oh, infindável horror, infindável treva!
PRIMEIRO MÍSTICO: Está esperando?
SEGUNDO MÍSTICO: Estou.
TERCEIRO MÍSTICO: Já está próxima a chegada: o vento lá fora deu o sinal.
PIERRÔ: Infiel! Onde estás? Através de sonolentas ruas
Enfileira-se um cativeiro de luzes
E dois a dois caminham os amantes,
Cada um aquecido pela luz do seu amor.
Onde estás? Os dois últimos já partiram,
Por que não podemos penetrar o círculo marcado?
Vou-me embora e dedilharei minha triste guitarra
Debaixo da janela onde tu danças no coro das amigas!
Vou pintar meu rosto enluarado e pálido,
Vou desenhar sobrancelhas, colarei um bigode.
Ouves, Colombina, como meu pobre coração
Arrasta, arrasta sua triste canção?

(*Pierrô caiu em meditação e se animou. Mas o Autor, impaciente, introduz-se furtivamente por detrás das cortinas, de um dos lados.*)

AUTOR: O que é que ele está dizendo? Respeitável público! Eu me apresso a afirmar-vos que este ator está zombando cruelmente dos meus direitos de autor. A ação passa-se em Petersburgo no inverno. Onde é que ele conseguiu a janela e a guitarra? Eu não escrevi meu drama para uma barraca de feira... Eu vos asseguro...

(*subitamente embaraçado com sua própria aparição inesperada, ele se esconde atrás da cortina outra vez.*)

PIERRÔ (*não prestou absolutamente nenhuma atenção ao Autor. Está sentado e suspira, sonhador*): Colombina!
PRIMEIRO MÍSTICO: Está ouvindo?
SEGUNDO MÍSTICO: Sim.
TERCEIRO MÍSTICO: Uma jovem está chegando de uma terra longínqua.

PRIMEIRO MÍSTICO: Oh, suas feições – como o mármore!

SEGUNDO MÍSTICO: Oh, seus olhos – que vazio!

TERCEIRO MÍSTICO: Oh, como ela é pura – e como é branca!

PRIMEIRO MÍSTICO: Ela virá – e imediatamente todas as vozes morrerão.

SEGUNDO MÍSTICO: Sim. O silêncio cairá.

TERCEIRO MÍSTICO: Demoradamente?

PRIMEIRO MÍSTICO: Sim.

SEGUNDO MÍSTICO: Toda branca, como a neve.

TERCEIRO MÍSTICO: Em seus ombros, uma foice.

PRIMEIRO MÍSTICO: Quem é ela?

SEGUNDO MÍSTICO (*inclina-se e sussurra algo ao ouvido do Primeiro*): Você não me trairá?

PRIMEIRO MÍSTICO (*com autêntico terror*): NUNCA!

(*O Autor enfia a cabeça no palco de novo, com espanto, mas rapidamente desaparece, como se alguém o puxasse pela falda.*)

PIERRÔ (sonhador como antes): Colombina! Vem!

PRIMEIRO MÍSTICO: Quieto! Você pode ouvir os passos!

SEGUNDO MÍSTICO: Ouço apenas farfalhar e suspiros.

TERCEIRO MÍSTICO: Oh, quem está entre nós?

PRIMEIRO MÍSTICO: Quem está na janela?

SEGUNDO MÍSTICO: Quem está atrás da porta?

TERCEIRO MÍSTICO: Não consigo enxergar nada.

PRIMEIRO MÍSTICO: Acenda a luz. Não é ela que chega nesta hora?

(*O Segundo Místico levanta uma vela. De modo completamente inesperado e impossível dizer de onde, uma jovem extraordinariamente bela, com um rosto puro e tranquilo, de uma brancura sem brilho, aparece junto à mesa. Ela está de branco. Tem o olhar indiferente e tranquilo. Uma trança cai-lhe dos ombros. A moça permanece imóvel. Absorto, Pierrô está ajoelhado em preces. Ele está visivelmente sufocado pelas lágrimas. Para ele tudo é indizível. Com horror, os Místicos caem para trás em suas cadeiras. Um deles vibra o pé sem amparo. Um outro faz estranhos movimentos com as mãos. Um terceiro arregala os olhos.*)

OS MÍSTICOS (*depois de alguns momentos, voltando a si sussurram alto*):

Ela chegou!
Como são brancas as suas vestes!
Que vazio em seus olhos!
Suas feições pálidas – como o mármore!
Em seus ombros uma foice!
É a morte!

PIERRÔ (*ouviu isso. Erguendo-se suavemente, se encaminha para a moça, toma-a pela mão e a leva ao centro do palco. Ele fala numa voz alegre e ressonante, como o primeiro estrondo de um sino*): Meus senhores! Vocês estão errados. Esta é Colombina! Esta é minha noiva!

(*Horror geral. As mãos se agitaram. As abas das casacas voaram.*)

O CHEFE DA REUNIÃO (*dirige-se solenemente para Pierrô*): Você está louco! Esperamos toda a noite para as coisas acontecerem. Algo aconteceu. Ela veio até nós – nossa serena salvadora. A Morte nos visitou.

PIERRÔ (*com voz ressonante como a voz de uma criança*): Eu não acredito em contos de fadas. Eu sou um homem simples. Vocês não me enganarão. Esta é Colombina. Esta é minha noiva.

O CHEFE DA REUNIÃO: Meus senhores! Nosso pobre amigo enlouqueceu de medo. Ele nunca pensou para que gastamos toda nossa vida nos preparando. Ele não avaliou a profundeza do abismo e não se preparou com humildade para encarar a Pálida Amiga em sua hora final. Vamos, com toda magnanimidade, perdoar o pobre tolo. (*Volta-se para Pierrô:*) Irmão, você não pode ficar aqui. Você está interferindo em nossa noite final. Mas, eu lhe peço, preste atenção mais uma vez nos seus traços: veja como suas vestes são brancas, que palidez nas suas feições; oh, ela é branca como a neve nas alturas! Seus olhos refletem um vazio de espelho. Você não vê a foice[1] nos ombros dela? Você não reconhece a morte?

PIERRÔ (*um sorriso perplexo percorre seu rosto pálido*): Vou-me embora. Cada um de vocês está certo, eu sou um louco infeliz, ou vocês perderam a razão, e eu sou um solitário e incompreensível suspirante. Leva-me, tempestade de neve, através das ruas! Oh, infindável horror! Infindável treva!

---

1 Em russo, *kocá* (Kaçá) significa tanto "trança" como "foice".

A ambivalência visual fica dependente do trocadilho verbal.

COLOMBINA (*segue Pierrô até a saída*): Eu não te deixarei. (*Pierrô para, confuso.*)

CHEFE (*implorando, junta as mãos*): Espectro aéreo! Nós esperamos por você durante toda a nossa vida! Não nos abandone!

(*Um jovem esbelto caracterizado de Arlequim entra. Em sua roupa sininhos cantam em som argênteo.*)

ARLEQUIM (*aproxima-se de Colombina*):
Esperei por ti nas encruzilhadas, Amiga
No crepúsculo cinzento de um dia de inverno!
Sobre ti canta minha tempestade de neve
Ressoando sininhos em teu caminho.

(*Ele coloca a mão no ombro de Pierrô. Este cai prostrado e permanece sem movimento em seu largo macacão branco. Arlequim leva Colombina pela mão. Ela sorri para ele. Queda geral de humor. Todos os Místicos estão dependurados sem vida em suas cadeiras. As mangas das casacas caem e cobrem as mãos, como se estas não existissem. As cabeças encolhem dentro dos colarinhos. Parece que casacas vazias estão dependuradas sobre as cadeiras. De repente Pierrô dá um salto e sai correndo. A cortina fecha-se. Neste momento o Autor salta em frente à ribalta, na boca de cena, despenteado e agitado.*)

AUTOR: Caríssimos senhores e senhoras! Eu rogo profundamente o vosso perdão, mas recuso qualquer responsabilidade! Eles estão zombando de mim! Eu escrevia uma peça realíssima, a essência da qual eu considero meu dever explicar-vos em poucas palavras: a peça trata do amor mútuo entre dois jovens corações! Uma terceira pessoa se intromete no caminho deles; mas as barreiras finalmente desaparecem, e os amantes são unidos para sempre pelo matrimônio! Eu nunca vesti meus heróis com roupas de palhaço! Eles estão interpretando alguma velha lenda sem meu conhecimento! Eu não aceito lendas, mitos ou qualquer outra dessas vulgaridades! Tanto mais um jogo de palavras alegórico: é indecente chamar a trança de uma mulher de foice da morte! Isso é uma calúnia à condição feminina! Meus caríssimos senhores e senho...

UMA POÉTICA EM CENA: OS TEXTOS

(*Uma mão, saindo de trás da cortina, agarra o Autor por trás, pelo pescoço. Com um berro ele desaparece nos bastidores. A cortina abre-se rapidamente. Um baile. Mascarados rodopiam ao som de uma música. Outros mascarados, cavaleiros, senhoras, palhaços vagueiam entre eles. Pierrô, triste, senta-se no meio do palco no mesmo banco onde Vênus e Tannhäuser normalmente se beijam.*)

PIERRÔ: Eu permaneci na rua entre dois lampiões
    E ouvi o que eles disseram,
    Como sussurravam sob seus mantos,
    E a noite beijava seus olhos.

Uma tempestade prateada de neve
Teceu-lhes a desejada aliança.
E eu vi dentro da noite como
Ela sorriu pura – continuou sorrindo – para ele.

Mas então ele colocou minha amada num trenó alugado!
E eu caminhei sob o gelado nevoeiro
E os vi bem longe.

Ele capturou-a em suas redes
E, sorrindo, fazia ressoar os sininhos!
Mas quando a enrolou apertado
Ah, a Amiga desmaiou e caiu de bruços!

Ele não a magoou com nada,
Mas ela caiu na neve!
Sentada, não conseguiu agarrar-se!…
E eu não pude segurar uma gargalhada!

Ele disputou-a numa dança dos pingentes de gelo,
Em volta da minha amiga de papelão
Ele tilintava e pulava alto
E, atrás dele, eu dançava em volta do trenó!

E nós cantamos sobre a rua adormecida:
"Ah, que desgraça nos golpeou",
E lá no alto, sobre a jovem de papelão
Uma estrela brilhou verdejante no céu.

Durante toda a noite a neve cobriu as ruas.
Nós vagamos – Arlequim e Pierrô...
Ele se encostou em mim com afeição,
Com uma pena fez cócegas no meu nariz!

Ele sussurrou-me: Meu irmão,
Estamos juntos, inseparáveis, por muitos dias...
Vamos ambos chorar
A tua noiva, a tua noiva de papelão!

(*Pierrô tristemente se vai. Depois de alguns instantes um casal de namorados aparece sobre o mesmo banco. Ele está de azul; ela, de cor-de-rosa; suas máscaras são da mesma cor das roupas. Eles se imaginam na igreja e olham para cima, para a cúpula.*)

ELA: Querido, tu sussurras, "Inclina-te"...
Agora estou de rosto caído olhando a cúpula.
ELE: Contemplo a imensurável altura
Lá onde a cúpula alcançou o pôr do sol.
ELA: Como o dourado lá no alto é antigo!
Como as imagens sagradas tremulam lá em cima!
ELE: Nossa história sonolenta silencia agora.
Tu fechaste teus olhos, inocente. (*Um beijo*)
ELA: ...Alguém escuro está de pé perto da coluna
E pisca a íris maligna!
Meu amado, tenho medo de ti!
Deixa-me cobrir com tua capa. (*Silêncio*)
ELE: Olha como as velas estão em paz,
O pôr do sol alcançou as cúpulas.
ELA: Sim. Nossas horas juntos são doces.
Deixa dar-me inteira a ti. (*Aperta-se contra ele.*)

(*A silenciosa dança dos Mascarados e palhaços esconde o Primeiro Casal da plateia. Um segundo Casal de Namorados irrompe no meio da dança dos Mascarados. À frente, Ela, vestindo uma máscara negra e uma capa vermelha rodopiante. Atrás, Ele, todo de negro, ágil, usando máscara vermelha e uma capa negra. Os movimentos deles são impetuosos. Ele precipita-se atrás dela, ora alcançando-a, ora passando à sua frente. Um turbilhão de capas.*)

ELE: Deixa-me só! Não me tortures, não me persigas!
Não me profetizes um destino atroz!
Estás celebrando a tua vitória!
Arrancarás tua máscara? Desaparecerás dentro da noite?
ELA: Segue-me! Alcança-me!
Sou mais triste e mais ardente que tua noiva!
Coloca teu braço flexível em volta de mim, abraça-me!
Bebe minha taça escura até o fundo!
ELE: Eu jurei amor ardente a uma outra!
Teu olho de fogo relampejou para mim,
E me conduziste a um beco perdido,
Tu me envenenaste com veneno mortal!
ELA: Não fui eu que te atraí – A minha capa é que voava
Atrás de mim em turbilhão!
Meu Amigo Chamejante, tu escolheste caminhar nos meus
rastros mágicos!
ELE: Cuidado, feiticeira! Vou tirar a máscara!
E descobrirás que eu não tenho semblante!
Varreste minhas feições, levaste-me à treva
Onde me acenava com a cabeça o meu sósia negro.
ELA: Eu sou livre! Meu caminho é a vitória!
Segue-me agora por onde quer que seja, eu comando!
Oh, tu seguirás meu rastro chamejante
E viverás comigo em delírio!
ELE: Eu vou, obedeço ao meu destino cruel.
Oh, manto, turbilhona meu guia chamejante
Mas três caminharão pela estrada sinistra:
Tu e eu e o meu sósia!

(*Eles desaparecem num turbilhão de capas. Tem-se a impressão
de que um terceiro homem irrompe da multidão atrás deles,
alguém exatamente parecido com o amante, completamente
flexível como uma língua de chama negra. No meio dos dançarinos, um terceiro Casal de Namorados aparece. Sentam-se
no meio do palco. Idade Média. Curvando-se pensativa, Ela
segue os movimentos dele com os olhos. Ele – de linhas de corpo
severas, grande e pensativo, com um capacete de papelão –
desenha um círculo no chão em frente dela com uma enorme
espada de madeira.*)

ELE: Entendes a peça onde estamos representando um importante papel?

ELA (*como um eco suave e audível*): Papel.

ELE: Sabes que os mascarados tornaram nosso encontro de hoje maravilhoso?

ELA: Maravilhoso.

ELE: Então tu acreditas em mim? Oh, hoje estás mais bela do que esteve sempre.

ELA: Sempre.

ELE: Sabes tudo o que foi e o que será. Entendeste o significado do círculo desenhado aqui.

ELA: Aqui.

ELE: Oh, como as tuas falas são sedutoras! Profetiza da minha alma!

Oh, quanto as tuas palavras dizem ao meu coração!

ELA: Coração.

ELE: Oh, Eterna Felicidade! Eterna Felicidade!

ELA: Felicidade.

ELE (*com um suspiro de alívio e triunfo*): A aurora está se aproximando. Esta noite adversa está quase finda.

ELA: Finda.

(*Neste momento um dos Palhaços decide fazer um truque. Corre até os amantes e mostra a língua comprida. O amante bate na cabeça do Palhaço com sua pesada espada de madeira. O Palhaço dobra-se sobre a ribalta e fica dependurado. Uma torrente de suco de fruta jorra da cabeça dele.*)

PALHAÇO (*grita penetrantemente*): Socorro! O suco de fruta está escorrendo de mim!

(*Tendo ficado dependurado lá por um momento, ele sai. Barulho. Confusão. Gritos de alegria: "Tochas! Tochas! Uma procissão de tochas acesas!" Um coro aparece com tochas. Os Mascarados se agrupam, riem e saltam.*)

CORO: Dentro do crepúsculo, gota a gota
A resina cai com leve ruído!
Rostos ocultos por uma névoa
Iluminam-se com pálido brilho!
Gota após gota, faísca após faísca!

Chuva pura e resinosa!
Onde estás, fagulhante, veloz e chamejante Guia?

(*Arlequim sai do coro como um corifeu.*)

ARLEQUIM: Pelas sonolentas, neviscantes ruas
Arrastei um tolo atrás de mim!
O mundo abriu seus olhos rebeldes.
O vento gélido uivava sobre mim!
Oh! Como queria com o peito jovem
Respirar profundamente
E sair para o mundo
Celebrar no vazio, sem gente, meu alegre festim de primavera!

Aqui ninguém ousa entender
Que a primavera desliza na altura!

Aqui ninguém sabe amar!
Aqui se vive num sonho lúgubre!
Bom dia, mundo! Estás novamente comigo!
Tua alma me é próxima desde há muito!
Eu vou respirar a tua primavera
Em tua janela de ouro!

(*Ele pula pela janela. A distância, visível através da janela, resulta em papel. O papel se rasga. Arlequim voa para o vazio de pernas para o ar. Somente o céu, tornando-se claro, pode ser visto através do buraco no papel. A noite se esvai, a manhã se mexe. No fundo da aurora que surge está parada, trepidando ligeiramente ao vento da aurora, a Morte em longos e brancos lençóis, com uma face feminina e fosca, uma foice sobre os ombros. A lâmina brilha em cor de prata, como uma lua transtornada morrendo de manhã. Todas as pessoas precipitam-se em direções opostas, aterrorizadas. O cavaleiro tropeça na espada de madeira. As damas perdem flores por todo o palco. Os Mascarados, sem se mover, acotovelam-se como se estivessem crucificados nas paredes, parecem bonecos de um Museu de Antropologia. As namoradas escondem os rostos sob as capas dos amantes. O perfil do Mascarado de Azul sobressai, recorta-se fino no céu da manhã. Aos pés dele a Mascarada de Rosa, assustada, ajoelha-se e comprime os lábios contra sua mão. Como se tivesse nascido do chão, Pierrô*) *vagarosamente cruza o palco, estendendo seus braços de encontro à Morte. Conforme se aproxima, as feições dela começam a ganhar vida. Um rubor surge sobre o fosco das suas faces. A foice se perde no nevoeiro da manhã que se arrasta pelo chão. Sobre o fundo da aurora, no nicho da janela, aparece uma linda jovem com um sorriso tranquilo no rosto sereno – Colombina. Neste momento, como Pierrô surge e está quase tocando as mãos nas mãos dela, a cabeça triunfante do Autor se intromete entre ele e Colombina.*)

AUTOR: Respeitável público! Meu trabalho não foi perdido: Meus direitos estão restabelecidos! Estais vendo que as barreiras ruíram! Aquele cavalheiro caiu pela janela! Agora vós sereis testemunhas da feliz união de dois amantes, depois de uma longa separação. Se eles despenderam grandes sacrifícios para vencer os obstáculos, agora eles se unem para sempre!

(*O Autor começa a juntar as mãos de Pierrô e Colombina. Mas subitamente todo o cenário gira e voa para o alto. Os Mascarados fogem em todas as direções. O Autor se volta e se inclina sobre Pierrô sozinho, que cai desamparado sobre um palco vazio, no seu macacão solto e branco com botões vermelhos. Tendo compreendido sua situação, o Autor sai correndo precipitadamente.*)

PIERRÔ (*soergue-se e fala lamuriante e sonhador*):
Onde me levaste? Como posso adivinhar?
Deixaste-me abandonado a um destino cruel.
Pobre, pobre Pierrô, chega de ficar deitado;
Levanta-te e procura tu mesmo uma noiva para ti.

(*Depois de uma pausa*):

Ah, como ela estava radiante ao partir!
Seu tilintante amigo a levou embora.
Ela caiu – ela era feita de papelão.
E eu vim para zombar dela.

Ela ficou caída no chão, toda branca.
Ah! Nossa dança foi muito divertida!
Mas ela não pôde levantar-se outra vez.
Ela era uma noiva de papelão.

Bem, agora eu estou aqui, com minha cara descorada,
Mas é um pecado rir de mim:
O que posso fazer? Ela despencou...
Eu estou muito triste. Vocês acham graça?

(Pierrô, pensativamente, tira uma gaita do bolso e começa a tocar uma canção sobre sua própria face pálida, sobre sua vida dura e sobre sua noiva, Colombina.)

(CORTINA)

Os Banhos

DRAMA EM SEIS ATOS
COM CIRCO E FOGOS DE ARTIFÍCIO

Vladímir Maiakóvski

Tradução de Luiz Sampaio*

À Reni,
que me lançou
ao mar desta tarefa.

Ao Boris,
que me acolheu
em seu porto seguro.

Às crianças,
que maravilhosamente traduziam
os "amigos da mamãe" (Maiakóvski e Meierhold)
pelo Caetano e pelo Chico.

À Jerusa, que me abrigou,
e a seu espírito maternal.

A Jacó e Gita,
por eternizarem este trabalho
com sua publicação.

---

* Agradecimento especial a Boris Schnaiderman pela leitura atenta e sugestões.

PERSONAGENS

Camarada Pobiedonóssikov: chefe supremo da Direção Para a Coordenação/chefe geral dos Umbigos
Pólia: sua esposa
Camarada Optimístienko: seu secretário
Isaac Belviedónski: retratista, pintor de batalhas e paisagens
Camarada Momentálnikov: repórter
Mister Pont Kitch: estrangeiro
Camarada Underton: datilógrafa
Peculador Nótchkin
Camarada Velocipiédkin: guarda popular da cavalaria ligeira
Camarada Tchudakov: inventor
Madame Mezaliânsova: colaboradora da Sociedade das Relações Culturais Com o Exterior
Camarada Fóskin ⎫
Camarada Dvóikin ⎬ operários
Camarada Tróikin ⎭
Peticionários
Síndico do Comitê de Moradores
Diretor Teatral
Ivan Ivanóvitch
Lanterninha
Mulher Fosforescente
Multidão da Repartição
Guarda Civil

ATO I

[1] *À direita, uma mesa. Outra à esquerda. Desenhos técnicos pendentes de todos os lados e esparramados por toda parte. No centro, o Camarada Fóskin solda o ar com um maçarico. Tchudakov ziguezagueia ao redor, reexaminando um desenho.*

[2] VELOCIPIÉDKIN (*entra correndo*): E então? Ainda é no mar Cáspio que essa droga de Volga continua a desaguar?

[3] TCHUDAKOV (*brandindo o desenho*): Sim, mas isso agora é por pouco tempo! Penhore. Venda o relógio. É hora de pôr os relógios no prego!

OS BANHOS 17

[4] VELOCIPIÉDKIN: Ainda bem que eu nem cheguei a comprar!

[5] TCHUDAKOV: Não compre! Não compre de jeito nenhum! Logo, logo, essa estupidez achatada e tiquetaqueante ficará mais ridícula do que uma gota na usina do Dniepr[1] e mais impotente do que um touro na Sociedade de Colaboração Para o Desenvolvimento do Automobilismo e Melhoria das Estradas[2].

[6] VELOCIPIÉDKIN: Quer dizer que transformamos a Suíça num inseto?

[7] TCHUDAKOV: Nem toque com sua língua as mesquinhas contas públicas atuais! Minha ideia é mais grandiosa. O Volga dos tempos humanos, no qual estamos nós, como troncos na correnteza, arremessou nosso nascimento, arremessou a se revolver rio abaixo. Esse Volga, de agora em diante, nos obedecerá. Eu obrigo o tempo a parar e a avançar em qualquer direção e em qualquer velocidade. As pessoas poderão saltar do dia, como passageiros do bonde ou do ônibus. Com a minha máquina, você pode parar um segundo de felicidade e aproveitá-lo durante um mês, até enjoar. Com a minha máquina, você pode redemoinhar num turbilhão os longos e arrastados anos de tristeza. Basta meter a cabeça entre os ombros e, sobre você, sem roçar e sem ferir, cem vezes por minuto a bala do sol passará como um relâmpago, dando fim aos dias negros. Olha, os fogos de artifício das fantasias de Wells, o cérebro futurista de Einstein, o hábito que as feras têm de hibernar, como os ursos e os iogues – tudo, tudo está prensado, comprimido e reunido nessa máquina.

[8] VELOCIPIÉDKIN: Eu não estou entendendo quase nada, mas em todo caso também não estou vendo absolutamente nada.

[9] TCHUDAKOV: Então vê se bota os óculos! O brilho das chapas de platina e cristal como raios de sol está te cegando. Está vendo? Está vendo?

[10] VELOCIPIÉDKIN: É, estou vendo...

[11] TCHUDAKOV: Olha, você notou estas duas réguas, horizontal e vertical, com subdivisões, como numa balança?

---

1 No original russo, a sigla DNIEPROSTROE, referência à construção estatal da represa do rio Dniepr.

2 No original, a sigla AVTODOR, aqui traduzida por extenso. Essa sociedade existiu entre 1927 e 1935.

18 UMA POÉTICA EM CENA: OS TEXTOS

[12] VELOCIPIÉDKIN: É, estou vendo...

[13] TCHUDAKOV: Com estas réguas você calcula a cubagem do espaço necessário. Olha, você está vendo este controle com rodas?

[14] VELOCIPIÉDKIN: É, estou vendo...

[15] TCHUDAKOV: Com esta chave você isola o espaço incluído e livra de todo peso as correntes de gravitação, e daí, com estas alavanquinhas esquisitas, você põe em marcha a velocidade e a direção do tempo.

[16] VELOCIPIÉDKIN: Estou entendendo! Magnífico! Excepcional!!! Quer dizer que se, por exemplo, se reúne o Congresso Soviético Sobre o Apaziguamento das Questões Ferventes, e, é claro, apresenta-se a sugestão de saudar, em nome da Academia Estatal de Artes Científicas, o Camarada Estatal Kogan[3], tão logo ele inicie "Camaradas, por entre os tentáculos do imperialismo internacional, ressalta, como um fio vermelho, uma onda...", eu o isolo na tribuna e arremesso o tempo na velocidade de cento e cinquenta minutos a cada quarto de hora. Ele vai suar, saudar, saudar, suar por uma hora e meia, e o público olhando: basta o acadêmico escancarar a boca – e já os aplausos ensurdecedores. Todos suspiram aliviados, os traseiros fresquinhos erguem-se das poltronas, e ao trabalho! É assim?

[17] TCHUDAKOV: Putz, que nojo! Por que você empurra pra mim um Kogan qualquer? Eu estou te explicando que esse é um negócio de relatividade universal, um assunto da conversão da determinação do tempo a partir da substância metafísica, do imaginário em realidade, sujeita a efeitos químicos e físicos...

[18] VELOCIPIÉDKIN: E eu estou dizendo o quê? É isso que eu estou dizendo: você mesmo constrói uma estação real, totalmente sujeita aos efeitos químicos e físicos, e dela nós ligaremos cabos, digamos, em todas as incubadoras de galinhas – em quinze minutos criamos uma galinha de oito quilos e depois desligamos o tempo na tomada embaixo da asa dela – e espere sentada, galinha, enquanto não te fritam e te comem.

[19] TCHUDAKOV: Que incubadoras! Que galinhas?!!! Eu te...

[20] VELOCIPIÉDKIN: Está legal, tudo bem, vai ver que você pensa em elefantes ou em girafas, se pensar em bichos pequenos

3   Kogan, adversário de Maiakóvski, era o então Presidente da Academia Nacional de Ciências Artísticas.

OS BANHOS 19

é humilhante pra você. Mas nós mesmos adaptamos tudo isso aos nossos franguinhos cinzentos...

[21] TCHUDAKOV: Mas que estupidez! Estou achando que você, com esse seu materialismo prático, logo, logo, me transforma numa galinha também. De repente eu bato asas e quero voar – aí você me depena.

[22] VELOCIPIÉDKIN: Tudo bem, tudo bem, não esquente. Mesmo que eu te arranque alguma pena, me desculpe, eu a coloco de volta em você. Voe, plaine, fantasie, nós somos colaboradores e não obstáculos ao seu entusiasmo. Vamos, não se irrite, rapazinho, ponha em marcha, faça rodar a sua máquina. Posso ajudar em alguma coisa?

[23] TCHUDAKOV: Atenção! Basta eu tocar na roda e o tempo avança em disparada, e o espaço que encerramos na gaiola de isoladores começa a se comprimir e a se transformar. E aí eu tiro o ganha-pão de todos os profetas, cartomantes e adivinhos.

[24] VELOCIPIÉDKIN: Espera aí, Tchudakov, deixa eu ficar de pé aqui. Pode ser que em cinco minutos eu me transforme de jovem comunista em uma espécie de Marx barbudão. Ou não, vou ser um velho bolchevique com trezentos anos de antiguidade. Então aprovo imediatamente tudo o que você quiser.

[25] TCHUDAKOV (*puxando-o para longe, assustado*): Cuidado, seu louco! Se nos anos futuros passar aqui uma estrutura de aço de uma estação subterrânea, colocando seu corpinho frágil na superfície ocupada pelo aço, você vira pó dental num instante. E pode ser que no futuro os vagões descarrilem e, então, com um tremor de tempo de mil graus sem precedentes, destrocem e despachem pra vó do diabo todo o subsolo. Agora é perigoso se intrometer lá, é preciso esperar aqui os que vêm de lá. Eu giro devagar – devagar – pra cada minuto, cinco anos...

[26] FÓSKIN: Espere aí, camarada, espere um minutinho. Queira ou não queira, você vai ficar aí girando a máquina. Faça um favor: enfie na sua máquina a minha apólice – não foi à toa que eu me agarrei a ela e não a vendi –, quem sabe em cinco minutos eu já ganhe cem mil...

[27] VELOCIPIÉDKIN: Adivinhou! Então tem que enfiar lá dentro todo o Comissariado Popular[4], com Briukhánov e tudo, senão, se você ganhar, eles não vão acreditar – vão pedir o talão.

---

4 Maiakóvski usa a sigla dessa organização: NARKOMFIN.

20 UMA POÉTICA EM CENA: OS TEXTOS

[28] TCHUDAKOV: Mas vejam só! Estou abrindo pra vocês as portas do futuro e vocês rastejam por um rublo... Fora, materialistas históricos!

[29] FÓSKIN: Mas você é uma besta! Eu corro pra você com o prêmio ganho! Você tem dinheiro para o seu experimento?

[30] TCHUDAKOV: É... temos dinheiro?

[31] VELOCIPIÉDKIN: Dinheiro?

[32] *Batida na porta. Entram Ivan Ivanóvitch, Pont Kitch, Mezaliânsova e Momentálnikov.*

[33] MEZALIÂNSOVA (*para Tchudakov*): *Du iú spik inglish?* Então *sprechen zi dóitch? Parlê vu francé,* afinal? Ah! Eu já sabia! É muito fatigante. Eu sou coagida a fazer *traducción* do nosso idioma para o idioma operário-camponês. Messiê Ivan Ivanóvitch, Camarada Ivan Ivanóvitch! Logicamente, o senhor já conhece Ivan Ivanóvitch?

[34] IVAN IVANÓVITCH: Bom dia, bom dia, querido camarada! Fique à vontade! Eu apresento os nossos êxitos, como gosta de falar Aleksei Maksímitch[5]. Eu mesmo, às vezes... o senhor sabe, esta sobrecarga! A nós, operários e camponeses, é muito, muito necessário o nosso Edison vermelho. É lógico, a crise do nosso crescimento, pequenas falhas do mecanismo; derrubam as florestas – lascas voam...[6] Um esforço a mais – e isso terá fim. O senhor tem um telefone? Ah, o senhor não tem telefone! Então, falarei com Nikolai Ivanóvitch. Ele não negará. Mas, se ele negar, é possível ir a Vladímir Panfilitch em pessoa. Ele, logicamente, concordará. Pois até mesmo Semión Semiónovitch sempre diz: "É necessário", diz ele, "a nós, operários e camponeses, é necessário o Edison vermelho, o nosso Edison soviético". Camarada Momentálnikov, é preciso começar uma grande campanha.

[35] MOMENTÁLNIKOV: Etchelência, ordene!
Nosso apetite é pequeno.
Basta ta-ta-tarefa nos dar
e tudo cumprimos num piscar.

---

5 Tratamento de relativa proximidade a Aleksei Maksímovitch Górki, que na época dirigia a revista *Nachi Dostigênia* (Nossos Êxitos).
6 Expressão equivalente a "Não se faz um omelete sem quebrar os ovos".

OS BANHOS   21

[36] MEZALIÂNSOVA: Messiê Momentálnikov, Camarada Momentálnikov! Colaborador! Companheiro![7] Ele vê – o poder
soviético avança – ele adere. Vê – nós avançamos – ele entra
na dança. Depois vê – eles passam – ele se manda.

[37] MOMENTÁLNIKOV: Perfeitamente, perfeitamente correto: colaborador! Colaborador das imprensas pré-revolucionária e
pós-revolucionária. E apenas a revolucionária não calhou,
compreende? Aqui, brancos; lá, vermelhos; acolá, verdes[8].
Crimeia[9], clandestinidade... Fui obrigado a comerciar numa
vendinha. Não minha, do meu pai, ou melhor, apenas de
um tio, ao que parece. Eu próprio sou operário por convicção. Sempre disse que era melhor morrer sob a bandeira
vermelha do que debaixo da cerca. Sob esse lema, pode-se
unificar a grande quantidade de intelectuais do meu tipo.
Etchelência, ordene – nosso apetite é pequeno!

[38] PONT KITCH: He! He!

[39] MEZALIÂNSOVA: Pardon! Perdão! Mister Pont Kitch, senhor
Pont Kitch. Anglo-saxão britânico.

[40] IVAN IVANÓVITCH: Os senhores estiveram na Inglaterra? Ah!
Eu estive na Inglaterra!... Ingleses por todos os lados... Por
falar nisso, comprei um boné em Liverpool e visitei a casa
onde nasceu e viveu Antidurin[10]. Extremamente interessante! É preciso começar uma grande campanha.

[41] MEZALIÂNSOVA: Mister Pont Kitch, filatelista famoso, famoso em
Londres, na City. Filatelista (*ce con apéle*, em russo, seloama-
dor) e ele se interessa muito, muito por indústrias químicas,
aviação e artes em geral. É um homem muito, muito culto e
comunicativo. É até um mecenas. *Ce con apéle...* mas como
traduzir-lhes?... lá, auxilia os cineastas, os inventores...
hum... algo assim do tipo como se fosse a Inspeção Operário-Camponesa[11], só que ao contrário... *Vu comprenê?* Ele

7   No original, *poputchik* (Companheiro de Jornada). Assim se chamavam os
    aliados temporários, simpatizantes da revolução.
8   "Verdes", denominação de grupos guerrilheiros durante a Guerra Civil, tanto
    na retaguarda dos "brancos" como dos "vermelhos".
9   Crimeia, referência às derrotas dos "brancos", decidida pela tomada do Istmo
    de Periekóp, que separa a Crimeia do continente.
10 Ivan Ivanóvitch confunde Engels com sua obra em colaboração com Marx, *Anti-
    -During*. Em versão anterior, Maiakóvski escreve: "a casa onde nasceu e viveu Marx
    Engels". Há confusão também entre Liverpool e Manchester, onde viveu Engels.
11 No original, a sigla desta organização (RKI), que existiu entre 1920 e 1934.

já viu Moscou do arranha-céu "Izvestia" (Nakhrikhten)[12], já visitou Anatol Vassílitch[13] e agora quis vir à sua casa... Tão culto, comunicativo, até nos deu o endereço dos senhores.

[42] FÓSKIN: Verme narigudo. E tem faro!

[43] MEZALIÂNSOVA: *Plis, sâr!*

[44] PONT KITCH: Ah, Ivan rugiu à porta e as feras almoçaram. Ah, foi ao paraíso o meniquim e o castor para o Industão, apimentou as feras anventoras[14].

[45] MEZALIÂNSOVA: Mister Pont Kitch quer dizer, em sua língua nativa, que na sua nublada pátria todos, de MacDonald a Churchill, estão exatamente como feras, interessados na invenção dos senhores e ele pede muito, muito...

[46] TCHUDAKOV: Mas é claro! A minha invenção pertence a toda a humanidade e eu, é claro, agora mesmo... Eu estou muito, muito feliz. (*Conduz o estrangeiro, que tem nas mãos um caderno de notas. Mostra e explica.*) É assim. Sim... sim... sim... Aqui, duas alavanquinhas, e na régua paralela de cristal... Sim... Sim... Sim... Olha aqui! E isto é assim... É sim...

[47] VELOCIPIÉDKIN (*empurrando Ivan Ivanóvitch*): Camarada, é preciso ajudar o rapaz. Eu andei por toda parte onde "não entre sem ser anunciado" e fiquei horas plantado em todos os lugares onde "expediente encerrado", e assim por diante, e quase passei a noite sob uma placa "se a pessoa a quem você busca está ocupada, retire-se" – e não consegui nada. Por causa de tanta burocracia e do medo de alocar um punhado de notas de dez rublos, talvez uma grandiosa invenção vá por água abaixo. Camarada, você deveria, com a sua autoridade...

[48] IVAN IVANÓVITCH: Sim, é terrível! Derrubam as florestas – lascas voam. Eu vou imediatamente à Direção Central Para a Coordenação. Vou falar agora mesmo com Nikolai Ignatitch... E, se ele negar, vou conversar com Pavel Varfolomeitch em

---

12 Referência ao jornal *Izvestia* (A Notícia), que Mezaliânsova cita também em alemão.

13 Anatol Vassílitch Lunatchárski, Comissário de Educação.

14 Sem sentido no original. Nas falas dessa personagem, Maiakóvski fez uso de palavras russas homófonas às inglesas, daí "Indostan" (Industão) por "I understand", por exemplo. A palavra "meniquim" está transliterada erroneamente do francês, levando em consideração o sotaque inglês de Pont Kitch. A palavra "anventoras" aparece com erro de grafia em russo, também buscando transliterar erro de pronúncia.

OS BANHOS 23

pessoa... O senhor tem telefone? Ah! O senhor não tem telefone! Pequenas falhas do mecanismo... Ah! Que mecanismos na Suíça!... O senhor esteve na Suíça? Eu estive na Suíça. Somente suíços por toda parte. Extremamente interessante!

[49] PONT KITCH (*pondo o bloco de notas no bolso e apertando a mão de Tchudakov*): O avô conduziu o bonde do paraíso, intrometeu-se de porta em porta e não alcançou dificilmente. Assopra, Ivan. Dezrubliamos?...

[50] MEZALIÂNSOVA: Mister Pont Kitch diz que se os senhores necessitam de notas de dez rublos...

[51] VELOCIPIÉDKIN: Ele? Ele não precisa. Ele cospe em dez rublos. Eu fui agorinha pra ele ao Banco do Estado e trouxe o banco inteiro em notas de dez rublos. Dá até nojo. Incomodam no bolso. Olha aqui um bolo de notas de dois, aqui de três e nestes dois bolsos até uma de cem rublos. *Ol rait! Gud bai!* (*Ele sacode a mão de Kitch, o abraça com as duas mãos e com admiração o acompanha até a porta.*)

[52] MEZALIÂNSOVA: Eu peço encarecidamente aos senhores um pouquinho de tato: com estas suas maneiras de jovem comunista, amadurecerá, se já não amadureceu, um enorme conflito internacional. *Gud bai* – até a próxima!

[53] IVAN IVANÓVITCH (*batendo no ombro de Tchudakov e despedindo-se*): Eu também, na sua idade... Derrubam as florestas – lascas voam. Precisamos, precisamos de um Edison soviético. (*Já da porta.*) O senhor não tem telefone? Mas não há de ser nada, eu falarei sem falta com Nikandr Piramídonovitch.

[54] MOMENTÁLNIKOV (*trota cantarolando*): Etchelência, ordene...

[55] TCHUDAKOV (*para Velocipiédkin*): Ainda bem que temos dinheiro!

[56] VELOCIPIÉDKIN: Nós não temos dinheiro!

[57] TCHUDAKOV: Como assim? Como não temos dinheiro? Eu não estou entendendo por que então se gabar e dizer... E ainda por cima recusar as propostas sólidas por parte dos estrangeiros...

[58] VELOCIPIÉDKIN: Mesmo sendo gênio, você é um imbecil! Você quer que a sua ideia vire puro ferro e voe da Inglaterra até nós como um encouraçado gigante, transparente, comandando os tempos, e ataque invisivelmente as nossas usinas e sovietes?

[59] TCHUDAKOV: É verdade, sim, é isso mesmo… Como é que eu fui contar tudo a ele? E ele ainda por cima anotou tudo naquele bloco. E por que é que você não me avisou? E ainda o acompanha pessoalmente até a porta, o abraça!…

[60] VELOCIPIÉDKIN: Sua besta, eu não o abracei à toa. A minha condição de criança de rua me ajudou. Não foi ele que eu abracei, mas o bolso dele! Olha aqui, um bloco de notas inglês. O inglês o perdeu.

[61] TCHUDAKOV: Bravo, Velocipiédkin! Mas, e dinheiro?

[62] VELOCIPIÉDKIN: Tchudakov, eu estou aqui para tudo. Vou abocanhar as goelas e devorar os gogós. Vou lutar tanto que as bochechas vão voar pelos ares. Eu convenci, eu vociferei com o tal Optimístienko. Ele é liso e polido como uma bola de bilhar. Na sua polidez de espelho, somente as autoridades se refletem e, mesmo assim, de cabeça para baixo. Eu, com a minha agitação, quase ganhei o contador Nótchkin. Mas o que se pode fazer com o maldito Camarada Pobiedonóssikov? Ele simplesmente esmaga todo mundo com os seus méritos e o seu tempo de casa. Você conhece a biografia dele? Para a pergunta "O que fez até 1917?", respondia no questionário: "Estive no partido". Em qual não se sabe, é segredo. O que para ele é "b" ou "m" ficou entre parênteses e pode ser que ele não fosse nem "b" nem "m"[15]. Depois ele fugiu da prisão cobrindo de tabaco os olhos dos guardas. E agora, 25 anos depois, o próprio tempo cobriu os olhos dele com o tabaco das ninharias e dos minutos. Seus olhos lacrimejam de abundância e benevolência. O que se pode ver com esses olhos? Socialismo? Não. Só o tinteiro e o mata-borrão.

[63] FÓSKIN: Camaradas, mas vocês acham que eu vou soldar com cuspe ou o quê? Aqui precisamos de mais dois. Duzentos e sessenta rublos no minimáximo.

[64] PÓLIA (entra correndo, sacudindo um maço de notas): Dinheiro – engraçado!

[65] VELOCIPIÉDKIN (entrega o dinheiro a Fóskin. Fóskin sai correndo): Vai, corre! Toma um táxi! Arranje material, ajudantes, e já de volta! (Para Pólia.) Como foi, convenceu as autoridades do círculo familiar?

---

15 "Nem be nem me", expressão coloquial que corresponde a "bulhufas". Neste caso, faz referência também a bolcheviques e mencheviques.

OS BANHOS 25

[66] PÓLIA: E por acaso com ele pode ser simples? Engraçado! Ele chia como uma jiboia de papel toda vez que volta pra casa grávido de resoluções. Não é engraçado. É Nótchkin... é este contadorzinho da sua repartição, eu o vi, assim, pela primeira vez... Correu até mim hoje no almoço, passou um pacote, "entregue", disse-me ele... "é segredo"... Engraçado! E eu não posso falar com ele... devido à possibilidade de suspeita de cumplicidade. Não é engraçado.

[67] TCHUDAKOV: Vai ver que este dinheiro...

[68] VELOCIPIÉDKIN: É. Aqui há sobre o que pensar. Alguma coisa me diz... Tudo bem! Dá na mesma! Amanhã a gente vê isso.

[69] *Entram Fóskin, Dvóikin e Tróikin.*

[70] Pronto?

[71] FÓSKIN: Pronto.

[72] VELOCIPIÉDKIN (*ajuntando o grupo*): Então vamos! Mãos à obra, camaradas!

[73] TCHUDAKOV: Bem, bem... Os condutores estão soldados. Os isoladores estão em ordem. Tensão regulada. Creio que podemos avançar. Primeira vez na história da humanidade... Afastem-se! Vou ligar... Um, dois, três!

[74] *Explosão de fogos de artifício, fumaça. Afastam-se cambaleando. Depois de um segundo, afluem ao lugar da explosão. Tchudakov agarra, queimando-se, um resto de papel celofane, com um canto rasgado.*

[75] TCHUDAKOV: Pulem! Gargalhem! Olhem isto aqui! É uma carta! Foi escrita cinquenta anos à frente. Entendam – à frente!!! Que extraordinaríssima palavra! Leiam!

[76] VELOCIPIÉDKIN: Ler o quê?... "LG 4-24-20". O que é isso, o telefone de algum camarada LG?

[77] TCHUDAKOV: Não é um "LG", mas "lo-go". Eles escrevem somente as consoantes, e 4 é o indicador da vogal, pela ordem. A-e-i-o-u: "logo". Economia de 25% no alfabeto. Entendeu? 24 é o dia de amanhã; 20 é a hora. Ele ou ela estará aqui logo mais amanhã às 8 da noite. Catástrofe? O quê?... Você vê, vê este canto todo rasgado e chamuscado? Significa: no caminho do tempo havia um obstáculo, um corpo que, em um dos cinquenta anos, ocupava o espaço agora vazio. Daí a explosão. Para não matar os que vêm de lá, precisamos imediatamente

de gente e dinheiro… Muito! Precisamos levar imediatamente o nosso experimento a um espaço o mais alto possível, na mais deserta amplidão. Se não me ajudarem, eu carrego a máquina nas costas. Mas amanhã estará tudo resolvido.

[78] Camaradas, venham comigo!

Atiram-se à porta.

[79] VELOCIPIÉDKIN: Vamos, camaradas, agarrá-los pelos colarinhos, nós os forçaremos! Eu vou devorar os burocratas e cuspir os botões.

[80] *A porta escancara-se em direção a eles.*

[81] SÍNDICO DO COMITÊ DE MORADORES: Quantas vezes eu lhes disse: varram-se daqui com o seu negocinho particular. Vão feder lá pra cima na direção do locatário responsável, o Camarada Pobiedonóssikov. (*Percebe Pólia.*) E… e… e… a senhora aqui?! Eu lhes digo: Deus que ajude a vossa atividade social. Eu tenho reservado para vocês um maravilhoso ventiladorzinho. Passar bem!

ATO II

[82] *Sala de espera. Há uma parede divisória que a separa do escritório. À direita, uma porta com um aviso luminoso:* NÃO ENTRE SEM SER ANUNCIADO. *Próximo à porta, à sua mesa, Optimístienko atende uma longa fila de peticionários que toma toda a extensão da parede. Os peticionários copiam os movimentos uns dos outros, como cartas de baralho sendo manuseadas. Quando a parede se ilumina com a luz do interior, são visíveis apenas silhuetas negras dos peticionários e o escritório de Pobiedonóssikov.*

[83] OPTIMÍSTIENKO: Qual é o seu problema, cidadão?

[84] PETICIONÁRIO: Eu lhe imploro, camarada secretário, coordene, por favor, coordene.

[85] OPTIMÍSTIENKO: É possível. Coordenar e conciliar – é possível. Cada questão é possível coordenar e conciliar. O senhor tem referências?

[86] PETICIONÁRIO: Tenho referências… Uma referência que barra a passagem logo de cara. Blasfema e insulta, insulta e blasfema.

OS BANHOS 27

[87] OPTIMÍSTIENKO: Mas quem? Que problema barra a sua passagem?

[88] PETICIONÁRIO: Não é problema, é Pachka Tigrolápov.

[89] OPTIMÍSTIENKO: Desculpe, cidadão! Mas como é possível coordenar este Pachka?

[90] PETICIONÁRIO: É verdade. Sozinho não dá pra coordenar de jeito nenhum. Mas em dois-três, se o senhor ordena, eles o amarram e coordenam. Eu lhe suplico, camarada, coordene este desordeiro. Todo o apartamento se queixa dele...

[91] OPTIMÍSTIENKO: Fora! Como é que o senhor se intromete com essas mesquinharias numa grande repartição estatal? Vá à polícia... E a senhora, cidadã?

[92] PETICIONÁRIA: Conciliar, meu paizinho, conciliar.

[93] OPTIMÍSTIENKO: É possível... Conciliar é possível – e coordenar. Cada questão é possível coordenar e conciliar. A senhora espera alguma conclusão?

[94] PETICIONÁRIA: Não, paizinho, reclusão pra ele, não! Na polícia disseram que podiam, como se diz, dar a ele uma semana de reclusão, e eu, paizinho, vou comer o quê? E ele sai da reclusão e daí me bate outra vez.

[95] OPTIMÍSTIENKO: Desculpe, cidadã, a senhora declarou que queria conciliar. E por que é que fica me engambelando a cabeça com essa história do seu marido?

[96] PETICIONÁRIA: Eu e meu marido, paizinho, o senhor precisa conciliar. A gente vive na discórdia; não, ele bebe muito ponderadamente. Mas acontece que a gente tem medo de tocar nele, porque ele é um membro do partido.

[97] OPTIMÍSTIENKO: Fora! Eu lhe digo e redigo: não se intrometa com as suas mesquinharias numa grande repartição estatal. Nós não podemos nos ocupar com mesquinharias. O Estado se interessa pelas grandes coisas: fordismos e outras coisas mais...

[98] *Tchudakov e Velocipiédkin entram correndo.*

[99] Oh! E os senhores! Aonde vão?

[100] VELOCIPIÉDKIN (*tentando afastar Optimístienko*): Ao Camarada Pobiedonóssikov imediatamente, urgentemente incontinenti!

[101] TCHUDAKOV (*repete*): Urgentemente... incontinenti...

[102] OPTIMÍSTIENKO: Eu... eu... Eu estou reconhecendo vocês. É o senhor mesmo ou seu irmão? Um jovem que esteve por aqui?

[103] TCHUDAKOV: Sou eu mesmo em pessoa.

[104] OPTIMÍSTIENKO: Não, não é… O outro não tinha barba.

[105] TCHUDAKOV: Eu não tinha bigode quando comecei a esbarrar no senhor. Camarada Optimístienko, é absolutamente necessário acabar com isso. Nós vamos direto ao chefe supremo. Nós precisamos de Pobiedonóssikov em pessoa.

[106] OPTIMÍSTIENKO: Não é necessário… Não é necessário perturbá--lo. Além do mais, eu mesmo posso satisfazê-los plenamente. Está tudo em ordem. Quanto ao seu assunto, temos uma plena deliberação.

[107] TCHUDAKOV (*interroga alegremente*): Satisfazer plenamente? É?

[108] VELOCIPIÉDKIN (*interroga alegremente*): Plena deliberação? É? Quer dizer que vencemos os burocratas? É? Viva!

[109] OPTIMÍSTIENKO: Mas o que é isso, Camarada? Que burocratismo pode haver antes do expurgo? Eu tenho tudo nos indicadores, nenhum crédito, nenhum débito, graças a um moderníssimo sistema de fichas. Zás – acho a sua gaveta. Zás – agarro o seu assunto. Zás – nas mãos a plena resolução – atenção! atenção!

[110] *Todos ficam paralisados.*

[111] Eu já disse – plena deliberação. Atenção! Re-cu-sar.

[112] *Apaga-se o primeiro plano. Interior do escritório.*

[113] POBIEDONÓSSIKOV (*folheia papéis, tenta ligações telefônicas e, próximo à porta, andando, dita*) "…Prosseguindo, camaradas, esta alarmante, revolucionária, apelativa sineta do bonde deve tocar como um sino no coração de cada operário e de cada camponês. Hoje os trilhos de Lênin ligam a Praça Decênio da Medicina Soviética ao antigo baluarte da burguesia, o Mercado do Feno…" (*Ao telefone.*) Sim. Alô! Alô!… (*Continua.*) "Quem andou de bonde antes de 25 de outubro? A desclassificada *intelligentsia*, popes e nobres. E por quanto andavam? Eles andavam por cinco copeques por estação. Em que andavam? No bonde amarelo. Quem vai andar agora? Agora vamos andar nós, os trabalhadores do universo. Como vamos andar? Vamos andar com todas as comodidades soviéticas. No bonde vermelho. Por quanto? Tudo por dez copeques. Prosseguindo, camaradas…" (*Chamado do telefone. Ao telefone.*) Sim, sim, sim, não está? Onde paramos?

[114] DATILÓGRAFA UNDERTON: Em "Prosseguindo, camaradas…"

OS BANHOS   29

[116] POBIEDONÓSSIKOV: Sim, sim... "Prosseguindo, camaradas, lembrem-se de que Lev Tolstói é o maior e inesquecível artista da pena. A sua herança do passado brilha para nós na fronteira entre dois mundos como uma grande estrela artística, como toda uma constelação, como a maior das maiores constelações – a Ursa Maior. Lev Tolstói..."

[116] UNDERTON: Perdoe, Camarada Pobiedonóssikov. O senhor estava escrevendo sobre o bonde e agora, por algum motivo, o senhor fez Lev Tolstói tomar o bonde andando. Até onde se pode entender, houve aqui alguma transgressão das normas bonde-literárias.

[117] POBIEDONÓSSIKOV: O quê? Qual bonde? Ah! Sim... Com essas ininterruptas saudações e discursos... Peço: sem observações durante o trabalho! Para autocríticas, foi reservado a vocês o mural. Continuemos... "Até Lev Tolstói, até essa imensa ursa da pena, se lhe ocorresse dar uma olhada nos nossos êxitos na forma do acima mencionado bonde, até ele teria declarado na cara do imperialismo internacional: 'Não posso me calar. Eis aí os frutos vermelhos da educação universal e obrigatória'. E nestes dias do jubileu..." Pouca vergonha! Pesadelo! Mande chamar até mim, aqui, o camarada... o cidadão contador Nótchkin.

[118] *Apaga-se o escritório de Pobiedonóssikov. Novamente a fila na sala de espera. Irrompem Tchudakov e Velocipiédkin.*

[119] VELOCIPIÉDKIN: Camarada Optimístienko, isso é gozação!

[120] OPTIMÍSTIENKO: Não, nada disso, não é nenhuma gozação. Vocês ouviram. Foi decidido: recusar. A invenção de vocês não se enquadra nos planos em perspectiva para o próximo trimestre.

[121] VELOCIPIÉDKIN: Então não é no próximo trimestre que o socialismo se construirá.

[122] OPTIMÍSTIENKO: Não atrapalhe com as suas fantasias a nossa ação governamental! (*Para Belviedónski, que entra.*) Faça o favor! Dê o fora! Disperse! (*Para Tchudakov.*) A sua proposição não se enquadra no Comissariado Popular das Vias de Transporte da União Soviética[16] e não é solicitação das grandes massas operárias e camponesas.

---

16   No original, a sigla desta organização: NKPS.

30   UMA POÉTICA EM CENA: OS TEXTOS

[123] VELOCIPIÉDKIN: E o que tem a ver com isso o Comissariado Popular das Vias de Transporte? Mas que imbecilidade!

[124] TCHUDAKOV: É claro, não se pode adivinhar toda a grandiosidade das consequências, e é possível, é possível com o tempo aplicar com proveito a minha invenção também às tarefas de transporte com a máxima velocidade e quase fora do tempo...

[125] VELOCIPIÉDKIN: Então, é... é... é... possível enquadrar-se ao Comissariado Popular das Vias de Transporte. Por exemplo, sente-se o senhor às três horas da manhã e às cinco já estará em Leningrado.

[126] OPTIMÍSTIENKO: E, então, o que foi que eu disse? Recusado! É irreal. E pra que estar às cinco da manhã em Leningrado, quando todas as repartições ainda estão fechadas? (*Acende-se a lâmpada vermelha do telefone. Ele escuta, grita.*) Nótchkin! Ao Camarada Pobiedonóssikov!

[127] *Afastando-se de Tchudakov e Velocipiédkin, que se atiram a ele, Nótchkin trota à porta de Pobiedonóssikov.*
Escritório de Pobiedonóssikov.

[128] POBIEDONÓSSIKOV (*Fazendo girar a manivela e assoprando ao telefone*): Droga! Ivan Ivanóvitch? Viva, Ivan Ivanóvitch! Eu te peço duas passagens. É, sim, para o exterior. Como? Você já não cuida disso? Droga! Com esta sobrecarga de trabalho, simplesmente nos isolamos das massas. Precisamos de uma passagem e não sabemos a quem telefonar! Alô! Alô! (*Para a datilógrafa.*) Onde paramos?

[129] UNDERTON: "Prosseguindo, camaradas..."

[130] POBIEDONÓSSIKOV: "Prosseguindo, camaradas, Aleksandr Semiônitch Púschkin[17], o autor jamais superado tanto da ópera *Eugênio Oneguin* como da peça de mesmo nome..."

[131] UNDERTON: Desculpe, camarada Pobiedonóssikov, mas o senhor, no princípio fez andar o bonde, depois fez Tolstói sentar-se lá e agora enfiou o Púschkin – sem parar em nenhuma estação?

[132] POBIEDONÓSSIKOV: Que Tolstói? Que história é essa de bonde? Ah! Sim, sim, sim! Com essas ininterruptas saudações... Peço: sem objeções! Eu aqui escrevendo com firmeza e perfeição sobre um único tema e sem quaisquer desvios ou atalhos, e a senhora... Tolstói, Púschkin e até, se desejar, Byron – são

---

17   Erro de Pobiedonóssikov. O nome de Púschkin é Aleksandr Sergueievitch Púschkin.

OS BANHOS 31

todos, ainda que em tempos diferentes, colegas de jubileu, e assim por diante. Talvez eu escreva um artigo introdutório geral e, em seguida, a senhora, se estiver em seu devido lugar, poderá, sem quaisquer deturpações autocríticas, editar o artigo assunto por assunto. Mas geralmente está mais preocupada em pintar os lábios e em passar pó de arroz, e não há lugar para a senhora na minha repartição. Já passou da hora de contarmos com as jovens comunistas para termos um secretariado mais operário. Vou solicitar hoje mesmo...

[133] *Entra Belviedónski.*

[134] Salve! Salve! Camarada Belviedónski! Missão cumprida? Em regime de urgência?

[135] BELVIEDÓNSKI: Cumprida, logicamente, cumprida. Quase sem pregar os olhos, por assim dizer, na emulação socialista comigo mesmo, mas foi cumprido tudo de acordo com a solicitação social e com um avanço de 300%. Deseja, camarada, dar uma olhada na sua futura mobília?

[136] POBIEDONÓSSIKOV: Mostre!

[137] BELVIEDÓNSKI: Com a sua licença! O senhor certamente sabe e vê, como disse um famoso historiador, que existem Luíses de diversos estilos. Olha um Luí Catórz, Quatorze, apelidado assim pelos franceses após a revolução de 48, porque veio imediatamente após o Treze. Depois veja este Luí Jacob e, finalmente, permito-me e aconselho, como o mais contemporâneo, Luí Mové Gu.

[138] POBIEDONÓSSIKOV: Os estilos são passáveis, bem escolhidos. E os preços?

[139] BELVIEDÓNSKI: Os três Luíses são mais ou menos o mesmo preço.

[140] POBIEDONÓSSIKOV: Então, eu acho que vamos ficar com o Luís Quatorze. Mas, logicamente, de acordo com as exigências da Inspeção Operário-Camponesa sobre o desconto no preço. Sugiro que o senhor endireite imediatamente os pés das cadeiras e dos sofás, limpe o ouro, pinte como carvalho ebanizado e salpique o emblema soviético nos encostos e nos demais lugares visíveis.

[141] BELVIEDÓNSKI: Maravilha! Havia mais de quinze Luíses, e até agora não tínhamos conseguido chegar a nenhuma conclusão, mas o senhor foi direto – como um bolchevique, como

um revolucionário! Camarada Pobiedonóssikov, permita-me continuar o seu retrato e reproduzi-lo como um neoadministrador e também como um distribuidor de créditos. *O Cárcere e o Degredo* choram por sua causa – o jornal, bem entendido. O Museu da Revolução chora por sua causa – querem o original, quase que arrancam! Mas as reproduções saem como pão para os agradecidos colegas de trabalho, em suaves prestações com desconto no ordenado. O senhor me permite?

[142] POBIEDONÓSSIKOV: De maneira nenhuma! Para tais bobagens eu, logicamente, não posso abandonar o leme do Estado, mas se for indispensável para a plenitude da história e se mantivermos a marcha, sem interromper o trabalho, então por favor. Eu me sento aqui, à mesa de trabalho, mas você me reproduz de forma retrospectiva, isto é, como se fosse a cavalo.

[143] BELVIEDÓNSKI: O seu cavalo eu já desenhei em casa, de memória, inspirando-me em corridas, e até pode não acreditar, mas em algumas partes eu mesmo posei no espelho. Agora me falta apenas juntar o senhor ao cavalo. Permita-me afastar um pouco o cestinho de papéis. Quanta modéstia para tantos méritos! Deixe à vista o contorno de sua perna de combatente. Como brilha a sua bota, até dá vontade de lamber. Somente em Miguel Angêlo encontrou-se contorno tão perfeito. O senhor conhece Miguel Angêlo?

[144] POBIEDONÓSSIKOV: Dos Anjos, um armênio?

[145] BELVIEDÓNSKI: Italiano.

[146] POBIEDONÓSSIKOV: Fascista?

[147] BELVIEDÓNKSKI: Não, nunca!

[148] POBIEDONÓSSIKOV: Não conheço.

[149] BELVIEDÓNSKI: Não conhece?

[150] POBIEDONÓSSIKOV: E ele me conhece?

[151] BELVIEDÓNSKI: Não sei... Ele também é pintor.

[152] POBIEDONÓSSIKOV: Ah! Então ele deve me conhecer. Você sabe, pintores há muitos, mas chefe supremo da Direção Para a Coordenação há apenas um!

[153] BELVIEDÓNSKI: O lápis está tremendo. É difícil transmitir a dialética do caráter diante da humildade comum dos seus hábitos. O amor próprio em vós, Camarada Pobiedonóssikov, é titânico! Deixe brilharem os seus olhos sobre o ombro direito e a caneta tinteiro. Permita-me eternizar este instante.

OS BANHOS   33

[154] POBIEDONÓSSIKOV: Entre!

[155] *Entra Nótchkin.*

[156] POBIEDONÓSSIKOV: O senhor?!!!

[157] NÓTCHKIN: Eu...

[158] POBIEDONÓSSIKOV: Duzentos e trinta?

[159] NÓTCHKIN: Duzentos e quarenta.

[160] POBIEDONÓSSIKOV: Esbanjados em bebida?

[161] NÓTCHKIN: Gastos no jogo.

[162] POBIEDONÓSSIKOV: Monstruoso! Inconcebível! Quem? Peculador! Onde? Aqui, comigo! Enquanto eu conduzo a minha repartição ao socialismo seguindo os passos geniais de Karl Marx e segundo as diretrizes do centro.

[163] NÓTCHKIN: Mas qual o problema? Karl Marx também perdia nas cartas.

[164] POBIEDONÓSSIKOV: Karl Marx? Nas cartas? Nunca!!!

[165] NÓTCHKIN: Que o quê, nunca... E o que escreveu Franz Mehring? O que ele escreveu na página 72 do seu grandioso trabalho *A Vida Íntima de Karl Marx*? Jogava! O seu grande professor jogava...

[166] POBIEDONÓSSIKOV: Eu, logicamente, li e conheço Mehring. Em primeiro lugar, ele exagera, e, em segundo lugar, Karl Marx realmente jogava, mas não jogos de azar; apenas jogos comerciais.

[167] NÓTCHKIN: E o seu colega de classe, contemporâneo que o conhecia muito bem, o famoso Ludwig Feuerbach, também escreve sobre jogos de azar.

[168] POBIEDONÓSSIKOV: É claro, eu li, naturalmente, o camarada Feuerbach. Karl Marx às vezes jogava jogos de azar, mas não a dinheiro...

[169] NÓTCHKIN: Não... a dinheiro?

[170] POBIEDONÓSSIKOV: Sim, mas o dele. Não o do Estado.

[171] NÓTCHKIN: Temos que admitir que todos os estudiosos de Marx sabem que houve, verdadeiramente, certa vez, um caso memorável – e com dinheiro público.

[172] POBIEDONÓSSIKOV: Logicamente, esse fato histórico nos leva, como um precedente histórico, a abordar com maior atenção esse seu deslize. Porém, não obstante...

[173] NÓTCHKIN: As eternas voltas do burro do oleiro... Está bem, Karl Marx jamais, em tempo algum, jogou cartas. E o que

34 UMA POÉTICA EM CENA: OS TEXTOS

eu tenho para lhe contar? Por acaso o senhor compreende alguém? Para o senhor, basta andar de acordo com exemplos e parágrafos! Eh! Pasta recheada! Rato de escritório!

[174] POBIEDONÓSSIKOV: O quê? Zombar do seu valioso comandante imediato e da desvalorosa... não, nada disso, o que eu estou dizendo!... da irresponsável sombra de Marx... Não o deixem sair! Prendam-no!!!

[175] NÓTCHKIN: Camarada Pobiedonóssikov, não se dê ao trabalho de tocar as sirenes. Eu mesmo comunicarei à Direção da Milícia Criminalista de Moscou[18].

[176] POBIEDONÓSSIKOV: Basta! Não admito!!!

[177] BELVIEDÓNSKI: Camarada Pobiedonóssikov! Um momento! Mantenha esta pose. Assim! Permita eternizar este instante.

[178] UNDERTON: Ha - ha - ha!

[179] POBIEDONÓSSIKOV: Solidariedade? Ao malversador? E ainda ri? Com estes lábios pintados? Fora! (*Sozinho, girando o telefone.*) Alô! Alô! Droga! Droga! Quem é? Aleksandr Petróvitch. Mas há três dias eu te... Foi eleito? Parabéns! Mas é natural, não é de admirar! Não há a menor dúvida!... Como sempre, dias a fio, noites a fio... Sim, e hoje, finalmente... Duas passagens. Bons lugares. Primeira classe. Com a taquígrafa. E o que tem a ver com isso a Inspeção Operário-Camponesa? É indispensável terminar de ditar o relatório. Que importância têm 240 rublos ida e volta? Sim, podemos lançar como diárias ou algo assim. Com urgência, pelo malote... Sim, logicamente, o seu eu adianto... Isso mesmo! Cáucaso... para mim. Então lhe aperto a mão com as minhas responsáveis saudações. (*Joga o telefone. Canta a Ária do Toreador*[19].) Alô! Alô!

[180] *Sala de espera. Tchudakov e Velocipiédkin avançam.*

[181] OPTIMÍSTIENKO: Mas onde é que vocês querem se meter, afinal? Respeitem o trabalho e a atividade dos funcionários do Estado!

[182] *Entra Mezaliânsova. Novamente investem Tchudakov e Velocipiédkin.*

[183] Não... Não... Ela está fora da fila. Foi chamada ao telefone... (*Levando-a pelo braço, repreendendo.*) Tudo pronto... como não? Eu lhe contei com toda a solenidade que a esposa dele

---

18 No original, a sigla MUUR.
19 Referência à Ária do Toreador, da *Carmen*, de Bizet.

OS BANHOS 35

passou para o lado dos jovens comunistas. Ele logo de cara ficou furioso! Não vou admitir, disse ele, galanteios descomedidos sem uma longa e séria base de trabalho, mas depois até se alegrou. Já havia dado fim à secretária, pela justa causa de falta de estética dos lábios. Vá em frente, sem medo. E sob cada papelzinho escondia uma vagazinha.

[184] *Mezaliânsova sai.*

[185] TCHUDAKOV: Olha só, agora deixaram passar essa aí! Camarada, vê se entende – não há força, nem da ciência nem do raio que o parta, que possa parar o que está se aproximando... Se nós não levarmos a máquina para um espaço acima da cidade, pode até haver uma explosão.

[186] OPTIMÍSTIENKO: Explosão? Nem diga isso! Não ameace uma repartição estatal. Não convém nos enervar e nos amedrontar, e quando houver a explosão, então daremos parte de vocês a quem de direito.

[187] VELOCIPIÉDKIN: Mas vê se entende, cabeça dura!... Você tem que dar parte disso a todo mundo – a quem de direito e a quem não de direito. As pessoas ardem de vontade de trabalhar em todo o universo trabalhador, mas você, intestino grosso, com seu blá-blá-blá de burocrata, mija no entusiasmo delas. É ou não é?

[188] OPTIMÍSTIENKO: Peço, sem alusões pessoais! O indivíduo na história não tem um grande papel. Este não é o tempo dos tsares. Antigamente exigia-se entusiasmo. Mas agora estamos no materialismo histórico e não está sendo solicitado nenhum entusiasmo de vocês.

[189] *Entra Mezaliânsova.*

[190] Dispersem, cidadãos, expediente encerrado.

[191] MEZALIÂNSOVA (*com uma pasta, cantando*): Oh! Dançarina, diante de tua beleza, tara-ram - tara-ram...[20]

20 Verso da ária da opereta *Dançarina*, de I. Kalman.

ATO III

[192] *Palco – continuação das fileiras do teatro. Na primeira fila, alguns lugares livres. Sinal "Início". O público olha para o palco com binóculos. Do palco, olham com binóculos para o público. Ouvem-se assobios, batidas de pé, gritos: "Começa!"*

[193] DIRETOR: Camaradas, não se inquietem! Por motivo de força maior deveremos retardar em alguns minutos o terceiro ato.

[194] *Pausa. Novamente gritos: "Começa!"*

[195] DIRETOR: Um momento, camaradas! (*Para o lado.*) Como é que é, eles já vêm vindo? Não dá para esperar mais. Afinal, pode-se combinar depois; vá para o *foyer*, dê um jeito de avisar com a máxima educação. Ah! Vêm chegando!... Por favor, camaradas. Não, não há de quê! Muito prazer! Mas não tem a menor importância, um minuto, até meia hora, não somos um trem, podemos esperar. Todos entendem. Vivemos num tempo assim. Pode haver quaisquer assuntos estatais, até mesmo planetários. Os senhores viram o primeiro e o segundo ato? E, então, gostaram? A nós todos interessa, naturalmente, suas impressões e, de modo geral, os bons olhos de...

[196] POBIEDONÓSSIKOV: Nada mal! Passável! Nós até comentamos com Ivan Ivanóvitch. Sutilmente captado. Bem observado. Porém, não é bem assim...

[197] DIRETOR: Mas podemos corrigir tudo isso, nós sempre fazemos o melhor possível. Basta o senhor fazer indicações concretas; nós logicamente... num piscar de olhos...

[198] POBIEDONÓSSIKOV: Tudo o que está condensado aqui... na vida real, não é o que acontece... Vejamos, por exemplo, este Pobiedonóssikov. Embaraçoso... Ele é representado, de modo geral, como um camarada responsável, e não se sabe bem por que o apresentaram dessa maneira e também não se sabe por que o chamaram de "chefe geral dos Umbigos"[21]. Não há entre nós tipos assim, isso não é natural, não tem vida, não se parece com ninguém. Vocês têm que refazer isso, suavizar, poetizar, aparar as arestas...

[199] IVAN IVANÓVITCH: Sim, sim, é embaraçoso! O senhor tem telefone? Eu vou telefonar a Fiódor Fiódorovitch e ele,

---

21 No original, a sigla GLAVNATCHPUPS.

OS BANHOS   37

logicamente, vai autorizar... Ah! Durante a peça é embaraçoso? Então eu deixo para depois. Camarada Momentálnikov,
temos que iniciar uma grande campanha.

[200] MOMENTÁLNIKOV: Etchelência, ordene!
Nosso apetite é pequeno.
Basta-ta-ta-tarefa nos dar
e tudo cumprimos num piscar.

[201] DIRETOR: Não digam isso! Não é bem assim, camaradas! Nossa peça
tem o caráter de autocrítica publicada e, com a permissão do
Departamento Regional de Literatura e Publicação[22], foi apresentado, apenas a título de exceção, um tipo literário negativo.

[202] POBIEDONÓSSIKOV: O que foi que o senhor disse? "Tipo negativo"?
Como é que se pode ofender dessa maneira um responsável
homem de Estado? Pode-se falar assim apenas de um qualquer, totalmente sem partido, de um desclassificado! Tipo
negativo! Isso, entretanto, não é um "tipo negativo", mas sim,
apesar dos pesares, um chefe geral dos Umbigos, colocado
nesse posto pelos órgãos dirigentes. Vocês, sim, é que são "tipo
negativo"! E, se nos seus atos há transgressões às nossas leis,
devemos comunicar a quem de direito, para julgamento e para
que finalmente as informações verificadas pela promotoria,
informações publicadas pela Inspeção Operário-Camponesa,
sejam recriadas em imagens simbólicas. Isso eu compreendo,
mas expor ao escárnio público no teatro...

[203] DIRETOR: Camarada, o senhor está perfeitamente correto, mas
aquilo fazia parte da sequência das ações...

[204] POBIEDONÓSSIKOV: Ações? Mas que ações? Ação nenhuma
pode vir dos senhores. O negócio dos senhores é mostrar.
Mas agir... fiquem tranquilos, viverão sem vocês os con-
dignos órgãos soviéticos do partido. E, ademais, é preciso
mostrar também o lado bom da nossa realidade. Escolher
qualquer coisa exemplar, a repartição, por exemplo, onde
eu trabalho, ou eu mesmo, se desejarem...

[205] IVAN IVANÓVITCH: É! Isso mesmo! Vocês devem ir à repartição
dele. Diretrizes são cumpridas, circulares são distribuídas,
racionalização é estabelecida, os papéis permanecem anos
na mais perfeita ordem. Quanto a requerimentos, queixas

22   No original, a sigla GUBLIT.

e pareceres, é uma verdadeira produção em cadeia. É um autêntico recanto do socialismo. Extremamente interessante!

[206] DIRETOR: Mas, camarada, permita...

[207] POBIEDONÓSSIKOV: Não permito!!! Não cabe a mim e, além disso, me espanta imaginar como é que alguém permitiu! Isso até nos desacredita perante a Europa. (*Para Mezaliânsova.*) Não traduza isso, por favor...

[208] MEZALIÂNSOVA: Ah! Não, não, não, *ol rait*! Ele comeu muito caviar no banquete e agora está cochilando.

[209] POBIEDONÓSSIKOV: E a quem o senhor nos opõe? Ao inventor? E o que ele inventou? O freio Westinghouse[23], por acaso? Por acaso ele inventou a caneta-tinteiro? O bonde anda sem ele? Ele repartilizou a raciopartição[24]?

[210] DIRETOR: Como?

[211] POBIEDONÓSSIKOV: Digo, ele racionalizou a repartição? Não! Então, qual é a utilidade? Não necessitamos de sonhadores. Socialismo é cálculo!

[212] IVAN IVANÓVITCH: Sim, sim. O senhor já esteve na seção de contabilidade? Eu já estive na seção de contabilidade – por toda parte cifras e cifras, pequenas e grandes, as mais variadas, e no final todas se encontram. Cálculo! Extremamente interessante!

[213] DIRETOR: Camarada, não nos leve a mal. Nós podemos errar, mas queremos colocar o nosso teatro a serviço da luta e da construção. Virão nos assistir e colocarão a mão na massa; virão nos assistir e se emocionarão; virão nos assistir e desmascararão.

[214] POBIEDONÓSSIKOV: Mas eu solicito em nome de todos os operários e camponeses que o senhor não me deixe alvoroçado. Grande coisa – um despertador! O senhor deveria acariciar os meus ouvidos e não alvoroçar. O seu negócio é acariciar os olhos e não alvoroçar.

[215] MEZALIÂNSOVA: Sim, sim, acariciar...

[216] POBIEDONÓSSIKOV: Nós desejamos repousar após as atividades governamentais e sociais. Retornemos aos clássicos! Aprendam com os grandes gênios do detestável passado. Quantas vezes eu já lhes disse. Lembrem-se como cantava o poeta:

23 Freio de locomotiva.
24 Pobiedonóssikov confunde as palavras no original.

OS BANHOS 39

Após tanto discutir,
não temos alegria nem penar,
não temos desejos no porvir
e pa-ram, pa-ra-ram, não temos penar...[25]

[217] MEZALIÂNSOVA: Mas é claro, a arte deve refletir a vida, a bela
vida, as pessoas belas e vivas. Mostre-nos belos ativistas[26]
em belas paisagens e, de maneira geral, a decomposição
da burguesia. E, se for necessário para a propaganda, até
mesmo a dança do ventre. Ou, digamos, como progride
no Ocidente em franco apodrecimento a recente batalha
contra os velhos costumes. Mostrar no palco, por exemplo, que lá entre eles, em Paris, não existe sessão feminista
do Partido, mas em compensação existe o foxtrote; ou que
tipos de saias de novo modelo anda usando aquele mundo
velho e caduco – *ce con apéle bô monde*. Compreende?

[218] IVAN IVANÓVITCH: Sim, isso mesmo! Mostre-nos coisas belas!
No teatro Bolshoi geralmente nos mostram coisas belas.
O senhor viu a *Papoula Vermelha*[27]? Ah! Eu vi a *Papoula
Vermelha*. Extremamente interessante! Esvoaçam com flo-
res, cantam, dançam por todas as partes com flores os mais
diversos elfos e... sifilides.

[219] DIRETOR: Sílfides, o senhor quis dizer?

[220] IVAN IVANÓVITCH: Sim, sim! Isso mesmo! Bem observado – sílfides. Temos que iniciar uma grande campanha. Sim, sim,
voam diversos elfos e... elfas... Extremamente interessante!

[221] DIRETOR: Perdoe, mas elfos já houve muitos e sua futura mul-
tiplicação não está prevista no plano quinquenal. E, além
do mais, pelo andamento da nossa peça, eles não têm nada
a ver conosco. Porém, quanto ao repouso, eu logicamente
compreendo os senhores e serão introduzidas na peça alterações condizentes, na forma de graciosas e bem-humoradas
inserções. Vejam, por exemplo, o assim chamado Camarada
Pobiedonóssikov: se damos a ele um tema que faça cócegas,
pode arrancar as maiores gargalhadas. Eu agorinha mesmo

25 Maiakóvski faz com que Pobiedonóssikov parafraseie "O Demônio", de M.I.
Liérmontov: "Hora de encontrar, hora de partir/ não têm alegria, nem penar/
não têm desejos no porvir/ E do passado não têm pesar".
26 No original, "jívtchik", palavra de duplo sentido de pessoa muito ativa, azougue
e também espermatozoide.
27 Balé de R.M. Glier (1927), de sucesso na época.

vou dar um par de instruções, e o papel simplesmente se dia-
mantizará. Camarada Pobiedonóssikov, tome em suas mãos
uns três ou quatro objetos quaisquer: por exemplo, a caneta,
a sua assinatura, papel e o seu salário máximo[28] e faça alguns
exercícios de malabarismo. Jogue a caneta, apanhe o papel –
coloque a assinatura, pegue o salário máximo, apanhe a caneta,
pegue o papel – coloque a assinatura, agarre o salário máximo.
Um, dois, três, quatro. Um, dois, três, quatro. O dia soviético –
o dia partidário – de um bu-ro-cra-ta. Consegue?

[222] POBIEDONÓSSIKOV (*entusiasticamente*): Boa! Entusiástico! Nenhuma decadência – nada cai. Assim é bom se
desentorpecer.

[223] MEZALIÂNSOVA: *Uí, cé tré pedagogíque.*

[224] POBIEDONÓSSIKOV: A leveza do gesto é moralizadora de toda
carreira iniciante. Acessível, simples, bom até para as
crianças. Cá entre nós; nós – a jovem classe, o operariado –
somos uma grande criança. Mesmo assim, ainda está um
pouco rude demais; falta aquele arredondamento, aquela
suculência...

[225] DIRETOR: Então, se isso agrada aos senhores, aqui os horizontes
da fantasia são infinitos. Nós podemos apresentar de cara
uma cena simbolista com todo o quadro de atores aqui presentes. (*Bate palmas.*) Os quadros masculinos que estiverem
livres – no palco! Apoiem-se em um joelho e inclinem-se,
fazendo ar de escravos. Cavem com uma picareta invisível
na mão visível o carvão invisível. As caras, expressões mais
sombrias... Forças do mal tenebrosamente vos oprimem...
Muito bem! Estamos indo!...

O senhor será o Capital. Fique em pé aqui, Camarada Capital. Dance por cima de todos, representando o domínio de
classes. Abrace a dama imaginária com a mão invisível e tome
o champanhe imaginário. Estamos indo muito bem! Conti-
nuem. Os quadros femininos que estiverem livres – no palco!

A senhora será a Liberdade; a senhora tem a postura
conveniente. A senhora será a Igualdade; quer dizer, tanto
faz quem vai representar. E a senhora, a Fraternidade – já
que outros sentimentos a senhora não saberia despertar.

---

28 No original, "partmakcimum", o maior salário que um membro do Partido
poderia receber.

Preparar! Ação! Levantem com um chamado imaginário as massas imaginárias. Contaminem, contaminem a todos com o vosso entusiasmo! O que as senhoras estão fazendo?! Levantem mais a perna, simulando o levantamento imaginário. Capital, dê uma dançada para a esquerda, representando a Segunda Internacional. Por que agitar os braços? Distenda os tentáculos do imperialismo... Não tem tentáculos? Então não há motivo para se fazer ator. Estenda o que quiser. Seduza com a riqueza imaginária as damas que dançam. Damas, neguem-se com bruscos movimentos da mão esquerda. Assim, assim, assim! Massas trabalhadoras imaginárias, insurjam-se simbolicamente! Capital, caia de um jeito bem bonito! Muito bem!

Capital, estique as canelas de um jeito espetacular!

Tenha umas expressivas convulsões!

Magnífico!

Quadros masculinos livres, rompam os grilhões imaginários, elevem-se ao símbolo do sol. Agitem vitoriosamente as mãos. Liberdade, Igualdade e Fraternidade, simulem a marcha férrea das coortes operárias. Pisem com os pretensos pés operários no pretensamente derrubado pretenso Capital.

Liberdade, Igualdade e Fraternidade, sorriam, como se vocês se alegrassem.

Quadros masculinos livres, simulem que vocês eram "os que não eram nada" e imaginem que vocês são "aquele que passa a ser tudo"[29]. Subam nos ombros uns dos outros, representando a altura da emulação socialista.

Muito bem!

Construam uma torre com os corpos pretensamente poderosos, personificando plasticamente o símbolo do comunismo.

Agitem a mão livre com o martelo imaginário ao ritmo do país livre, transmitindo o patético da luta.

Orquestra, acrescente à música o estrépito das indústrias. Assim! Muito bem!

Quadros femininos livres – no palco!

Circundem como guirlandas imaginárias os trabalhadores do universo do grande exército do trabalho, simbolizando as flores da felicidade, desabrochadas no socialismo.

---

29 Palavras do hino "A Internacional".

Muito bem! De acordo! Pronto!
Repousante pantomima sobre o tema:
"Trabalho e Capital
a barriga dos atores
ficou cheia afinal."

[226] POBIEDONÓSSIKOV: Bravo! Maravilhoso! E como o senhor pode, com tal talento, desperdiçar-se com mesquinharias da atualidade, com folhetins insignificantes? Esta, sim, é a autêntica arte – compreensível e acessível a mim, a Ivan Ivanóvitch e às massas.

[227] IVAN IVANÓVITCH: Sim, sim, extremamente interessante! O senhor tem telefone? Eu vou telefonar... Vou telefonar não interessa a quem. Minha alma está simplesmente transbordando. É contagiante! Camarada Momentálnikov, é preciso começar uma grande campanha.

[228] MOMENTÁLNIKOV: Etchelência, ordene!
Nosso apetite é pequeno
Basta o pão do circo nos dar
e tudo louvamos num piscar.

[229] POBIEDONÓSSIKOV: Muito bem! Tem de tudo! O senhor apenas introduza também a autocrítica, através de uma abordagem simbólica. Isso agora é muito atual. Ponha em algum lugar, num cantinho, uma mesinha e o deixem escrevendo artigos, enquanto o senhor, aqui, se ocupa com os seus afazeres. Obrigado, até logo! Eu não quero vulgarizar nem deixar que se tornem pesadas as impressões, após tão belo fecho de ouro. Com meus cumprimentos de camarada!

[230] IVAN IVANÓVITCH: Cumprimentos de camarada! A propósito, qual o nome daquela artistazinha, a terceira daquele lado? Muito belos e delicados... dotes... É preciso começar uma grande campanha ou até mesmo uma pequena, mas assim... eu e ela. Eu vou telefonar. Ou que ela telefone.

[231] MOMENTÁLNIKOV: Etchelência, ordene!
O pudor natural é pequeno
Basta o ende-endereço nos dar
e telefonamos num piscar

[232] *Dois lanterninhas barram Velocipiédkin, que se intrometia na primeira fileira.*

OS BANHOS

[233] LANTERNINHA: Cidadão, ei!, cidadão, cortesmente lhe solicitam: dê o fora daqui! Aonde o senhor pensa que vai?

[234] VELOCIPIÉDKIN: Eu preciso ir à primeira fila...

[235] LANTERNINHA: E uns salgadinhos de graça o senhor não precisa? Cortesmente lhe solicitam, cidadão, hein, cidadão? O senhor tem um bilhete para lugar de operário e se intromete entre o público asseado?

[236] VELOCIPIÉDKIN: Eu vou à primeira fila tratar de negócios com o Camarada Pobiedonóssikov.

[237] LANTERNINHA: Cidadão, ei!, cidadão, ao teatro se vem por prazer, não a negócios. Cortesmente lhe dizem: dê o fora, vá plantar batatas!

[238] VELOCIPIÉDKIN: Prazer é coisa de depois de amanhã e o meu negócio é para hoje e, se for preciso, não é só a primeira – nós vamos revirar tudo: as fileiras e os camarotes, tudo!

[239] LANTERNINHA: Cidadão, cortesmente lhe dizem: varra-se daqui! Não pagou a chapelaria, não comprou o programa e ainda por cima não tem bilhete!

[240] VELOCIPIÉDKIN: Mas eu não vim assistir. Com o assunto que tenho, eu entro aqui até com bilhete do Partido... Eu preciso falar com o senhor, Camarada Pobiedonóssikov!

[241] POBIEDONÓSSIKOV: E o senhor, está gritando por quê? E quem é esse? Qual Pobiedonóssikov?!!!

[242] VELOCIPIÉDKIN: Chega de piadas, pare de representar. O senhor é ele mesmo e eu preciso falar com o senhor, que é exatamente o chefe geral dos Umbigos, Pobiedonóssikov.

[243] POBIEDONÓSSIKOV: Temos que saber, se não o nome, pelo menos o sobrenome, antes de dirigir-se a um camarada responsável, sentado em fileira superior.

[244] VELOCIPIÉDKIN: Já que você é responsável, então me responda: por que na sua repartição estão congelando a invenção de Tchudakov? Nos restam poucos minutos. A desgraça será irreparável. Libere com urgência o dinheiro e levaremos o experimento a um lugar o mais elevado possível e...

[245] POBIEDONÓSSIKOV: Que estupidez é essa? Que Tchudakov? Quais elevações? E, por falar nisso, hoje eu viajo para as elevações do Cáucaso.

[246] VELOCIPIÉDKIN: Tchudakov é um inventor...

[247] POBIEDONÓSSIKOV: Inventores há muitos, mas eu sou apenas

um. E, além do mais, peço que não me atormente pelo menos nos raros minutos de descanso, regulamentados pelos respectivos órgãos superiores. Passe na sexta-feira.

[248] *O Diretor gesticula fortemente para Velocipiédkin: "Dê o fora".*

[249] VELOCIPIÉDKIN: Vão passar, sim – não sexta-feira, mas hoje, e não eu, mas...

[250] POBIEDONÓSSIKOV: Pois que passe quem quiser e não me encontrará, mas o meu substituto. Se na ordem do dia está citada a minha licença, significa que eu não estarei lá. É preciso entender como está construída a nossa Constituição. Isso é revoltante!

[251] VELOCIPIÉDKIN (*para Ivan Ivanóvitch*): Vê se bota na cabeça dele, telefona pra ele, o senhor prometeu!

[252] IVAN IVANÓVITCH: Importunar com negócios alguém que se encontra em licença?!! Extremamente interessante! O senhor tem telefone? Eu vou telefonar a Nikolai Aleksandrovitch. Temos que preservar a saúde dos velhos responsáveis, enquanto eles ainda são jovens.

[253] DIRETOR: Camarada Velocipiédkin, eu lhe suplico, não faça escândalo! Ele, afinal de contas, não faz parte da peça. Ele é apenas parecido, e eu lhe suplico para que eles não descubram. O senhor será plenamente satisfeito no decorrer da ação.

[254] POBIEDONÓSSIKOV: Adeus, Camarada! Nada a declarar! O senhor chama isso de teatro r-r-revolucionário e o senhor mesmo agita... como foi que o senhor disse?... Alvoroça, ou algo assim, os trabalhadores responsáveis. Isso não é para as massas. Nem operários nem camponeses entenderão isso aí, e ainda bem que não entenderão e tampouco se deve explicar a eles. Como é que o senhor nos faz agir como estas suas personagens? Nós queremos permanecer inativos... como é que se diz? – espectadores. Não! Da próxima vez eu irei a outro teatro!

[255] IVAN IVANÓVITCH: Sim, sim, sim! O senhor assistiu A *Quadratura das Cerejeiras*? Eu vi o *Tio dos Turbínis*[30]. Extremamente interessante!

---

30 Confusão de títulos de peças: *O Jardim das Cerejeiras* e *Tio Vânia*, de Tchékhov; *A Quadratura do Círculo* (encenada no Brasil como *Quatro Num Quarto*), de Katáiev; *O Dia dos Turbínis*, de M. Bulgakov.

OS BANHOS 45

[256] DIRETOR (*para Velocipiédkin*): Olha o que você fez! Você quase desmontou o espetáculo. Já para o palco!

A peça continua.

ATO IV

[257] *No palco, há escadas de acesso, patamares e portas de apartamentos. No patamar superior, entra Pobiedonóssikov, agasalhado, levando uma mala. Tenta empurrar a porta com o ombro, mas Pólia a abre de par em par e entra correndo no patamar. Tenta segurar a mala.*

[258] PÓLIA: Como é, e eu fico aqui?... Não é engraçado!

[259] POBIEDONÓSSIKOV: Eu te peço para acabar com esse assunto! Que pequena burguesia familiar! Todos os médicos dizem que para um repouso absoluto é indispensável arrancar-se, exatamente a si, e não a você, do meio habitual, e além do mais vou viajar para restabelecer um importante organismo de Estado, fortalecê-lo em diversos lugarejos nas montanhas.

[260] PÓLIA: Eu sei muito bem, eu vi, te trouxeram duas passagens. Eu poderia pensar... Mas em que, em que eu te atrapalho? Engraçado!

[261] POBIEDONÓSSIKOV: Deixe de lado essas opiniões pequeno-burguesas sobre o repouso. Passear de barco, eu, nunca! É um entretenimento minúsculo, bom para secretários. Navegue, minha gôndola! Aliás, eu não tenho gôndola, mas o barco do Estado. Eu não estou viajando para me queimar ao sol. Eu sempre examino o momento presente e logo depois... informes, relatórios, resoluções – socialismo! Pela minha situação social, me é atribuída por lei uma taquígrafa particular.

[262] PÓLIA: E quando foi que eu atrapalhei a tua taquigrafia? Engraçado! Tudo bem! Você, diante dos outros, se faz de santo, se esforça, mas por que me engana? Não é engraçado. Por que é que você me prende atrás de um biombo? Me deixe ir, pelo amor de Deus, e taquigrafe nem que seja a noite inteira! Engraçado!

[263] POBIEDONÓSSIKOV: Shhhh... Você me compromete com a sua gritaria desorganizada e ainda por cima religiosa. "Pelo amor de Deus". Shhhh... Embaixo mora o Kosliakóvski, ele pode

contar a Pável Pietróvitch, amigo, frequentador da casa de Semión Afanássitch.

[264] PÓLIA: E esconder o quê? Engraçado!

[265] POBIEDONÓSSIKOV: É você, você que tem que esconder, esconder os teus humores de mulher pequeno-burguesa e decadente, responsáveis por um matrimônio tão desigual. Pense nisso ao menos em face da natureza para a qual eu estou viajando. Pense nisso! Eu e você! Já não é o tempo em que bastava ir lado a lado em patrulha de reconhecimento e dormir sob o mesmo capote. Eu subi a escada da intelectualidade, dos serviços prestados e do apartamento. Você também precisa se educar e manobrar dialeticamente. E o que vejo em teu rosto? Sobrevivências do passado, amarras do antigo modo de vida!

[266] PÓLIA: Eu te atrapalho? Em quê? Engraçado! Foi você que fez de mim uma choca depenada.

[267] POBIEDONÓSSIKOV: Tsss!!! Pare com esses ciúmes! Você mesma fica perambulando por apartamentos alheios. Prazeres de juventude comunista, é? Pensa que eu não sei? Não foi ao menos capaz de achar uns carinhas condizentes com a minha posição social. Pérfida de saiotinho!

[268] PÓLIA: Cale-se! Não é engraçado!

[269] POBIEDONÓSSIKOV: Psss!!! Eu já te disse: embaixo mora Kosliakóvski. Vamos entrar. Temos que acabar com isso de uma vez!

[270] *Bate a porta, empurrando Pólia para dentro do apartamento. No degrau inferior, aparece Velocipiédkin acompanhado de Tchudakov, carregando a máquina invisível. Dvóikin e Tróikin ajudam a carregar.*

[271] VELOCIPIÉDKIN: Força, camaradas! Ainda uns vinte degrauzinhos. Carreguem em silêncio pra que ele não se esconda outra vez atrás dos secretários e dos papéis. Deixem que essa bomba do tempo exploda na cara dele.

[272] TCHUDAKOV: Tenho medo de que a gente não consiga carregar até lá. Um erro de cálculo de um décimo de segundo dará uma diferença de uma hora no nosso tempo.

[273] DVÓIKIN: Você está sentindo como estão esquentando as partes sob as nossas mãos? O vidro começa a ferver.

[274] TRÓIKIN: Do meu lado a chapa está se aquecendo até não poder mais. Um forno! Honestamente, um fogão! Eu estou me aguentando ao máximo pra não largar a mão.

OS BANHOS   47

[275] TCHUDAKOV: O peso da máquina aumenta a cada segundo. Eu posso quase garantir que na máquina está se materializando um corpo estranho.

[276] DVÓIKIN: Camarada Tchudakov, ande logo! Não dá pra segurar. É fogo que estamos carregando!!!

[277] VELOCIPIÉDKIN (*aproxima-se correndo, ajuda a segurar, queimando-se*): Camaradas, não se rendam! Uns dez degrauzinhos a mais ou quinze. Ele está logo ali em cima. Oh, diabo, fogo dos infernos! (*Solta a mão queimada.*)

[278] TCHUDAKOV: Não dá pra levar mais longe. Parece que restam uns segundos. Mais depressa! Pelo menos até a plataforma! Deixem por aqui!

[279] *Pela porta sai correndo Pobiedonóssikov. A porta bate estrondosamente e depois se entreabre. Aparece Pólia.*

[280] POBIEDONÓSSIKOV: É claro que você não deve ficar nervosa... Você, Poliazinha, lembre-se de que você mesma pode compreender que apenas a sua boa vontade pode construir a nossa vida, a minha vida.

[281] PÓLIA: Boa vontade? Minha? Não é engraçado!

[282] POBIEDONÓSSIKOV: Por falar nisso, eu me esqueci de esconder a Browning[31]. Ela não deverá ser necessária. Esconda, por favor. Lembre-se de que está carregada e de que, para atirar, basta apenas deslocar esta trava. Adeus, Poliazinha!

[283] *Bate a porta, encosta o ouvido no buraco da fechadura, fica escutando. No degrau inferior aparece Mezaliânsova.*

[284] MEZALIÂNSOVA: Narizinho[32], você vem logo?

[285] POBIEDONÓSSIKOV: Psss!!!

[286] *Estrondo, explosão, tiro. Pobiedonóssikov escancara a porta e lança-se apartamento adentro. No patamar inferior, fogos de artifício. No lugar em que estava a máquina, a Mulher Fosforescente com um pergaminho escrito em letras fosforescentes. Brilha a palavra "Credencial". Estupefação geral. Optimístienko salta ao seu encontro, arregaçando as calças. Está de chinelos, sem meias e armado.*

---

31 Marca de pistola.

32 No original, "nossik", traduzido literalmente. O substantivo "nossik" (narizinho) tem o significado de um tratamento carinhoso (queridinho, por exemplo). No texto, há ainda o sentido de diminutivo de Pobiedonóssikov.

[287] OPTIMÍSTIENKO: Onde? Quem?

[288] MULHER FOSFORESCENTE: Salve, camaradas! Eu sou uma delegada do ano 2030. Eu estou inserida por 24 horas no tempo de hoje. O prazo é curto e a tarefa é extraordinária. Verifiquem minhas credenciais e estarão informados.

[289] OPTIMÍSTIENKO (*atira-se à delegada, examina atentamente a credencial, murmurando, rapidamente, enquanto lê o texto*): "O Instituto de História do Nascimento do Comunismo..." Assim... "credencia com plenos poderes..." Correto... "Selecionar os melhores..." Está claro... "para traslado à era comunista..." Mas o que está acontecendo? O que está acontecendo, meu Deus. (*Arremete escada acima.*)

[290] *Na soleira, aparece o exasperado Pobiedonóssikov.*

[291] OPTIMÍSTIENKO: Camarada Pobiedonóssikov, está aí um delegado do centro.

[292] *Pobiedonóssikov tira o quepe, larga a mala e, desconcertado, dá uma olhada na credencial, depois gesticula precipitadamente, convidando a entrar no apartamento. Cochicha com Optimístienko, depois com a Mulher Fosforescente.*

[293] POBIEDONÓSSIKOV (*para Optimístienko*): Ponha essa sirigaita no lugar dela. Informe-se lá, você sabe com quem, se é possível uma coisa dessas, se está em conformidade com a ética do Partido e se é possível a um ateu crer em tais aparições sobrenaturais. (*Para a Mulher Fosforescente.*) Eu, logicamente, estou a par desse assunto que, da minha parte, recebeu a máxima colaboração. Os vossos órgãos competentes agiram de uma maneira muito bem pensada enviando a senhora até mim. Essa questão já está sendo estudada a fundo em uma comissão nossa e agora mesmo, após o recebimento das diretrizes diretivas, será resolvida de comum acordo com a senhora. Vá diretamente ao meu escritório e não preste atenção a certo aspecto pequeno-burguês, consequência de um desacordo entre os níveis culturais no matrimônio. (*Para Velocipiédkin.*) Por favor! Eu já lhe disse: vá direto para minha casa!

[294] *Pobiedonóssikov dá passagem à Mulher Fosforescente, que vai esfriando pouco a pouco e tomando o seu aspecto normal.*

OS BANHOS 49

[295] POBIEDONÓSSIKOV (*para Optimístenko, que se aproxima correndo*): E daí? Como é que é?

[296] OPTIMÍSTIENKO: Eles dão risada e dizem que isso está além das fronteiras da compreensão humana.

[297] POBIEDONÓSSIKOV: Ah! Além das fronteiras! Isso significa que temos que contatar a Sociedade Soviética dos Laços Culturais Com o Estrangeiro. Qualquer coisa, por mínima que seja, tem que ser muito bem explicada. Ninguém pode tomar as menores iniciativas por conta própria. Camarada Mezaliânsova, fica adiada a taquigrafia. Suba, para um urgente laço cultural extraordinário.

ATO V

[298] *Cenário do Ato II, mas desorganizado. Inscrição "Escritório de Seleção e Traslado à Era Comunista". Ao longo da parede, sentam-se Mezaliânsova, Belviedónski, Ivan Ivanóvitch, Kitch e Pobiedonóssikov. Optimístienko secretaria na sala de espera. Pobiedonóssikov passeia aborrecido, segurando duas pastas, uma em cada mão.*

[299] OPTIMÍSTIENKO: Qual é o problema, cidadão?

[300] POBIEDONÓSSIKOV: Não! Isso não pode continuar assim! Eu ainda vou falar sobre isso. E vou escrever sobre isso no mural. Ah! Se vou escrever!!! Temos que lutar contra o burocratismo e o protecionismo. Eu exijo que me deixem passar sem entrar na fila!

[301] OPTIMÍSTIENKO: Camarada Pobiedonóssikov, mas que burocratismo pode haver perante a verificação e a seleção? O senhor não deve perturbá-la. Fique fora da fila, se quiser. E quando a fila avançar, se atire adiante por conta própria.

[302] POBIEDONÓSSIKOV: Eu preciso agora!

[303] OPTIMÍSTIENKO: Agora? Esteja à vontade, vá agora! O único problema é que o seu relógio não concorda com os deles. Para ela, camarada, o tempo é diferente e, como ela me diz, agorinha mesmo o senhor vai...

[304] POBIEDONÓSSIKOV: Mas acontece que eu preciso, com relação ao traslado, esclarecer uma montanha de assuntos: vencimentos, apartamento etc., etc.

50 UMA POÉTICA EM CENA: OS TEXTOS

[305] OPTIMÍSTIENKO: Chega! Pois então eu lhe digo: não se afobe com mesquinharias numa grande repartição estatal! Não podemos nos ocupar com mesquinharias. O Estado se interessa pelas grandes coisas: fordismos diversos, máquinas do tempo etc., etc...

[306] IVAN IVANÓVITCH: O senhor alguma vez esteve numa fila? Eu, pela primeira vez, estou numa fila. Extremamente interessante!

[307] *O antigo escritório de Pobiedonóssikov está lotado. Um clima de exaltação e a desordem de combate dos primeiros dias da Revolução de Outubro. Fala a Mulher Fosforescente.*

[308] MULHER FOSFORESCENTE: Camaradas, o encontro de hoje é às pressas. Com muitos nós passaremos anos. Eu contarei aos senhores ainda muitos pormenores da nossa felicidade. Tão logo se difundiu a notícia sobre o experimento dos senhores, os sábios puseram-se de plantão. Eles muito auxiliaram os senhores avaliando e corrigindo os vossos inevitáveis erros de cálculo. Nós avançamos uns em direção aos outros, como duas brigadas abrindo um túnel, até nos encontrarmos no dia de hoje. Os senhores mesmos não visualizam toda a grandiosidade da vossa invenção. Para nós, é mais claro: sabemos o que passou a existir. Eu, com admiração, dei uma olhada nos apartamentos já existentes em vossa época e cuidadosamente restaurados pelos museus, e olhei para os gigantes de aço e de argila, grata memória daqueles cujas experiências ainda se elevam entre nós como exemplos da construção e da vida comunistas. Olhei atentamente os jovens imundos despercebidos pelos senhores, mas cujos nomes ardem nas lápides de ouro apagado. Somente hoje, no meu curto voo de reconhecimento, dei uma olhada e entendi o poder da vossa vontade e o estrondo da vossa tempestade, que se transformou tão rapidamente na nossa felicidade e na alegria de todo o planeta. Com que entusiasmo eu olhei hoje as letras vivificadas das lendas sobre vossa luta – luta contra todo o mundo armado dos parasitas e dos escravizadores! Devido ao vosso trabalho, os senhores nunca se afastam para se autoadmirarem, mas estou contente de vos falar sobre a vossa grandeza.

[309] TCHUDAKOV: Camarada, desculpe a interrupção, mas do tempo restam apenas nossas seis horas e eu necessito das suas

últimas instruções. Quantos serão enviados? Ano de destino, velocidade?

[310] MULHER FOSFORESCENTE: Direção – infinito; velocidade – um segundo por ano; local – ano 2030; quantos e quem – desconhecido. Conhecida é apenas a estação de destino. Aqui, os valores não estão claros. Para o futuro, o passado é a palma da mão. Tomaremos aqueles que durarem cem anos. Adiante, camarada! Quem o acompanha?

[311] FÓSKIN: Eu!

[312] DVÓIKIN: Eu!

[313] TRÓIKIN: Eu!

[314] MULHER FOSFORESCENTE: E quais dos matemáticos para os esquemas e a direção?

[315] FÓSKIN: Nós!

[316] DVÓIKIN: Nós!

[317] TRÓIKIN: Nós!

[318] MULHER FOSFORESCENTE: Como? Os senhores são operários e matemáticos também?

[319] VELOCIPIÉDKIN: Muito simples! Nós somos operários e universitários também.

[320] MULHER FOSFORESCENTE: Para nós, é simples. Eu não sabia se era simples para os senhores a transferência da cadeia de produção para a administração, da grosa para o aritmômetro.

[321] DVÓIKIN: Nós não fizemos apenas tais transferências, camarada. Fizemos encouraçados, depois uns isqueiros, acabamos os isqueiros, começamos umas baionetas, terminamos as baionetas, passamos para um trator e ainda por cima nos enrolamos em todo tipo de estudo na faculdade. E muitos não creram em nós. Só nós liquidamos essa descrença na classe operária. Quando a senhora estudou o nosso tempo, deixou passar um pequeno erro de cálculo. Será que a senhora está pensando no ano passado?

[322] MULHER FOSFORESCENTE: Eu vejo que com esse seu cérebro ágil, um cérebro de trem expresso, pode ingressar imediatamente em nossas fileiras e em nosso trabalho!

[323] VELOCIPIÉDKIN: É isso que tememos, camarada. Ligamos a máquina e, é lógico, vamos, se a célula do Partido nos mandar. Mas, por favor, é melhor por enquanto não mandar a gente a lugar nenhum. Principalmente agora que a nossa

corporação vai entrar em trabalho intensivo, e é muito importante e interessante saber se vamos cumprir um plano quinquenal em quatro anos.

[324] MULHER FOSFORESCENTE: Eu prometo uma coisa: vamos parar na estação do ano 1934 para obtermos informações. Mas se houver muitos como os senhores, nem serão necessárias tais informações.

[325] TCHUDAKOV: Vamos, camaradas!

[326] *Parede do escritório. Tchudakov, Velocipiédkin, Dvóikin, Tróikin e Fóskin passam correndo, examinando projetos. Pobiedonóssikov trota atrás de Tchudakov. Tchudakov tenta afastá-lo.*

[327] POBIEDONÓSSIKOV (*muito afobado, agitando as mãos*): Imagina só! Um tal de Tchudakov se aproveitou de ter inventado uma maquininha do tempo e acabou conhecendo essa mulher-zinha, a mulher – responsável, antes de mim! De maneira geral, eu ainda não estou convencido de que isso aqui não se trate de simples desmoralização dos costumes e de que esses contatos, de uma maneira geral, não sejam do tipo sexual e venéreo[33]. Sexo e caráter! Sim! É isso aí! (*Para Optimístienko.*) Camarada Subalterno Optimístienko, afinal o senhor deveria compreender que o assunto diz respeito a importantíssimos detalhes da minha viagem, da viagem de um trabalhador responsável, cabeça de toda uma repartição empenhada em uma missão centenária de serviços.

[328] OPTIMÍSTIENKO: Não há uma concordância quanto à sua viagem!

[329] POBIEDONÓSSIKOV: O que isso quer dizer? Como não há uma concordância? Desde hoje cedo eu já assinei os meus passes e credenciais!

[330] OPTIMÍSTIENKO: Mas acontece que não houve um acordo com o Comissariado Popular das Vias de Transporte[34].

[331] POBIEDONÓSSIKOV: Mas o que é que o Comissariado Popular das Vias de Transporte tem a ver com isso? É muita falta de compreensão! Afinal, não se trata de um trem! Aqui, em um segundo, quarenta pessoas ou oito cavalos arremetem em disparada por um ano inteiro.

---

33 No original, "do tipo friedland". Referência ao livro do Dr. L. Friedland, publicado em 1927, *A Portas Fechadas, Notas de Um Venerologista.*
34 No original, a sigla NKPS.

OS BANHOS 53

[332] OPTIMÍSTIENKO: Recusar! É irreal! E quem é que concordaria em viajar a serviço quando lhe são necessárias diárias de cem anos e lhe será atribuída apenas uma remuneração de segundos?

[333] *Escritório de Pobiedonóssikov.*

[334] MULHER FOSFORESCENTE: Camaradas...

[335] PÓLIA: Eu peço a palavra! Desculpem a impertinência, eu não tenho a menor esperança, que esperança pode haver?! Engraçado! Eu busco apenas uma informação: o que é socialismo? O Camarada Pobiedonóssikov me contou muitas coisas sobre o socialismo, mas tudo isso não é lá muito engraçado.

[336] MULHER FOSFORESCENTE: Não lhe resta muito a esperar. A senhora viajará com seu marido e as crianças.

[337] PÓLIA: Com as crianças? Engraçado! Eu não tenho crianças. Meu marido diz que, nesses nossos tempos de combate, é melhor não se amarrar a tais seres elementares ou a pensões alimentícias.

[338] MULHER FOSFORESCENTE: Bem. As crianças não a amarram, entretanto muitas outras coisas a amarram, uma vez que a senhora vive com seu marido.

[339] PÓLIA: Vivo? Engraçado! Eu não vivo com meu marido. Ele vive com outras, iguais a ele em inteligência, em desenvolvimento. Não é engraçado!

[340] MULHER FOSFORESCENTE: E por que é que o chama de marido?

[341] PÓLIA: Para que todos vejam que ele é contra a licenciosidade. Engraçado!

[342] MULHER FOSFORESCENTE: Compreendo. Quer dizer que ele apenas cuida da senhora, para que não lhe falte nada?

[343] PÓLIA: Sim... ele cuida, para que me falte tudo. Ele diz que o fato de eu me cobrir com um vestido novo o compromete aos olhos dos camaradas. Engraçado!

[344] MULHER FOSFORESCENTE: Não é engraçado!

[345] *Parede do escritório. Pólia avança.*

[346] POBIEDONÓSSIKOV: Pólia? Como é que você está aqui? Fez denúncia? Queixou-se?

[347] PÓLIA: Queixou-se?! Engraçado!

[348] POBIEDONÓSSIKOV: Você disse a ela o mais importante: como nós avançamos juntos, ombro a ombro, ao encontro do sol do comunismo? Como lutamos contra os velhos costumes?

Mulheres gostam de sentimentalismo. E ela ficou satisfeita? Ficou?

[349] PÓLIA: Juntos? Engraçado!

[350] POBIEDONÓSSIKOV: Veja bem, Pólia! Você não deve manchar a minha honra de membro do Partido com relevantes anos de militância. Você deve ter em mente a ética do Partido e saber que roupa suja se lava em casa. Por falar nisso, você devia ir para casa, quer dizer, para o apartamento e fazer uma arrumação, jogar fora o lixo e pôr as coisas em ordem. Eu vou viajar. Sou contra o acúmulo de cargos e, por enquanto, viajo sozinho. Mandarei te chamar, quando mandar chamar os parentes. Vá para casa, Pólia, senão...

[351] PÓLIA: Senão, o quê?... Não é engraçado!

[352] *Escritório de Pobiedonóssikov.*

[353] MULHER FOSFORESCENTE: A escolha da sua repartição foi obra do acaso, assim como as invenções parecem ocasionais. Talvez os melhores exemplos humanos estejam na repartição onde trabalham Tróikins e Dvóikins. Mas o senhor tem uma construção a cada palmo e bons exemplares humanos podem ser retirados daqui também.

[354] UNDERTON: Diga: e eu posso ir com a senhora?

[355] MULHER FOSFORESCENTE: A senhora é daqui?

[356] UNDERTON: Por enquanto, de lugar nenhum.

[357] MULHER FOSFORESCENTE: Como assim?

[358] UNDERTON: Me demitiram.

[359] MULHER FOSFORESCENTE: O que significa isso?

[360] UNDERTON: Dizem que eu pintava os lábios.

[361] MULHER FOSFORESCENTE: De quem?

[362] UNDERTON: Os meus mesmos.

[363] MULHER FOSFORESCENTE: E a senhora não fazia mais nada?

[364] UNDERTON: Batucava na máquina, taquigrafava.

[365] MULHER FOSFORESCENTE: Bem?

[366] UNDERTON: Bem.

[367] MULHER FOSFORESCENTE: E então por que "de lugar nenhum"?

[368] UNDERTON: Demitiram.

[369] MULHER FOSFORESCENTE: Por quê?

[370] UNDERTON: Pintava os lábios.

[371] MULHER FOSFORESCENTE: De quem?

OS BANHOS 55

[372] UNDERTON: Eu já disse: os meus.

[373] MULHER FOSFORESCENTE: E o que eles têm a ver com isso?

[374] UNDERTON: Demitiram.

[375] MULHER FOSFORESCENTE: Por quê?

[376] UNDERTON: Dizem que eu pintava os lábios.

[377] MULHER FOSFORESCENTE: Mas, afinal, por que é que a senhora pintava?

[378] UNDERTON: Se não pintasse, aí sim é que nem admitiam.

[379] MULHER FOSFORESCENTE: Eu não compreendo. Se a senhora pintasse os lábios de uma outra pessoa, digamos, de alguém que viesse pedir uma informação, então aí sim poderiam dizer que atrapalha, os visitantes se ofendem. Mas assim...

[380] UNDERTON: Camarada, a senhora me perdoe pelos lábios. O que eu posso fazer? Não estive na clandestinidade, tenho sardas no nariz, em mim só prestam atenção se eu atacar com os lábios. Se no tempo da senhora presta-se atenção às pessoas mesmo sem isso, então me diga, mostre pelo menos um pouquinho da sua vida. É lógico, lá no seu tempo todos são importantes... cheios de méritos, lá todo mundo é Pobiedonóssikov. Eu nem vou ser vista por eles, mas mesmo assim, me deixe... se eu não servir, eu volto... Me despache imediatamente. E no caminho eu posso fazer alguma coisa, a senhora dita as suas impressões ou calcula as despesas – eu vou batucar.

[381] NÓTCHKIN: E eu calculo. Ou melhor, no seu tempo, eu dou parte à Direção da Milícia Criminalista de Moscou e então, enquanto aqui os juízes se reúnem...

[382] *Parede da sala de espera.*

[383] POBIEDONÓSSIKOV: Tome nota, introduza na ata! Sendo assim, eu devo declarar: eu me isento de qualquer responsabilidade e se, devido ao desconhecimento da correspondência anterior, bem como de uma inadequada seleção de pessoal, vier a ocorrer uma catástrofe...

[384] OPTIMÍSTIENKO: Vamos, pare com isso!... Não ameace uma grande repartição estatal, não convém enervar-nos e amedrontar-nos. E se vier a ocorrer uma catástrofe, nós então levaremos ao conhecimento da polícia a necessidade da elaboração de um protocolo de ocorrência.

[385] *Passa Nótchkin, escondendo-se atrás de Underton.*

[386] POBIEDONÓSSIKOV (*barrando Nótchkin e medindo Underton com os olhos*): Como? Ainda na repartição? Ainda em liberdade?!!! Camarada Optimístienko! Por que não foram tomadas as medidas? E, além do mais, se os senhores ainda estão em liberdade, não podem se desviar dos trabalhos urgentes. É preciso, de acordo com os meus comissionamentos, calcular os abonos de transferência e as diárias, baseando-se em uma suposição equilibrada sobre o tempo necessário e em um salário médio por cem anos, e também despesas a serviço e gastos sujeitos a prestação de contas... Em caso de avaria da máquina, pode ocorrer que, em algum lugar, seja preciso parar algum semestre durante uns vinte ou trinta anos. Tudo isso deve ser previsto e levado em consideração. Não se pode debandar assim, como cães, desorganizadamente...

[387] NÓTCHKIN: Vê se dá o fora. Vá amarrar cachorros com linguiça, organizadamente! (*Desaparece.*)

[388] IVAN IVANÓVITCH: Linguiça? O senhor frequentava as reuniões? Eu frequentava as reuniões. Por toda parte, pães com queijo, presunto, linguiça – extremamente interessante!

[389] POBIEDONÓSSIKOV (*sozinho, refestela-se na poltrona*): Sendo assim, está bem, eu me retiro! Sendo tratado dessa maneira, eu declaro que peço a minha demissão. Que no futuro me estudem através de recordações de contemporâneos e dos retratos. Eu me retiro, mas para os senhores, camaradas, será pior.

[390] *Aparece a Mulher Fosforescente.*

[391] OPTIMÍSTIENKO: Expediente encerrado! Voltem amanhã mantendo a fila.

[392] MULHER FOSFORESCENTE: Que expediente? Que amanhã? Qual fila?!!

[393] OPTIMÍSTIENKO (*apontando para a tabuleta "Não Entre Sem Ser Anunciado"*): De acordo com as leis fundamentais.

[394] MULHER FOSFORESCENTE: E o senhor se esqueceu de retirar esta estupidez?

[395] POBIEDONÓSSIKOV (*dando um pulo e pondo-se ao lado da Mulher Fosforescente*): Salve! Salve, camarada! Desculpe se me atrasei, mas estes afazeres... apesar de tudo, eu vim fazer uma rápida visita à senhora. Eu renunciei. Mas ninguém quer ouvir falar disso. Viaje, dizem, cumpra a sua

OS BANHOS 57

missão, represente. Então, diante dos pedidos do coletivo, eu tive que concordar. Mas tenha em mente, camarada, que eu sou um trabalhador de capital importância, deixe que os outros se coletivizem. Leve isso em consideração antecipadamente e comunique. O Camarada Optimístienko pode, com a rapidez de um raio, pagar adiantamentos por nossa conta. A senhora logicamente entende que eu mereço um cargo de acordo com a minha experiência e posição social, como o mais importante trabalhador da minha área de atuação.

[396] MULHER FOSFORESCENTE: Camarada, eu não arranjo emprego para ninguém em lugar nenhum. Eu vim até o senhor apenas para fins de verificação. Não tenho dúvidas de que agem com o senhor da maneira como o senhor merece.

[397] POBIEDONÓSSIKOV: Incognitá[35]? Compreendo! Mas, entre nós, como que unidos por uma confiança mútua, não pode haver segredo. E eu, como um camarada mais velho, devo te fazer notar que as pessoas ao seu redor não são totalmente 100%. Velocipiédkin fuma. Tchudakov bebe – bebe, por assim dizer, de acordo com sua fantasia. Devo dizer também sobre a minha mulher – não posso esconder da organização – que ela é uma pequeno-burguesa, partidária das novas ligações e das novas saias, conjuntamente com os assim chamados velhos costumes.

[398] MULHER FOSFORESCENTE: E daí, o que o senhor tem a ver com isso? Trabalham, mas...

[399] POBIEDONÓSSIKOV: Que história é essa de "mas"? Eu também trabalho tanto, mas não bebo, não fumo, não dou "caixinhas", não dobro à esquerda, não saio da linha, não chego atrasado, não... (Inclinando-se para lhe falar ao ouvido) não me entrego a excessos, não me dou tréguas...

[400] MULHER FOSFORESCENTE: O senhor fala sobre tudo que o senhor "não, não, não"... Mas existe alguma coisa que o senhor "sim, sim, sim"?

[401] POBIEDONÓSSIKOV: Sim, sim, sim? Sim, claro que sim! Encaminho diretrizes, arquivo resoluções, organizo contatos, pago as mensalidades e recebo o salário máximo, assino e carimbo papéis... Digamos assim, um recanto do socialismo. Lá na

35 No original russo, erro de grafia.

58 UMA POÉTICA EM CENA: OS TEXTOS

sua era, a circulação de papéis deve ser bem organizada, como uma linha de produção, não é?

[402] MULHER FOSFORESCENTE: Não sei do que o senhor está falando, mas, é claro, o papel para jornais é colocado na máquina organizadamente.

[403] *Entram Pont Kitch e Mezaliânsova.*

[404] PONT KITCH: He! He!

[405] MEZALIÂNSOVA: *Plis, sâr.*

[406] PONT KITCH: Assiéiev[36], o hipopótamo, empreste, semblante arrebentado, e o preço caiu maio arroba relógios...

[407] MEZALIÂNSOVA: Mister Pont Kitch quer dizer que, pela pechincha que é o preço estatal, ele pode comprar, em vista de sua total inutilidade, todos os relógios, e então ele passa a crer no comunismo.

[408] MULHER FOSFORESCENTE: É compreensível mesmo sem tradução. Inicialmente reconheçam – benefícios a *posteriori!* Camaradas! Cheguem na hora certa – ao meio-dia em ponto, rumo à estação ano 2030, parte o primeiro trem do tempo!

ATO VI

[409] *Porão de Tchudakov. Dos dois lados da máquina invisível, afobam-se Tchudakov e Fóskin, Velocipiédkin e Dvóikin. A Mulher Fosforescente confere a máquina invisível, examinando os desenhos técnicos. Tróikin guarda as portas.*

[410] MULHER FOSFORESCENTE: Camarada Fóskin! As chapas de proteção contra o vento podem ser comuns. O plano quinquenal nos habituou ao ritmo e à velocidade. A transferência quase não será percebida.

[411] FÓSKIN: Vou mudar o vidro. De meio milímetro. Inquebrável.

[412] MULHER FOSFORESCENTE: Camarada Dvóikin! Verifique as molas! Faça com que esta máquina não sacoleje nos buracos dos feriados. A continuidade nos deixou mal acostumados com a suavidade do deslocamento.

[413] DVÓIKIN: Avançaremos suavemente, contanto que as garrafas de vodka não fiquem jogadas pelo caminho.

36 Nikolai Assiéiev, poeta e amigo de Maiakóvski.

OS BANHOS 59

[414] MULHER FOSFORESCENTE: Camarada Velocipiédkin! Verifique os manômetros da disciplina. Os que se desviarem serão cortados e jogados fora.

[415] VELOCIPIÉDKIN: Não há de ser nada! Apertaremos as cordas!

[416] MULHER FOSFORESCENTE: Camarada Tchudakov, tudo pronto?

[417] TCHUDAKOV: Traçaremos a linha da estação e já se pode deixar entrar os passageiros.

[418] *Um rolo de fita branca é estendido entre as rodas da máquina invisível.*

[419] VELOCIPIÉDKIN: Tróikin, deixe entrar!

[420] *Dos quatro cantos, com cartazes "A Marcha do Tempo", afluem passageiros.*

[421]
    A MARCHA DO TEMPO
    Erga-se, canção,
    brilhe, minha,
    na marcha
    dos rubros batalhões!
    Avan-
    te,
    tem-
    po!
    Tem-
    po,
    avante!
    Avante, nação,
    rápido, minha,
    apague
    o passado
    com as mãos
    Avan-
    te,
    tem-
    po!
    Tem-
    po,
    avan-
    te!
    Avance, nação,
    mais rápido, minha,

a comuna
chega aos portões!
Avan-
te,
tem-
po!
Tem-
po,
avante!
Cinco anos,
em quatro,
os nossos
cumprirão!
Avan-
te,
tem-
po!
Tem-
po,
avante!
Adiante, nação,
rápido, minha,
nenhuma interrupção
Avan-
te,
tem-
po!
Tem-
po,
avante!
Mais forte, comuna,
arrase, minha,
o tempo horrendo
ao paredão!
Avan-
te,
tem-
po!
Tem-
po,

avante!
Erga-se, canção,
brilhe, minha,
na marcha
dos rubros batalhões!
Avan-
te,
tem-
po!
Tem-
po,
avante!

[422] OPTIMÍSTIENKO (*destacando-se da multidão, para Tchudakov*): Camarada, eu devo lhe perguntar confidencialmente – haverá um bufê? Bem o sabia! E por que não informaram através de algum decreto? Esqueceram? Mas não há de ser nada. A bebida é suficiente e com a comida a gente dá um jeito. Passe na nossa cabine. Qual é o bom lugar que o senhor nos reservou?

[423] TCHUDAKOV: Parem lado a lado. Ombro a ombro. Não se preocupem com o cansaço. Basta dar uma volta nesta roda e em um segundo...

[424] POBIEDONÓSSIKOV (*entra seguido de Mezaliânsova*): Ainda não foi dado o sinal? Podem dar. E logo em seguida o segundo. (*Para Dvóikin*) Camarada, o senhor é do Partido? É? Não por serventia, mas por cortesia – me ajude com a bagagem. São documentos importantes, oh, oh! Não se pode confiar nesses carregadores sem partido, que carregam só por dinheiro, mas em você, um trabalhador de vanguarda, com possibilidade de assumir um cargo de responsabilidade, por favor... carregue! Eu confio!... Quem é aqui o chefe supremo do embarque? Onde está a minha cabine? O meu lugar, logicamente, está abaixo...

[425] MULHER FOSFORESCENTE: A máquina do tempo ainda não está totalmente equipada. O senhor, como um pioneiro desse tipo de transporte, deverá ficar em pé com todos os outros.

[426] POBIEDONÓSSIKOV: Que história é essa de pioneiros[37]? Os acampamentos de pioneiros estão terminados e eu peço para

---

37 No original, há um jogo com o duplo sentido de "pioneirismo", pois, além do sentido corrente, aqui ele significa também a organização dos "pioneiros", o

nunca mais me importunarem com essa história de pioneiros! Essa campanha já passou! Eu simplesmente não viajo! O diabo sabe o que é isso! É preciso, afinal de contas, aprender a respeitar os velhos guardiões ou então eu saio da guarda. Afinal eu exijo uma compensação pela não utilização da minha licença! Em uma palavra, cadê a bagagem!?

[427] *Dvóikin empurra uma vagoneta com maços de papel amarrados, caixas de chapéus, pastas, armas de caça e uma mala-armário de Mezaliânsova. Nos quatro cantos da vagoneta, quatro cães setter. Atrás da vagoneta, Belviedónski com uma mala, um caixote, pincéis e um retrato.*

[428] MULHER FOSFORESCENTE: Camarada, onde pensa que vai com este hipermercado?

[429] OPTIMÍSTIENKO: De jeito nenhum. A nossa maquineta é minúscula.

[430] MULHER FOSFORESCENTE: Mas para que tudo isso? Deixe pelo menos uma parte!

[431] OPTIMÍSTIENKO: Isso mesmo, camarada, mande pelo correio.

[432] POBIEDONÓSSIKOV: Eu peço, sem observações! Pendure para uso próprio um mural e observe nele as suas observações. Eu devo apresentar circulares, passes, cópias, teses, cópias de cópias, correções, citações, informações, fichas, resoluções, relatórios, protocolos e demais justificações até mesmo sobre os cães de carga. Eu poderia solicitar um vagão-bis complementar, mas não solicito para ficar de acordo com a modéstia da minha vida particular. Não se desviem da política de longo alcance. Isso ainda lhes será de grande, de enorme utilidade. Tendo recebido os quadros de pessoal, eu os transmitirei às repartições em escala internacional. Tendo ampliado esses quadros, eu os transmitirei em escala interplanetária. Eu espero que vocês não desejem desoficializar e desorganizar o planeta!

[433] OPTIMÍSTIENKO (*para a Mulher Fosforescente*): Não replique, cidadã. Coitado do planeta.

[434] MULHER FOSFORESCENTE: Pelo menos se arraste mais depressa!

[435] POBIEDONÓSSIKOV: Peço não se meter no que não é da sua competência. É demais! Solicito que não se esqueça de

setor infantil do Partido Comunista.

OS BANHOS 63

que este é o meu pessoal e de que, enquanto eu não for demitido, aqui sou o supraordenador. Isso já me cansou! Vou apresentar queixas de todos, sobre todas as atitudes de absolutamente todos, tão logo eu tome as rédeas. Liberem a passagem, camaradas! Deixem as coisas aqui. Onde está a pasta de couro de bezerro amarelo-claro com um monograma? Corra, Optimístienko! Não tenha medo, nos esperam! Eu faço parar o trem por necessidades do Estado e não por ninharias quaisquer.

[436] *Optimístienko sai correndo. Pólia vem ao seu encontro com a pasta.*

[437] PÓLIA: Por favor, não resmungue! Eu arrumei a casa, como você mandou e agora volto para rearrumar. Vejo que esqueceu. Pensei: é importante! Engraçado! Vim correndo – por favor! (*Entrega a pasta.*)

[438] POBIEDONÓSSIKOV: Tomo a pasta e tomo em consideração. É preciso lembrar-se antes! Na próxima vez, julgarei isso como uma ruptura e um enfraquecimento da disciplina conjugal. Guias, retirem-se! Adeus, Pólia! Quando eu já estiver trabalhando, vou te mandar a terça parte de alguma coisa, de acordo com a prática judicial, até que haja alterações na obsoleta legislação.

[439] PONT KITCH (*entrando e parando*): He! He!

[440] MEZALIÂNSOVA: *Plis, sâr!*

[441] PONT KITCH: O ladrão descaradamente arrancou da tília um jasmim permita-nos cuspam bilheteiro.

[442] MEZALIÂNSOVA: Mister Kitch quer dizer que ele está sem o bilhete, porque não sabia qual seria necessário – o do Partido ou o da estrada de ferro –, mas que ele concorda em se integrar em qualquer socialismo, contanto que isso lhe seja lucrativo...

[443] OPTMÍSTIENKO: *Plis, plis, sâr.* Discutiremos a caminho.

[444] IVAN IVANÓVITCH: Saudações nossas aos senhores e também às nossas e vossas realizações. Mais um último esforço e tudo estará superado. Os senhores avistaram o socialismo? Eu agora avistarei o socialismo – extremamente interessante!

[445] POBIEDONÓSSIKOV: Pois bem, camaradas... Por que e onde nós paramos?

[446] UNDERTON: Paramos em "Pois bem, camaradas..."

[447] POBIEDONÓSSIKOV: Sim! Peço a palavra! Tomo a palavra! "Pois bem, camaradas, nós vivemos em um tempo no qual, na minha máquina estatal, foi inventada a máquina do tempo. Essa máquina do tempo liberto foi inventada exatamente na minha máquina, porque na minha máquina havia todo o tempo livre que se desejasse. O atual momento corrente caracteriza-se por ser um momento estacionário. E, assim sendo, no momento estacionário não se sabe onde começa o início nem onde termina o fim, então eu de início farei um discurso de encerramento e após, um inaugural. É uma máquina maravilhosa, estamos felizes com essa máquina, eu e a minha máquina. Estamos felizes porque viajamos de férias uma vez por ano, mas como não deixaremos o ano avançar, podemos ter férias dois anos a cada ano. E, ao contrário, agora recebemos os nossos vencimentos um dia por mês, mas uma vez que possamos passar todo o mês em um só dia, poderemos receber vencimentos de um mês todos os dias. E, assim sendo, camaradas...

[448] VOZES: – Abaixo!
    – Basta!!
    – Chega de sermão!!!
    – Tchudakov, desligue o tempo dele!

[449] *Tchudakov desliga Pobiedonóssikov. Pobiedonóssikov continua a gesticular, mas já absolutamente inaudível.*

[450] OPTIMÍSTIENKO: Na minha vez, tomo a palavra em nome de todos os caras e digo logo, de cara, sem olhar nas caras, que para nós dá no mesmo, qual cara está na cabeça da repartição, porque respeitamos apenas o cara que foi destacado e está ali. Mas digo sem agradar às caras, que cada cara gosta de ter de novo pela frente a sua agradável cara. Por isso, em nome de todos os caras, eu lhe ofereço este relógio, pois este relógio em marcha combinará bem justamente com a sua cara, como o cara que está à frente...

[451] VOZES: – Abaixo!!!
    – Salguem a língua dele!!
    – Feche a torneira dele, Tchudakov!

[452] *Tchudakov desliga Optimístienko. Optimístienko ainda gesticula, também inaudível.*

OS BANHOS 65

[463] MULHER FOSFORESCENTE: Camaradas! Ao primeiro sinal, avançaremos, rompendo o tempo decrépito. O futuro acolherá a todos nos quais se possa encontrar ao menos um ponto em comum com o coletivo da comuna – alegria de trabalhar, sede de se doar, infatigabilidade na invenção, vantagem de restabelecer o orgulho à humanidade. Decuplicaremos e continuaremos os passos quinquenais. Mantenham o grupo mais forte, próximos um do outro. O tempo que voa ceifará o lastro sobrecarregado de trastes, lastro dos devastados pela incredulidade.

[464] POBIEDONÓSSIKOV: Afaste-se, Pólia!

[465] NÓTCHKIN (*aproxima-se correndo, perseguido*): Eu queria só correr até o socialismo, e aí vão saber quem tem razão.

[466] GUARDA CIVIL (*alcança o grupo, apitando*): Pega!!! (*Saltam para dentro da máquina.*)

[467] MULHER FOSFORESCENTE: Um! Dois! Três!

[468] *Fogos de artifício. "Marcha do Tempo". Escuridão. No palco, Pobiedonóssikov, Optimístienko, Belviedónski, Mezaliânsova, Pont Kitch, Ivan Ivanóvitch, jogados fora e espalhados pela roda diabólica da máquina do tempo.*

[469] OPTIMÍSTIENKO: Desce daí, chegamos!

[460] POBIEDONÓSSIKOV: Pólia, Poliazinha! Me tome o pulso, me examine de todos os lados! Parece que eu fui atropelado pelo tempo. Poliazinha! Levaram embora?! Atrasar, alcançar, ultrapassar! Que horas são? (*Olha no relógio que lhe fora presenteado.*)

[461] OPTIMÍSTIENKO: Devolva, devolva o relógio, cidadão! O suborno costumeiro não vai bem com a nossa cara, já que eu, sozinho, em nome de todos os caras, investi neste relógio o salário de um mês. Arranjaremos para nós um outro cara para presentear o relógio e respeitar.

[462] IVAN IVANÓVITCH: Derrubam as florestas – lascas voam. Pequenas... grandes falhas do mecanismo. É necessário conclamar a opinião pública soviética. Extremamente interessante!

[463] POBIEDONÓSSIKOV: Pintor, fisgue este momento! Represente um homem vivo, em ultraje mortal!

[464] BELVIEDÓNSKI: N-Ã-O! A perspectiva no senhor tornou-se um pouco infeliz. Devemos olhar para o modelo como um

pato para um balcão. Comigo, apenas de baixo para cima obtém-se o artístico em sua plenitude.

[485] POBIEDONÓSSIKOV (*para Mezaliânsova*): Está bem, muito bem! Deixe que tentem, que nadem um pouco sem mestre e sem direção! Retiro-me para a vida privada para escrever minhas memórias. Vamos, eu e você – o seu narizinho!

[486] MEZALIÂNSOVA: Eu já tenho um narizinho, tenho até um nariz, até mesmo um narigão. O senhor não conseguiu construir nem o socialismo nem a mulher. Ah! Impo... nente figurinha, nada mais a dizer! *Gud bai, adiê, aufi-derzein*, adeus!!! *Plis, mai* Kitchinho, *mai* Pontinho! (*Sai com Pont Kitch.*)

[487] POBIEDONÓSSIKOV: Ela, os senhores, o autor – o que vocês quiseram dizer com isso? Que eu e meus semelhantes não somos necessários para o comunismo?!?

FIM

PALAVRAS DE ORDEM

[No Palco]

(1)
Abaixo
papas da arte,
como praga brotados fartos
Artistas são
os que no campo operário
constroem a comuna,
Caminham com a canção.

* * *

(2)
Por uma pequena comuna
entregaremos até
os mais maiores maiorais
do Teatro de Opera e Balé.

* * *

(3)
Não se prestam
os teatros,
pétreos gigantes,
para alastrar uivos
de câmeras ululantes.
Arrancaremos
os indivíduos
das sacerdotais batas.
Avante, arte,
da massa e para as massas.

* * *

(4)

Escondam-se, psicovigaristas,
nas gaiolas residenciais.
O teatro é
arena
para a propaganda
dos planos quinquenais.

* * *

(5)

Eu e você,
lado a lado
construiremos o socialismo,
emprestando ao Estado.

* * *

(6)

No cavalo de aço
monte confiante!
Ofegue
na aldeia,
tratorzão!
Avante, 25![38]
25, avante!
Operários de aço
um milhão!

* * *

(7)

No teatro retumbe,
passe pelos versos,
resplandeça
com cartazes e desenhos:
das brigadas de vanguarda
à vanguarda das oficinas

---

38 "Avante, 25" se refere a 25 de outubro, dia da Revolução de 1917 no antigo
calendário. No gregoriano, 7 de novembro.

e das oficinas –
às usinas de vanguarda.

* * *

(8)
Casas-comunas
em vez de choupanas!
Que a massa faça
do Teatro de Arte
um teatro bacana!

* * *

(9)
Avante
a todo vapor
sem descansos.
Cumpriremos
o plano quinquenal
em quatro anos!

* * *

[NA PLATEIA]

(1)
A arte de direita avança farta.
Uni-vos, operários
da arte proletária!

* * *

(2)
Desmascarem
já
os conchavos da direita
e
da esquerda o blá-blá-blá.

* * *

(3)
Abaixo o lixo dos acessórios e dos trapos de cor!
Refaça a vida, comunista diretor!

* * *

(4)
A comuna se constrói com esforço e com suores,
A pena do dramaturgo ajuda os construtores.

* * *

(5)
De repente
não se evapora
o enxame de burocratas.
Nem banhos
nem sabões
bastam a vós.
E ainda
aos burocratas
auxilia a pena
de críticos
do tipo de Ermílov...

* * *

(6)
Vão banhar
e limpar
a cada burocrata
a vassoura operária
e o pincel da arte.

* * *

OS BANHOS

(7)
Entusiasmo,
alastre-se e perdure!
Usinas
brilhem altaneiras!
Hoje
se constrói
o socialismo
vivo,
presente,
verdadeiro.

* * *

(8)
Não emporcalhem o teatro com o visgo psicovigarista!
Teatro, sirva à propaganda comunista!

* * *

(9)
Alguns dizem:
"Espetáculo maravilhoso,
mas ele é incompreensível
à grande massa."
A arrogância senhorial
deixem de vez:
a massa
se vira
tão bem como vocês.

* * *

(10)
Tendo as mãos
de clássicos repletas,
mais atentamente
os livrinhos examine,
para que

pelo Teatro de Arte
algum conde seleto
com a mística
a república
não contamine.

* * *

(11)
"Comédia
inaceitável
desta maneira".
Disseram
e
balançaram a cabeça.
Respeitável
Camarada Principal do Controle
de Espetáculos e Repertório
passe
não no fim,
mas no começo.

* * *

(12)
Derrotada quadrilha
dos dragonas de ouro,
Calada
em Paris
ponha o rabo entre as pernas.
A invencível
Primeira Cavalaria
pode
diminuir
o poderio das casernas.

* * *

(13)
Se aos brancos
der na telha
voltar à vista,
como atacaram
Moscou
no passado,
em nosso teatro
cada artista
pela comuna
será um soldado.

* * *

(14)
Naufraga a luta
no mar da papelada,
que a luta contra os burocratas
seja revitalizada.
Não deixemos que,
por causa de alguns
cretinos-formas,
piore
a cretinice das formas.

* * *

(15)
Tratamento de choque
para tratar as doenças.
Transpira
um murmúrio às escondidas.
Tomem
contra as internas desavenças
o remédio
interior
da autocrítica.

* * *

(16)
Aponte os projetores:
na ribalta luz e cor.
Gire:
a ação arrebata
não arrasta o momento.
O teatro
não é espelho refletor,
mas
lente de aumento.

* * *

(17)
Recuem,
gumes
das cômicas sovelas,
as comédias
estão em extremo risco,
a todos os comediantes
superou
o cômico
papa de Roma.

* * *

(18)
Apreciem
a arte
que abarrota as caixas,
mas a arte
é o que propaga
as revolucionárias vozes,
a arte
é o que brilha
como arma da classe
não se rendam
por nenhum dinheiro
aos nossos algozes.

PALAVRAS DE ORDEM
PARA AS FAIXAS DO FINAL

Cortem raízes e ramos do capital!
Cabos e correias trabalhando a contento!
Voe ao socialismo no plano quinquenal,
Em nossa máquina do tempo!

* * *

Avance nação,
não deixe rastro, minha
comuna chega aos portões.
Avante, tempo!
Tempo, avante!

A Cena

Meierhold:
Uma Poética em Cena

RENI CHAVES CARDOSO*

PRÓLOGO

> *Dai-me logo a água fresca que vem*
> *do lago da Memória.*
>
> Inscrito nas lâminas de PETÉLIA e ELEUTERNA

> *A gente não narra aquilo que houve mas o que ouve.*
>
> OSWALD DE ANDRADE

> *Conheço, para o teatro, uma só experiência corrosiva.*
> *É literalmente uma experiência de ácido. Quando um*
> *espetáculo termina, o que permanece? [...] Quando,*
> *anos depois, torno a pensar numa experiência teatral*
> *que me tenha atingido, encontro um ponto gravado*

---

* Meus agradecimentos a Boris Schnaiderman, Luiz Sampaio Zacchi, Carlos Moreno e a todos os meus amigos, que de uma forma ou de outra se envolveram com esta poética do teatro.

Meu agradecimento muito especial a Reinaldo M. Castanheira, pela finalização gráfica do meu trabalho.

Para Luiz, Ana Carolina e Luiz Henrique, que me permitiram brincar com Meierhold e Maiakóvski durante tanto tempo.

80 UMA POÉTICA EM CENA

*em minha memória: dois vagabundos debaixo de uma
árvore, uma velha arrastando uma carroça, um sargento
dançando, três pessoas num sofá no inferno; ou mesmo,
eventualmente, um traço mais profundo de alguma
imagem. Não tenho a menor esperança de me lembrar
dos significados com exatidão, mas partindo daquele
núcleo posso reconstituir uma série de significados.*

PETER BROOK

Uma Nota Introdutória Melancólica

Dioniso é um deus das circunstâncias. Codificá-lo não é tarefa
simples, mas apaixonante. Estilhaçado em fragmentos de narrativas,
narrativas de narrativas, ele se insinua apenas. Ter memórias
do objeto fugaz e circunstancial – TEATRO – para inventar, sempre
inventar histórias, eis aí a sina de quem elege segui-lo.

O teatro não é o texto escrito, o seu texto é o espetáculo.
Como, pois, captá-lo, a não ser em fragmentos? Ele nunca é o
mesmo durante uma temporada. Noite após noite um elemento,
pelo menos, é novo: o espectador. Registrá-lo como obra? Nem
em filmes, nem em *tapes*, nem em fotos, nem nas narrativas dos
atores, diretores, cenógrafos, espectadores, críticos. Utilizam-se
todos esses meios, e o objeto não está em nenhum deles. Em
todos, fragmentado. Porém, isso não impede que exista toda
uma teoria teatral, só que você não tem o texto para conferir.
Você acredita nas narrativas, nas narrativas das narrativas e
inventa outras sobre ele.

As narrativas que inventaram e que eu vou aqui inventar
são sobre *Os Banhos*. *Os Banhos* de Maiakóvski, *Os Banhos* de
Meierhold, *Os Banhos* dos espectadores, *Os Banhos* da crítica,
Os Banhos da RAPP[1], *Os Banhos* meus e de tantos narradores
quantos eu pude encontrar. As narrativas aqui inscritas são
apenas algumas das muitas que se pode ouvir sobre a peça.

O espetáculo teatral é presente e presença. Ele só é enquanto
está sendo. Depois as narrativas e, nelas, onde acaba a invenção?
Onde começa a evocação propriamente dita? Apesar de tudo,

---

1 A Rossíiskaia Assotsíatssiia Proletárskikh Pissátelei (RAPP, Associação Russa
dos Escritores Proletários) foi fundada em 1928 "para solidificar as posições
dos escritores proletários" e existiu até 1932. Maiakóvski associou-se
a ela em 1930.

MEIERHOLD: UMA POÉTICA EM CENA 81

creio que nós, os estudiosos do teatro, temos que recolher esses
reflexos do real, por mais difícil que seja reconstituir com eles
o que de fato se passou.

Fica sempre a dúvida: essas narrativas são *Os Banhos*? Elas
foram completamente inventadas? Deve-se desconfiar de tudo?
Onde posso encontrar a luz? E a música? E os ruídos? Será possível codificar Dioniso?

De um Sim e de um Não Nasce Toda a Questão

Antes mesmo de concluir meu mestrado sobre *O Rei da Vela*,
de Oswald de Andrade, na montagem de José Celso Martinez
Corrêa[2], eu tinha, como projeto para a etapa acadêmica seguinte,
abordar Meierhold e o trabalho do ator.

Diretor do teatro russo-soviético, Meierhold (1874-1940) é
atualmente estudado em várias partes do mundo, mas não foi
realmente conhecido no Ocidente até fins dos anos 1950. Na
URSS, a sua reabilitação começou apenas após a morte de Stálin, pois durante o período stalinista ele foi perseguido, preso,
assassinado e proibido. Ao longo de sua carreira, excursionou
pela Europa com seu teatro e, assim, os contemporâneos tinham
conhecimento dele também fora da União Soviética. Estudiosos de vários países escreveram sobre seu trabalho. Brecht e
Piscator obviamente sabiam do teatro do "mestre", como ele
era chamado. No período stalinista, porém, as relações do país
com o mundo externo eram dificultadas, e Meierhold foi completamente banido pela União Soviética, teve até mesmo o seu
nome retirado de compêndios, enciclopédias etc., resultando
em ostracismo durante algum tempo. Atualmente, ele é estudado e editado em muitos países, mas no Brasil, com exceção do
livro traduzido por Aldomar Conrado, *O Teatro de Meyerhold* –
que, aliás, é tradução de tradução e que apresenta os escritos
de Meierhold com muitos cortes –, não existe mais nada, a não
ser alguns artigos isolados[3].

2 *Codificar Dionysos: Uma Busca de Averroes?*, dissertação de mestrado orien-
   tado por Boris Schnaiderman na FFLCH-USP, em 1980.
3 Graças ao trabalho de pesquisa, tradução e edição desenvolvido por nomes
   como J. Guinsburg, Maria Thais e a própria autora, entre outros, o panorama

82 UMA POÉTICA EM CENA

Acreditava, pois, que era importante estudar Meierhold e elaborei, como disse, um projeto sobre o trabalho dele com os atores. Coletei todas as suas obras e aquelas editadas sobre ele no Ocidente, algum material em russo, muitas fotos sobre suas montagens e procurei trabalhar um aspecto nunca levantado de forma aprofundada pelos seus estudiosos: o trabalho do ator. Nem mesmo o próprio Meierhold escreveu sistematicamente sobre o trabalho que desenvolveu com seus atores. A minha proposta consistia em procurar escrito por escrito o que ele propunha para o ator em cada montagem realizada. Depois, verificar o que os atores de Meierhold falavam do próprio trabalho. Há alguns depoimentos notáveis a esse respeito.

Surgiu, então, um *não*: Boris Schnaiderman mostrou-me como esse projeto incorreria em muitas dificuldades: primeiro o trabalho exaustivo de procurar, artigo por artigo, as propostas meierholdianas sobre o ator em cada montagem (eu havia completado até então menos de um terço dessa tarefa). Eu fazia tradução de tradução dos textos e não tinha os textos de Meierhold em quantidade necessária para trabalhar, além de possuir também poucos textos dos atores a respeito dos seus trabalhos nas montagens. E, o pior, mesmo que eu conseguisse *todos* esses, eu não lia, na época, nenhuma palavra em russo.

Abandonei Meierhold e parti para outro projeto. Dessa vez propunha o estudo comparativo das obras teatrais de Oswald de Andrade e Vladímir Maiakóvski, aproveitando muito do material que conseguira por ocasião do mestrado e os materiais sobre as montagens de Meierhold (de peças de Maiakósvki).

O *não* desta vez veio de mim mesma. Eu não poderia estudar as peças de Maiakóvski a fim de compará-las com as peças de Oswald de Andrade: eu não era capaz de ler russo.

Parti para um novo projeto: estudar o ator no Brasil. Escrevi nova proposta e saí em campo: comecei a entrevistar atores e atrizes, como cada um fez o seu trabalho, peça por peça, se havia feito alguma escola etc. etc., até chegar a uma possível sistematização desse aspecto do teatro brasileiro – não existe quase nada a respeito disso tampouco que tenha sido feito no

descrito se alterou sobremaneira, sendo possível hoje encontrar em português não só os principais textos de Meierhold como vários estudos sobre sua obra e biografias. (N. da E.)

Brasil. Consegui ainda algumas obras das décadas de 1910 e 1930 sobre o teatro entre nós que valem a pena!

Mas eis que outro *não* se instaurou no meu caminho.

Alguns amigos começaram a me avisar que havia um pesquisador fazendo entrevistas com atores e atrizes, há alguns anos, e que já havia dois volumes no prelo. Parei minhas entrevistas e, pouco tempo depois, os dois livros realmente saíram: *Atrás da Máscara* (*Segredos Pessoais e Profissionais de Grandes Atores Brasileiros*), de Simon Khoury. Na verdade, não havia nenhuma semelhança entre a minha proposta de trabalho e a dele. No entanto, quando percebi que poderia ter continuado com o meu trabalho, eu já havia começado um novo: dessa vez não houve "sim" e "não", apenas *sim*.

Em maio de 1984, eu estava ainda em dúvida – o que fazer? – e há um mês estudando língua russa. Em uma entrevista com Boris Schnaiderman para resolver esse problema de escolha de um novo tema de pesquisa, ele se lembrou de um trabalho que eu havia feito, no final de um curso de pós-graduação na Escola de Comunicações e Artes da USP sobre Meierhold, ministrado por Jacó Guinsburg. O trabalho em questão era um projeto de montagem da peça de Aleksandr Blók, *Balagântchik* (A Barraca de Feira) – realizada por Meierhold em 1906, no Teatro de Vera Komissarjévskaia –, desde a tradução do inglês (cotejada com o original russo pelo próprio Boris) até a proposta total de montagem, com desenhos e cenários, figurinos, música, trabalho de ator, direção. Porém, a direção era *meierholdiana*. Isto é, partindo das teorias teatrais de Meierhold, apresentei uma direção atual nos moldes das propostas do diretor russo.

– O que você acha de fazer um trabalho no esquema daquele que você fez para o curso do Jacó? – perguntou Boris. – Assim você aproveita o seu material sobre Meierhold e faz uma proposta de encenação de uma peça.

– Eu acho ótimo!! – respondi. – Mas que peça?

– Que tal *O Percevejo*, de Maiakóvski? – sugeriu ele.

– Não, essa não! O Luiz Antonio Martinez Corrêa montou há pouco tempo. Eu queria uma peça inédita no Brasil – objetei.

– Bem, então... Que tal *Bânia*? – perguntou ele.

– Nossa!!! Ótimo. Eu gosto dessa peça. É atualíssima. Quero.

É essa aí. Mas, e qual vai ser a tese da tese? Não é preciso defender uma tese? E a teoria? – falei.

– Bom, isso vai surgir quando você começar a trabalhar no projeto – disse Boris.

Parti então para o novo projeto: pesquisar o que fora editado sobre *Bânia*...

A primeira pergunta que eu fiz a mim mesma quando comecei a pensar no assunto foi: "Mas você não pôde trabalhar com o ator meierholdiano porque não sabia russo e teria que fazer uma tradução de tradução dos escritos de Meierhold sobre o ator, não estudou Maiakóvski-Oswald porque não sabia russo para ler as peças de Maiakóvski e comparar com as peças de Oswald de Andrade. Como, então, você quer estudar *Os Banhos*? Você vai partir de uma dessas traduções para uma língua ocidental (o que é perigoso e contraditório) ou será que, em um mês de estudos de língua russa, você já pode ler a obra no original!? (Bem, para dizer a verdade, nem mesmo agora, depois de algum tempo de estudo da língua de Maiakóvski, consigo ler o original da peça, muito menos traduzi-lo. O meu russo, por enquanto, só é viável diante de escritos curtos.) Parti, então, de uma tradução inédita em português para que eu pudesse trabalhar com a peça. O tradutor é Luiz Sampaio.

Desse modo, logo de início, tive que enfrentar um problema sério: trabalhar com uma tradução, antes mesmo de pensar quais seriam concretamente as minhas propostas de estudo. E enquanto a tradução ia sendo realizada, eu aprofundava minhas pesquisas sobre o teatro russo de 1930, o contexto histórico, as concepções de teatro de Maiakóvski, e sobretudo a montagem de *Os Banhos* por Meierhold.

Muito pouco tempo depois, deparei-me com outra dificuldade: a linguagem meierholdiana foi tomando conta da minha imaginação, ao mesmo tempo que ia se estabelecendo para mim uma profunda relação entre o trabalho de Meierhold e o de Maiakóvski. Não me seria mais possível deixar de lado a poética do teatro de Maiakóvski nem desprezar a montagem de Meierhold de *Os Banhos*.

"Não um espelho, mas uma lente de aumento." Era assim que Maiakóvski via o teatro de Meierhold e era assim que ele via o seu próprio teatro. Lente de aumento da realidade:

MEIERHOLD: UMA POÉTICA EM CENA 85

> Aponte os projetores:
> na ribalta luz e cor.
> Gire
> a ação arrebata
> não arrasta o momento
> O Teatro
> não é espelho refletor
> mas
> lente de aumento.[4]

O que significou essa lente de aumento para o teatro deles? E o que significa hoje quando se lê um texto de Maiakóvski? E o que pode significar quando você se propõe a tarefa de montar esse texto? Será mesmo necessário passar pela montagem meierholdiana de *Os Banhos*? E se você quiser passar por Meierhold, como não se contaminar com sua linguagem de modo que se possa propor uma montagem para o teatro brasileiro hoje?

Perguntava-me ainda: o texto de Maiakóvski registra um novo espetáculo? Essa pergunta não é nova. Por lidar com teatro desde muito cedo, sempre me indaguei: quando um teatro novo surge, de onde vem esse novo do texto escrito ou do texto encenado? Ou seja – qual é o *texto* do teatro?

Estudando a relação de trabalho entre Meierhold e Maiakóvski, creio que me foi posssível, pelo menos, vislumbrar uma luz nisso que chamo de *estatuto do texto teatral*.

Quando me decidi a estudar essa relação de trabalho entre Meierhold e Maiakóvski, comecei a perceber que o que eu havia pesquisado da montagem meierholdiana da peça eram narrativas fragmentadas. Isto é, fui localizando citações, depoimentos, fotos, das obras escritas sobre Meierhold ou Maiakóvski. Comecei a perceber também que estava utilizando o mesmo processo que havia seguido para a minha dissertação – estudar um espetáculo por meio das mais diferentes narrativas. No caso de *O Rei da Vela*, descobri um material vastíssimo, e os criadores estavam vivos, consegui entrevistá-los e tentei, assim, remontar a peça com linguagens as mais variadas. Com *Os Banhos*, a coisa foi

---

4 Essa quadra fazia parte dos inúmeros cartazes espalhados pelo teatro, na montagem de Maiakóvski / Meierhold de *Os Banhos*, em 1930. Ela é citada pelos estudiosos como uma espécie de manifesto de Maiakóvski sobre teatro. A tradução é de Luiz Sampaio.

86 UMA POÉTICA EM CENA

um pouco diferente: não tenho os criadores vivos e o material que consegui, como disse, é fragmentado, portanto, do ponto de vista da documentação, mais sujeito a falhas.

Em 29 de janeiro de 1985, enviei uma carta ao historiador e crítico de teatro Constantin Lázarevitch Rudnítski, um estudioso do teatro de Meierhold, talvez o mais importante na União Soviética[5], que em 1969 lançou o livro *Rejissior Meierhold* (Meierhold, o Diretor), pedindo-lhe alguns materiais que me faltavam da montagem meierholdiana de *Os Banhos*. Por exemplo, faltavam-me alguns dados sobre a iluminação da montagem e as partituras musicais, compostas por Vissarión Chebálin. As músicas são muito importantes para um trabalho como esse: não apenas como documento, uma das narrativas que restou da montagem meierholdiana, mas também porque um dos aspectos da obra teatral de Meierhold tem suas bases na música, no ritmo, nos ruídos. Teria sido assim também com *Os Banhos*?

O fato é que na primeira carta a Constantin Rudnítski, eu pedi a ele insistentemente que me mandasse as partituras musicais de Chebálin para a peça. E a bem da verdade eu me entusiasmei e escrevi uma longa carta, pedindo *tudo* que ele pudesse me arranjar de material sobre essa montagem.

Em junho de 1985 recebi a resposta à minha carta. Amável, quase paternal (bem à moda russa), ele me respondeu que não poderia me enviar nenhum material, que eu deveria ir a Moscou e que "não se pode escrever uma dissertação séria com base em materiais que alguma outra pessoa vai compilar para a senhora... Se a senhora vier a Moscou, de boa vontade a ajudarei a encontrar os materiais de que precisa". E em outro trecho:

Eu, por mim, posso dizer à senhora somente o seguinte: a encenação d'*Os Banhos* de Meierhold não foi nem a melhor encenação desse diretor nem a melhor encenação dessa peça. Meierhold foi muito mais feliz com a d'*O Percevejo*. Por isso, não me parece que o novo espetáculo que a senhora quer produzir (se a compreendi corretamente) deva ser uma cópia do espetáculo de Meierhold e que a senhora deva saber tudo sobre o trabalho de Meierhold – até os princípios de iluminação do palco. A meu ver, as novas

---

5   Com a perestróika existe, segundo os jornais, uma febre meierholdiana na URSS, incluindo publicações. Os jovens encenadores retomam Meierhold com toda força, depois de cinquenta anos de seu assassinato pelo stalinismo. Rudnítski faleceu em 1989.

MEIERHOLD: UMA POÉTICA EM CENA 87

encenações das peças de Maiakóvski devem ser realizadas correspondendo às exigências do teatro de hoje e do público de hoje. E, por exemplo, a música de Chebálin, a meu ver, não corresponde a essas exigências.[6]

Como se vê, não houve um entendimento da proposta de trabalho.

Mas não desisti. Escrevi a ele outra carta em setembro de 1985, insistindo para que me mandasse as partituras de Chebálin para *Os Banhos*. É lógico que tornei a explicar como seria o meu trabalho e lhe disse que "não quero moleza, não senhor!", que *sou eu mesma que faço as pesquisas* para os meus trabalhos e que eu não iria copiar a montagem de Meierhold, apenas documentá-la da maneira mais completa que me fosse possível.

Não recebi nenhuma resposta de Rudnítski à minha segunda carta.

Porém, não podia desistir das partituras de Chebálin...

Escrevi mais três cartas: uma para o Museu Maiakóvski, outra para o Museu de Teatro Bakhrúchin, ambos em Moscou, e uma terceira carta para Paul Schmidt, professor de eslavística da Universidade do Texas até 1979 e que tem estudado não só Meierhold, como também Maiakóvski. Não cheguei a enviar as cartas escritas em fevereiro de 1987, porque resolvi tentar encontrar as partituras pessoalmente. Viajaria em abril. Não viajei, por uma série de problemas. Então resolvi enviar as tais cartas em maio, mas Boris Schnaiderman me disse que iria para a União Soviética em junho e tentaria conseguir as partituras em Moscou, no Museu Maiakóvski.

O professor viajou em junho para a União Soviética e eu viajei em julho para os Estados Unidos. Visitei o Lincoln Center, a Universidade Columbia, enfim todos os lugares em Nova York onde poderia encontrar tais partituras, e nada! Em Washington, na Biblioteca do Congresso, a busca também foi inútil.

Havia a esperança de que o professor Boris trouxesse as partituras de Moscou.

Mas, em agosto de 1987, ele constatou que muitos museus na União Soviética estavam passando por uma reforma geral e

---

6   A tradução desta carta é de Luiz Sampaio. Todas as demais traduções são minhas, quando não informado diferentemente.

o material estava todo guardado, inacessível ao público. Boris trouxe-me um estudo sobre a obra musical de Vissarión Chebálin, *Muzika* (Música), de Elizaveta Bontch-Osmolóvskaia, editado em 1983. Porém, o capítulo sobre as músicas de *Os Banhos* é extremamente resumido.

Pedi a um amigo da antiga Alemanha Oriental, que tinha contato com o meio musical, que procurasse as partituras para mim. Ele tampouco conseguiu.

Por intermédio de uma amiga, fiz a mesma solicitação aos músicos da Orquestra Sinfônica de Leningrado, que estiveram em São Paulo em novembro de 1987. Segundo um deles, as partituras poderiam ser encontradas na Biblioteca Nacional Lênin, em Moscou. Mas... como consegui-las? A mesma pessoa pediu então a um executivo que viajou para Moscou também em novembro que trouxesse as partituras. A resposta foi a seguinte, por telegrama: partituras musicais são consideradas obras de arte e, portanto, *não podem sair da União Soviética*.

Por isso não me foi possível apresentar as músicas de Vissarión Chebálin neste livro.

Enfim, Outro Não! E Haja Melancolia Nestes Nãos!

Em setembro de 1987, Schnaiderman e eu percebemos que o meu trabalho, se fosse apresentado como no projeto original, isto é, com uma segunda parte sobre uma proposta de direção de *Os Banhos* no Brasil, ficaria vastíssimo, na realidade seriam dois trabalhos diferentes. Resolvemos, então, deixar os estudos criativos para uma montagem da peça no Brasil para outra ocasião.

MEIERHOLD: UMA POÉTICA EM CENA 89

ENTREATO

Quero penetrar
Por trás da
Máscara
Atrás do caráter
Invisível da
Persona
E decifrar sua
Máscara-Dentro.

R.C.C.

Meierhold e Maiakóvski: Um Diretor-Dramaturgo e um Dramaturgo-Diretor.

Há muito tempo nos perguntamos sobre o caráter revolucionário do trabalho tanto de Meierhold como de Maiakóvski. Colocamo-nos também a questão de confrontar ou não esse problema, por si só já amplo e complexo. Os dois artistas têm, a partir de 1917, um trabalho constantemente ligado à Revolução de Outubro. Essa constatação, contudo, não é tão simples como pode se pensar *a priori*, embora seja clara. Na verdade, costuma-se falar de "antes" e "depois" de 1917 em relação aos dois artistas, devido à Revolução de Outubro, mas eles foram revolucionários na arte antes e depois dessa data. Tal lucidez Meierhold teve antes de qualquer um:

"– O que produziram você e Maiakóvski juntos? – alguém perguntou num debate público em Minsk, em 3 de junho de 1936.

Meierhold respondeu:

– O que ele fez em poesia antes de 1917 eu fiz em teatro[7]."

Ora, o que o encenador diz claramente é que cada um desenvolveu autonomamente sua arte mestra (teatro e poesia) até caminharem juntos, depois da Revolução.

7 Anotações feitas num encontro público sobre teatro, em Minsk, 3 de junho de 1936, por A. Fevrálski, citado em seu livro *Piérvaia Soviétskaia Piéssa* (A Primeira Peça Soviética), Moscou, 1971, p. 14, apud Paul Schmidt, *A Director Works with a Playwright: Meyerhold and Mayakovsky*, Educational Theatre Journal, v, 29, n. 2, may 1977, p. 214. Aliás, esse artigo de Paul Schmidt será citado largamente por nós neste capítulo, porque, primeiro, trata exatamente da relação de trabalho entre Meierhold e Maiakóvski e, segundo, porque o artigo é riquíssimo em citações de obras em russo às quais não tivemos acesso. A tradução será sempre nossa, com revisão de Erika Bloch.

90 UMA POÉTICA EM CENA

Mas o que cada um fez antes de 1917? Esse aspecto merece por si só um estudo que não poderei desenvolver no presente estudo, pois aqui o que interessa especificamente é a relação de trabalho entre Meierhold e Maiakóvski e que se deu justamente depois de 1917.

Um Encontro Muito Especial

Conta-se que, em 1916, Maiakóvski dirigiu-se ao Estúdio de Meierhold e dedicou a ele e a seus alunos de teatro uma leitura do poema "Voiná i Mir" (A Guerra e o Mundo)[8]. Foi aí que eles se conheceram.

Conta-se também que a primeira vez que Meierhold falou sobre Maiakóvski foi em 14 de abril de 1917. Mas, então, Meierhold fala de um Maiakóvski *dramaturgo*. Ora, até essa data o poeta havia escrito somente uma peça: *Vladímir Maiakóvski: Uma Tragédia*[9]. Essa peça havia sido encenada uma vez, pelo próprio Maiakóvski, nos dias 2 e 4 de dezembro de 1913, no teatro Luna Park, em São Petersburgo. Meierhold estava lá, como relata A.V. Rikov: "Eu estava na estreia da peça de Vladímir Maiakóvski, [...] Eu vi Meierhold lá, conversando com A.A. Blók durante o intervalo"[10]. Sem dúvida, Meierhold considerou a obra revolucionária e, no resumo da conferência de 14 de abril de 1917, "A Revolução e o Teatro", associou claramente a revolução nas ruas e a revolução no teatro.

Essa conferência foi realizada num momento em que o país estava passando pela grande crise de abril, com a inflação fora de controle e as discussões sobre a participação russa na guerra, uma primeira etapa da Revolução de Outubro, uma pré-revolução, com a abdicação do tsar e o poder passando para o Governo Provisório. Aí quando se percebe a fúria e o desânimo da população diante da situação política e econômica em que

---

8 Em russo, as palavras são as mesmas de *Guerra e Paz*, mas no poema o sentido é de "a guerra e o mundo".

9 Angelo Maria Ripellino, *Maiakóvski e o Teatro Russo de Vanguarda*, tradução de Sebastião Uchoa Leite, São Paulo: Perspectiva, 1971. O capítulo "Fantoches em Petersburgo" é dedicado a esse espetáculo de Maiakóvski.

10 Paul Schmidt, op. cit. Ele fala aqui de uma carta de A.V. Rikov a A.V. Fevrálski, incluída em *Piérvaia Soviétskaia Piessa*, p. 13.

se encontra, Meierhold mostra como se instaura o presente e a presença do teatro: ele retoma, então, os acontecimentos de 1905, os das ruas e os do próprio teatro. Ao se referir ao que Meierhold disse, a pessoa que taquigrafou registra:

A revolução no teatro e a revolução na rua estão ligadas, para o sr. Meierhold, numa mesma data.

Em 1905, quando nas ruas de Moscou a agitação popular amadureceu, preparávamos no Estúdio de Moscou o espetáculo *A Morte de Tintagiles*[11], onde invisível, mas terrível, surgia a figura da rainha. Esse fantasma de sopro de morte provocava uma sensação horrível, estremecia tudo que era vivo sobre o palco.

A revolução na rua foi sufocada, mas o teatro continuou seu papel revolucionário. Agora eles querem tirar um do outro esse papel – prosseguiu o sr. Meierhold –, os atores se tornaram conservadores.

Os atores se esqueceram do repertório de Blók, de Sologub, de Maiakóvski, de Rêmizov. De quem é a culpa disso? Da plateia, da silenciosa e impassível plateia, como lugar de descanso.

O sr. Meierhold surpreende-se porque os soldados não frequentam o teatro e em silêncio eles não os liberam do público da plateia. [...] Mas chega de plateia! Que se envie a *intelligentsia* para lá onde prosperam os epígonos de Ostróvski. E montar-se-ão as peças dos autores que mencionamos, para os camponeses, os soldados, os trabalhadores e a essa *intelligentsia* que diz: "Basta de dormir!" Então o teatro estará à altura.[12]

Analisando atentamente, num primeiro momento, é estranho Meierhold citar Maiakóvski como tendo seu repertório esquecido, já que, como foi dito, Maiakóvski havia escrito somente uma peça. Além disso, Meierhold fala aqui de um Maiakóvski *inovador* do teatro. Infelizmente o trecho que ficou registrado dessa conferência é extremamente resumido, mas ao unir Maiakóvski a Blók, a Rêmizov e a Sologub se esclarece até que ponto Meierhold considerava a tragédia revolucionária

---

11 A Morte de Tintagiles (La Mort de Tintagiles), de M. Maeterlinck, tradução para o russo de A. Rêmizov, música de I.A. Sats, cenários de S.I. Sudéikin (atos I, II e III) e N.N. Sapunov (atos IV e V), direção de Meierhold. O espetáculo estreia em Tiflis em 19 de março de 1906, embora tenha sido ensaiado no Teatro-Estúdio de Moscou.

12 Vsévolod Meierhold, *Státi, Pisma, Retchi, Besedi* (Artigos, Cartas, Discursos e Debates), edição de Aleksandr Fevrálski e Boleslav Rostótski, Moskvá: Iskusstvo, 1968, 2 t., t. 1, p. 330. Grifos nossos, assim como a tradução do russo. Nas páginas seguintes, trato a respeito da "Volta a Ostróvski". Ver nota 74.

como teatro: sem dúvida, Meierhold a liga à *Barraca de Feira* e *A Desconhecida*, de Blók; à *Vitória da Morte*, de Sologub[13], que ele montara; e ainda à *Representação Diabólica* (1908), de Rêmizov[14], à qual assistira várias vezes.

Todos os dramaturgos citados por Meierhold ao lado de Maiakóvski estiveram estreitamente ligados ao desenvolvimento das teorias teatrais do diretor antes de 1917 e somente depois dessa data, como dissemos, é que ele se ligará a Maiakóvski. Para Meierhold, no entanto, ela marca o surgimento de um estatuto de um novo teatro; ele coloca, naquele momento da Revolução, Maiakóvski como inovador e o teatro como espetáculo e não apenas como dramaturgia, pois não se deve esquecer que Meierhold *viu* o espetáculo de Maiakóvski.

Para Paul Schmidt, nessa conferência,

Meierhold estava se referindo a um tipo especial de repertório, a peças de escritores cujo maior trabalho era em outros gêneros. Ademais, Meierhold ligou claramente Maiakóvski com Blók e outros escritores cujas peças ele considerava revolucionárias na forma, opostas às convenções do drama realista burguês, e marcadas pelo grau de atenção dado às formas históricas de teatro e pela tentativa de reviver convenções teatrais antigas[15].

Creio que Paul Schmidt tem razão quando salienta que Meierhold se referia a escritores cujo maior trabalho havia sido em outras áreas. Maiakóvski desenvolvia seu trabalho com o que se convencionou chamar de cubofuturismo. Mas o cubofuturismo não experimentou somente com a palavra, matéria-prima da poesia: havia a pintura, as outras artes plásticas, os ícones, o circo, a música e a política. No entanto, Maiakóvski era revolucionário desde quando em arte e em política?

---

13 Feódor K. Sologub (1863-1927), escritor, poeta e dramaturgo. Meierhold planejou montar sua peça *O Dom das Abelhas Prudentes* no Teatro Vera Komissarjévskaia, mas o projeto foi abandonado, porque o diretor havia planejado uma encenação do tipo "teatro circular" e a regulamentação dos teatros nessa época proibia o público de sentar no palco (*Státi, Pisma, Retchi, Besedi*, t. 1, p.181s e p. 337n).

14 Aleksei M. Rêmizov (1877-1957), romancista e dramaturgo, trabalhava diariamente com as propostas do teatro novo e teve enorme influência sobre a estreia de Meierhold, e também no que diz respeito à formação política do diretor, sua influência foi muito importante, embora, depois de 1917, Remizov tenha emigrado e não mais se dedicado à política (*Státi, Pisma, Retchi, Besedi*, t. 1, p. 181s).

15 Cf. Paul Schmidt, op. cit., p. 214.

MEIERHOLD: UMA POÉTICA EM CENA

Em sua autobiografia *Iá Sam* (Eu Mesmo), escrita entre 1922 e 1928, Maiakóvski narra seus primeiros contatos com a política, os quais de forma sistematizada e como simpatizante antecederam seus primeiros contatos com a literatura. Antes de 1905, a irmã chegara de Moscou com material clandestino:

Minha irmã chegou de Moscou. Entusiasmada. Deu-me em segredo uns papéis compridos. Isso me agradava: era muito arriscado. Lembro-me ainda. O primeiro.

"Volte a si, companheiro, volte a si, meu irmão
Largue já o fuzil sobre a Terra."
E um outro, com o final:
"ou então um caminho diverso:
Para a Alemanha, com o filho, a mulher e a mamãe..." (sobre o tsar)

Era a revolução. E era em verso. Versos e revolução como que se uniram na mente.[16]

Maiakóvski, quando escreve suas memórias, passa a sensação de que seria revolucionário na vida. É óbvio que você usa o seu estatuto da desconfiança quando se pensa que Maiakóvski narra fatos acontecidos em 1905 apenas em 1923-1928, e às vezes com algumas incorreções. Mas se "o poeta é um fingidor", ao estudioso resta o que o poeta narrou:

[Em 1905:] Não conseguia estudar. Começaram as notas dois. Passei para o quarto ano unicamente porque me acertaram uma pedra na cabeça (eu brigara em Rion): na segunda época os professores tiveram pena.
Para mim, a revolução começou assim: meu amigo Isidor, cozinheiro de padre, pulou de alegria descalço: haviam matado o general Alikhanov. O pacificador da Geórgia[17].

Boris Schnaiderman explica um engano de Maiakóvski:

Segundo nota às O.C. (1, 422), trata-se de um equívoco, pois o general Alikhanov foi morto em meados de 1907. O autor da nota supõe que se trate de outro acontecimento, que teve também ampla repercussão na Geórgia: o assassínio em Tíflis [Tbilisi] do general Griaznóv, em janeiro de 1906.[18]

16 Boris Schnaiderman, *A Poética de Maiakóvski Através de Sua Prosa*, São Paulo: Perspectiva, 1971, p. 87. Grifos nossos.
17 Ibidem. Grifos nossos.
18 Ibidem, p. 105n14.

94 UMA POÉTICA EM CENA

Fatos talvez corretos, datas imprecisas, o certo é que Maiakóvski teve contato com a política muito cedo. E o mais evidente, para nós hoje, é que o revolucionário na *poesia* foi revolucionário na *vida*. Os documentos policiais constatam muitos dos fatos do envolvimento do poeta com a política[19]. Maiakóvski ingressa no POSDR (Partido Operário Social-Democrata Russo) em 1908 e passa a trabalhar como propagandista das ideias da ala bolchevique do partido. Creio que convém frisar o *propagandista*, função que nunca mais deixará de exercer durante a vida: o propagandista da Revolução – a de Outubro e a sua própria, na arte.

A imagem de revolucionário, que marcará Maiakóvski desde muito cedo e que configura sua poesia, suas atividades como propagandista e como jornalista, marcará também um encontro muito importante: é como revolucionários que Maiakóvski e Meierhold se encontram pela primeira vez, com um objetivo comum – a Revolução de Outubro.

Em anotações feitas em *Piérvaia Soviétskaia Piéssa*, Fevrálski narra a convocação para um encontro de artistas feita pelo governo soviético recém-instaurado:

Meierhold e Maiakóvski estiveram juntos – física e ideologicamente – no encontro de artistas chamados pelo novo governo soviético, em Petrogrado, em novembro ou dezembro (a data exata é incerta) de 1917. A maioria da *intelligentsia* russa estava desdenhosa do novo regime, e as centenas de convites enviados para esse encontro foram ignorados. Mas das [cerca de] sete a dez pessoas que compareceram, Meierhold e Maiakóvski – e Blók – estavam entre elas.[20]

É um fato curioso verificar como a Revolução de Outubro não entusiasmou os intelectuais, no início. É sem espanto, entretanto, que se constata a adesão instantânea de Maiakóvski à nova ordem, já que desde 1908 ele é apanhado pela polícia em consequência de suas atividades políticas. E é sem espanto também que se aceita a presença de Meierhold nessa convocação.

---

19 Cf. *Maïakovski 20 ans de travail*, catálogo de exposição, Paris: Centre Pompideau, p. 54-55.

20 Apud Paul Schmidt, op. cit. p. 212. Comentando o mesmo fato, Constantin Rudnítski nomeia exatamente os artistas que compareceram a esse encontro, cinco apenas: Blók, Meierhold, Maiakóvski, N. Altman e R. Ivnev. Cf. Konstantin Rudnitsky, *Meyerhold, the Director*, trad. George Petrov, Ann Arbor: Ardis, 1981, p. 252. (Tradução nossa.)

MEIERHOLD: UMA POÉTICA EM CENA

Em sua autobiografia[21], Meierhold indica os seus caminhos para a preocupação política. Rêmizov (o mesmo dramaturgo que Meierhold cita ao lado de Maiakóvski na Conferência "Revolução e Teatro") teria sido seu iniciador em política, em 1896:

> Por intermédio do teatro popular eu me ligo a um grupo de exilados políticos. Exilado em Penza por razões políticas, A. Rêmizov me dispensa uma atenção particular. Ele me leva a participar de discussões sobre Marx. É graças a ele que eu entro em contato com o trabalho das organizações operárias clandestinas. Eu tomo parte na elaboração do estatuto de um fundo operário. Participo de uma noite privada nos arrabaldes da cidade, feita em benefício desse fundo. Depois das férias, eu volto de novo a Moscou.[22]

Em "Dados Biográficos", Meierhold retoma a sua biografia, escrita por Nikolai Volkov. Acrescenta algumas informações, mas é em "Meierhold Fala", de A. Gladkóv, que o encenador explica um dado importante da sua formação política:

> Em minha biografia, escrita por N. Volkov com muito detalhe e precisão, existem lacunas. Por exemplo, não há nenhuma indicação de um momento muito importante da minha formação quando da leitura, em maio de 1902, durante uma viagem à Itália, da *Iskra* leninista[23] e do folheto de Lênin, *Que Fazer?*, recém-aparecido no estrangeiro. Estando em Milão para visitar os palácios e os museus, passava todo o tempo disponível nas ruas, admirando a multidão italiana e, de volta ao hotel, absorvia-me na leitura das dissensões entre Lênin e Plekhanov. Os estudantes emigrados conhecidos discutiam até o infinito sobre a tática do Partido Operário Social-Democrata da Rússia. Os termos "bolchevique" e "menchevique" ainda não existiam (se não me engano), mas já se percebia a diferença.[24]

Gladkóv fez anotações de algumas declarações de Meierhold, entre 1934 e 1937, época em que foi assistente do diretor. É claro que são eventos narrados muito tempo depois de terem

---

21 Cf. *Státi, Pisma, Retchi, Besedi*, t. I, p. 308-315.

22 Ibidem, p. 311.

23 O órgão de imprensa do POSDR. Lênin assumiria a direção do periódico após uma votação no congresso do partido que, inclusive, definiria a designação do seu grupo, ou seja, os bolcheviques, a maioria – naquela votação em particular, não no partido como um todo. (N. da E.)

24 Ver A. Gladkóv, "Meierhold Govorit" (Meierhold Fala). Utilizamos a tradução de Aldomar Conrado, em *O Teatro de Meyerhold*, Rio de Janeiro: Civilização Brasileira, 1969, p. 202, a nosso ver mais completa. O texto aparece também na revista *Literatura Soviética*, Moscou, n. 1, 1962, p. 162-176 (editada em espanhol).

96 UMA POÉTICA EM CENA

acontecido, mas existem cartas e diários de Meierhold, da época, nas quais ele expõe esses problemas e, muitas vezes, revela até certa angústia por causa da situação política em que se encontrava a Rússia no começo do século.

No capítulo "Outubro Teatral", de seu livro *Meierhold, o Diretor*, Constantín Rudnítski comenta o fato de Meierhold haver aderido à Revolução de Outubro imediatamente, como um fato que "provocou e continua a provocar consternação". Ele não aceita nem o ponto de vista dos inimigos de Meierhold (sempre em grande número), que diziam maldosamente que o "diretor dos Teatros Imperiais[25] havia rápida e habilmente se adaptado ao novo poder", nem a outra posição, de que Meierhold sempre fora um revolucionário em termos políticos:

As reivindicações de que antes de Outubro Meierhold tinha sido um revolucionário em ideias políticas, embora baseadas em diversas passagens expressivas dos diários e cartas do diretor, que estão saturadas de reações contra o absolutismo e os burgueses, não provam nada – nos anos que precederam a Revolução e durante a Guerra virtualmente toda pessoa inteligente na Rússia experimentou insatisfação com o regime tsarista, enquanto a arte da maioria dos artistas talentosos estava permeada de protesto contra os burgueses.[26]

Rudnítski defende o ponto de vista de que Meierhold possuía sensibilidade para perceber as mudanças do seu tempo, e não consciência política, concluindo que sua percepção das "mudanças dos tempos crescia pronunciadamente ano a ano".

Que a *percepção* de Meierhold (como de qualquer pessoa) em relação aos problemas da Rússia crescesse ano a ano parece óbvio. Mas é com essa sensibilidade atribuída ao diretor que

25 Meierhold vinha de um trabalho de buscas constantes em teatro e, quando a Revolução de Outubro se instala, ele trabalhava nos Teatros Imperiais, de Petersburgo (o Alexandrínski e o Mariínski), o que é, aparentemente, contraditório com as suas ideias revolucionárias sobre teatro e suas posições políticas. Todavia, ali ele desenvolve todo um trabalho com a ópera. Ao mesmo tempo, porém, tem seu Estúdio e então trabalha intensamente com o grotesco, a pantomima e, principalmente nos escritos teóricos, como Dr. Dapertutto. Meierhold permanece nos antigos Teatros Imperiais um ano, entre 1917 e 1918. A última estreia no Teatro Alexandrínski acontece em 8 de março de 1918 com o espetáculo *Pedro, o Padeiro*, peça de L.N. Tolstói; e no Teatro Maríinski, em 7 de novembro de 1918, estreia *La Muette de Portici*, rebatizada de *Fenella*, de Daniel Auber. Seu Estúdio fecha em 1917, antes da Revolução.
26 K. Rudnitsky, op. cit., p. 247. (Tradução nossa.)

MEIERHOLD: UMA POÉTICA EM CENA   97

Rudnítski explica as encenações de *Mascarada*[27], peça de Lermontov, e a primeira montagem de *A Morte de Tariélkin*, de Sukhovo-Kobílin[28], e não com uma evolução política do artista!

Coincidência não é termo adequado para explicar o fato de que na véspera da Revolução de Fevereiro ele estreia *Mascarada* e, dois dias antes de Outubro, *A Morte de Tariélkin*. A arte de Meierhold era subordinada às exigências da época e, nesse sentido, o tempestuoso desenvolvimento do talento do artista estava à frente de sua evolução ideológica. Muito disso, provavelmente, era o resultado do temperamento do diretor, de sua incomparável ousadia artística.[29]

Parece, nesse trecho, que Rudnítski separa o artista do homem biográfico. Acontece que se houve um artista que trabalhou extremamente com a sua *consciência* foi Meierhold – e também Maiakóvski, não sendo por acaso que trabalharam juntos. Existe ainda uma opinião de Rudnítski a esse respeito, que me parece cautelosa – e injusta:

Meierhold, cuja percepção da Revolução a princípio era altamente abstrata e desestruturada, ia expressar no teatro as ideias de revolução com a clareza de propaganda política direta. Essa foi uma contradição nunca completamente solucionada ou solucionável.

Nesse sentido, a evolução de Maiakóvski foi especialmente similar à de Meierhold. Até a trágica morte do poeta, eles continuaram a viver lado a lado, um sentindo no outro um aliado. Cada um lutou para encontrar uma nova estrutura para uma arte que pudesse expressar a verdade dessa nova época da história.[30]

É muito difícil falar sobre um artista e sua biografia, porque o homem biográfico passa para a história como uma *figura* e as figuras tanto de Meierhold como de Maiakóvski são fascinantes. Fica sempre uma lacuna entre as contradições que marcam a vida de ambos, se pensarmos que Maiakóvski se suicidou e Meierhold foi morto pelo próprio regime político que defendeu.

27 *Mascarada*, de M. Lermontov, direção de Meierhold; cenários de A.I. Golovin; músicas de A.K. Glazunov, estreia no Teatro Alexandrínski em 25 de fevereiro de 1917.
28 *A Morte de Tariélkin*, de A. Sukhovo-Kobílin (primeira versão cênica da peça), direção de Meierhold, cenários de B.A. Almedingen, estreia no Teatro Alexandrínski em 23 de outubro de 1917.
29 K. Rudnitsky, op. cit., p 247-248.
30 Ibidem, p. 252.

Nosso objetivo não é fazer sua biografia, mas entender a relação entre os dois artistas por meio das próprias obras. Aliás, essa é também a posição de Meierhold a respeito:

Nas personagens das peças de Maiakóvski existe sempre uma parcela da personalidade do autor, como encontramos nas personagens de Shakespeare uma parcela de Shakespeare. Se quisermos ter uma noção da figura lendária de Shakespeare, não devemos folhear nem as genealogias nem os velhos registros paroquiais, mas estudar as suas personagens. Posso até imaginar a sua voz, como sempre penso ouvir a voz de Maiakóvski nas suas personagens.[31]

Foi na esperança de que houvesse mudanças sociais e políticas que ambos, Meierhold e Maiakóvski, receberam a Revolução de Outubro e daí para frente lutaram juntos para implantar uma nova arte.

Logicamente, ao focalizar os dois homens de arte, pela própria proposta de trabalho, a tendência do narrador é esquematizar a época em que viveram e as pessoas com quem conviveram e, nessa esquematização, o perigo é exatamente o de dar a impressão de que só eles tiveram esse percurso de lutas. É claro que isso seria ingênuo. Eles não foram os únicos a ter como objetivo maior – até para a sua própria arte – a política, ou melhor, a Revolução. Assim, ao citar a autobiografia de cada um deles, frisamos: trata-se apenas de relacionar suas trajetórias a fim de lançar um pouco de luz sobre a relação de trabalho entre eles.

Mas o fato é que ambos atendem ao chamado do governo soviético para o encontro de artistas, em novembro de 1917. E é interessante observar que no resumo da conferência de Meierhold em abril de 1917, "A Revolução e o Teatro", já citada, aparece no texto em russo a palavra *gospodin* – *gospodin Meierhold* – Senhor Meierhold. Antes da Revolução de Outubro, *gospodin* era a já antiga forma de tratamento – usada desde a Idade Média –, equivalente a "senhor". A partir de 1917, durante o período de lutas para a implantação da nova ordem política, aparece o termo *továrich*, companheiro, camarada, mais que um irmão de fé e de ideologia, um termo forte, portanto. Com o passar do tempo, *továrich* passa a ser simplesmente um substituto para *gospodin*.

31   A. Gladkóv, "Meierhold Fala", op. cit., p. 215-216.

Creio que foi com o primeiro sentido de *továrich* que Meierhold e Maiakóvski se encontraram para atender ao chamado do governo soviético – e depois prosseguiram juntos:

Vocês sabem que no momento de Revolução foi traçada uma linha divisória entre os artistas? Somente os tolos acreditam que todos os escritores, músicos e pintores que emigraram só pensavam nas suas contas bancárias ou em suas vilas confiscadas. A maioria nem tinha isso. O principal, no entanto, é que Górki, Maiakóvski, Briússov e muitos outros (eu também) compreenderam logo que a Revolução não é somente uma força destruidora, mas também uma força criadora. Aqueles que só puderam ver o seu poder destruidor maldisseram-na. *Mas ainda que Maiakóvski e eu não pertencêssemos à mesma geração, a Revolução foi para nós dois como um novo nascimento.*[32]

Mistério-Bufo: O Início de uma Poética Teatral

O *Mistério-Bufo*, nas suas duas variantes, não pode ser encarado simplesmente como um espetáculo para o aniversário da Revolução, a primeira peça soviética, embora seja isso também.

É com essa peça que começa efetivamente a colaboração entre os dois artistas, é o começo de uma nova poética teatral.

Não é uma obra dramática com um *playwriting*, ela é desprovida do que em teatro se convenciona chamar de carpintaria teatral, isto é, não existe um estatuto rígido do texto escrito, é um estatuto do teatro moderno, em que as rubricas não obrigam a uma direção estratificada.

Mistério-Bufo, cujo subtítulo – *Representação Heroica, Épica e Satírica da Nossa Época* – contém também uma mistura dos três mencionados *gêneros,* é um oximoro, uma referência aos mistérios medievais, com seu teor religioso, e ao clownesco, ao grotesco, ao sarro, à gozação.

Maiakóvski, como se sabe, fez uma primeira variante para *Mistério-Bufo* em 1918, para festejar o primeiro aniversário da Revolução de Outubro e uma segunda em 1921, ambas montadas por Meierhold e com o mesmo subtítulo.

Comparando-se as duas, percebe-se que estruturalmente a segunda é praticamente igual à primeira. É claro que na segunda

---

32 Cf. A. Gladkóv, op. cit., p. 214. Grifos nossos.

variante há personagens atualizadas para o momento (1921), o que mostra, em primeiro lugar, que o estatuto do texto escrito permite diminuir ou acrescentar fatos do momento, permite literalmente *a consagração do instante* no teatro: feito por e para pessoas de hoje.

Ora, eis-nos diante de um novo estatuto do teatro: o texto que permite *naturalmente* cortes, mudanças, acréscimos, diminuições.

Maiakóvski tinha consciência disso, como indicado na segunda versão de seu "Prefácio":

> O Mistério-Bufo é a estrada. A estrada da Revolução. E ninguém pode predizer com precisão quais outras montanhas devemos ainda explodir, nós que caminhamos por essa estrada. Hoje o nome "Lloyd George" estoura os tímpanos, amanhã seu nome será esquecido pelos próprios ingleses. Hoje em dia, a vontade de milhões se eleva em direção à Comuna e daqui a meio século, talvez, os encouraçados da Comuna se lançarão ao ataque dos planetas distantes.
>
> Assim, mantendo a estrada (forma), mais uma vez eu mudo parcialmente a paisagem (conteúdo).
>
> E todos vocês que, no futuro, encenarem, apresentarem, lerem ou imprimirem *Mistério-Bufo*, mudem o conteúdo – façam o seu conteúdo, o do seu próprio tempo, do seu próprio dia, do seu próprio momento.[33]

Vários pontos podem ser anotados a partir desse "Prefácio": primeiro, a consciência de que o seu texto não seria nunca definitivo, ele mesmo considerando o *Mistério* "como um simples esquema que devia ser retocado e acrescido continuadamente, para adaptá-lo às circunstâncias recentes"[34]. Aqui, portanto, pode-se pensar nos esquemas da *Commedia dell'Arte* e daí no caráter popular de *Mistério-Bufo*.

Segundo, uma utopia: a Comuna atacando outros planetas. Seria já uma influência de Wells ou simplesmente uma profecia? Ou o futurista, aqui, no sentido mais amplo – indo além do movimento futurista em arte?

---

33 Cf. Vladimir Maiakovskii, *Sobranie Sotchinenii v Vos'mi Tomakh* (Obras Reunidas em Oito Volumes), Moskva: Pravda, 1968, t. I, p. 258. Apenas a título de curiosidade, compare-se o que diz Maiakóvski com: "Direito de ser traduzido, reproduzido e deformado em todas as línguas", São Paulo, 1933, em *Serafim Ponte Grande*, de Oswald de Andrade. As posições de ambos os autores são parecidas, embora Oswald dê um tom de deboche à sua nota.

34 A.M. Ripellino, op. cit., p. 95.

MEIERHOLD: UMA POÉTICA EM CENA

Logicamente está-se apenas levantando questões. É necessário um estudo aprofundado e comparativo das duas variantes, o que foi feito por A. Fevralski no livro já citado, *A Primeira Peça Soviética*, mas este ainda não foi traduzido no Ocidente. Mas, pela simples leitura, sem um aprofundamento específico, estudiosos levantaram alguns problemas que merecem citação:

Mistério-Bufo foi a primeira peça completa e inteiramente política na história do teatro russo. Uma peça sem amor, sem psicologia, sem um enredo antecipado, no sentido tradicional. Sua matéria principal era a vida política contemporânea. [...] Olhando cuidadosamente essa peça, convencemo-nos de que cinco anos antes da publicação do famoso artigo de Serguéi Eisenstein, "Uma Montagem de Atrações", Maiakóvski já havia criado tal montagem. Tudo isso pré-determina uma grande importância nas subsequentes montagens de Meierhold.[35]

Maiakóvski antecipa-se a Eisenstein quanto à possibilidade da *montagem* do espetáculo como um sistema dinâmico, isto é, pensando essencialmente a obra como *espetáculo* que *registra* no seu texto escrito.

Se, para Rudnístski, é Maiakóvski quem descobre essa montagem antes de Meierhold – não digo antes de Eisenstein porque Meierhold foi o mestre do cineasta: na montagem de *Smiért Tariélkina* (A Morte de Tariélkin, em 1922), Eisenstein foi seu assistente de direção –, e não é o caso de meramente saber quem fez primeiro, é preciso comentar que Rudnítski se esquece das montagens de Meierhold a partir de 1920 e que essa atitude de montagem diante do teatro vai ser uma *premissa* do teatro de Meierhold a partir de 1920.

No "Prólogo" da segunda variante, há uma discussão que será travada por Maiakóvski até seus últimos momentos de vida e que se inscreve na sua própria poética do teatro:

A alguns teatros não importa
representar:
para eles
O palco é apenas
um buraco de fechadura.
Sente-se portanto tranquilo,

35 K. Rudnitsky, op. cit., p. 254.

reto ou enviesado,
e assista um pedacinho da vida alheia.
Olhe e veja
Gaguejam no divã
as tias Mania
e os tios Vânia
Mas a nós não interessam
nem os tios nem as tias,
Tias e tios vocês encontram em casa
Nós também mostramos a vida autêntica,
mas transformada pelo teatro
no mais singular dos espetáculos.[36]

Esse trecho é dirigido explicitamente ao Teatro de Arte de Moscou, que Maiakóvski sempre atacou com ferocidade.

Meierhold também criticava o Teatro de Arte de Moscou. Quando saiu de lá, em 1902, passou a desenvolver toda uma teoria teatral baseada na estilização dos gestos, na convenção. Com o *Mistério-Bufo*, a palavra voltou a ter uma importância muito grande em seu teatro, o ator – um ator tribuno – *defendia* uma nova forma de representar e sobretudo a Revolução: o grotesco, o circo, a pantomima, a propaganda, misturados num *show* de publicidade para a Revolução.

A ordem para Maiakóvski e Meierhold era mudar sempre que necessário um texto, não considerar nada sagrado, ultrapassar os limites do presente, acarretando uma nova ordem para o teatro:

Em 1918, Meierhold juntou-se ao Partido Bolchevique e aceitou o posto de diretor-assistente da Sociedade de Artistas de Petrogrado. Toda atividade teatral – tanto na área de organização como na de direção – durante outubro e a guerra civil se deu firmemente no campo da agitação. Meierhold, como observou Lunatchárski [em *Sobre Teatro e Dramaturgia*], era capaz de adaptar o futurismo para o período do teatro-cartaz da nossa Revolução. Cartazes e reuniões eram necessários para a Revolução e, em certo grau, ele fez as pazes com a abordagem futurista. O futurismo poderia produzir o cartaz e poderia promover uma reunião inteligente.

É necessário esclarecer que, nos artigos e discursos de Lunatchárski nos anos 1920, o conceito de futurismo é usado num sentido muito amplo. Quando Lunatchárski fala dos futuristas, ele tem em mente todos os artistas de esquerda das mais variadas tendências – começando com os futuristas

---

36 *Sobranie Sotchinenii v Vos'mi Tomakh*, t. I, p. 259-260. Trad. Luiz Sampaio. A referência às personagens de Tchékhov é óbvia.

MEIERHOLD: UMA POÉTICA EM CENA   103

propriamente ditos, os cubistas e suprematistas e terminando com os ima-
gistas. Meierhold é denominado por Lunatchárski como futurista.[37]

Embora Lunatchárski não fosse um admirador do futurismo,
era lúcido para admitir todas as tendências em arte, dizendo
mesmo que todas elas tinham o direito de existir. É quase
ingênuo o fato de estudiosos de Meierhold e Maiakóvski apres-
sarem-se a desfazer o equívoco de Lunatchárski: Meierhold não
era futurista nem no espetáculo *Mistério-Bufo*.
Mas o que era ser *futurista*? Era ultrapassar os limites da
normalidade? Era utilizar o grotesco, a hipérbole ou a síntese?
Em 1922, e portanto depois da estreia da segunda variante
do *Mistério-Bufo*, na "Carta Sobre o Futurismo", Maiakóvski
escreveu:

Antes da Revolução de Outubro, o futurismo não existiu na Rússia como
corrente única, claramente formulada.
    Os críticos batizavam com esse nome tudo o que era novo e
revolucionário...
    [...]
    A Revolução de Outubro separou o nosso grupo de numerosos grupos
pseudofuturistas, que se afastaram da Rússia revolucionária, e nos congregou no grupo dos "comunistas-futuristas", cujos problemas literários
consistem no seguinte:
    [...]
    [...]ressaltar o berrante de cartaz que há na palavra etc.
    [...] E no que se refere à prosa:
    [...] até agora, os futuristas produziram sobretudo versos. Pois na
época revolucionária, quando o cotidiano ainda não se afirmou, exige-se
poesia de slogans, que atice a prática revolucionária, e não um relacionar
nestoriano dos resultados desta prática".[38]

37   K. Rudnitsky, op. cit., p. 252. A despeito da afirmação de Maiakóvski, é inegável
     o impacto do futurismo sobre ele e sobre o cubofuturismo russo.
38   B. Schnaiderman, op. cit., p. 191-193. Com relação à denominação de "futu-
     rista" para os artistas revolucionários, Boris Schnaiderman explica em nota
     na mesma obra, p. 89-90: "Trata-se de um vezo muito comum na época,
     em diferentes países. Mário da Silva Brito, em sua *História do Modernismo
     Brasileiro*, v. I, p. 167, 169, 234, 238, 318, 319, conta bem como os modernistas
     brasileiros aceitaram o qualificativo de futuristas, que lhes fora dado como
     um pejorativo, e como semelhante aceitação teve caráter de desafio. Foi tam-
     bém o que aconteceu com o futurismo russo.
         Conservou-se por muito tempo o costume de designar como futurista tudo
     o que fugisse às normas tradicionais do gosto [...] O fato parece ter, no entanto,
     alcance universal. Benjamin Goriély escreveu [...] 'O termo futurismo serve ▶

Esse "ressaltar o berrante de cartaz que há na palavra" unido a "exige-se poesia de slogans, que atice a prática revolucionária", são absolutamente adequados também para *Mistério-Bufo*. Existe aí toda a sua experiência com o trabalho na ROSTA[39], as janelas.

Maiakóvski (como os nossos modernistas) estabeleceu também uma proximidade com a linguagem do circo, tendo inclusive, na montagem da segunda variante, Lázarienko, o famoso palhaço russo, como um dos atores. Autor e diretor tiveram toda sorte de dificuldades com a peça[40], mas a pior, a que perdurou e continuou em vários níveis para Maiakóvski, principalmente, foi a crítica malévola, que imprimiu um rótulo que iria persegui-lo até a morte (e, talvez, mesmo depois): incompreensível para as massas. No entanto, há depoimentos de contemporâneos do poeta que declaram que *Mistério-Bufo* (o espetáculo) teria influenciado as representações populares na Rússia entre 1919 e 1921[41].

É com a primeira variante que se inicia o teatro voltado, pelo menos teoricamente, para o proletariado e que começam as primeiras mudanças no teatro, daí ao Outubro Teatral: polêmico, atacado, mas que muda não só o palco, mas a plateia, isto é, como o teatro deve ser entendido – palco (ou qualquer lugar onde se desenvolve a representação) + plateia. A ideia do Outubro Teatral, além da sua evidente marca política, era revolucionar a arte teatral exatamente naquilo que ela não podia mais ser para expressar a Revolução: *teatro-templo*. "É possível entrar na plateia durante a representação. Expressões de aprovação (aplausos) e de protesto (assobios) são permitidos. Os atores respondem aos apelos depois de cada cena e durante a representação."[42]

▷ ao povo até hoje para indicar fenômenos artísticos e literários extravagantes ou bizarros que provocam um choque emotivo." O fato de os modernistas aceitarem o termo "futurista" vai ao ponto de Oswald de Andrade, em *O Rei da Vela*, descrever no cenário do primeiro ato um divã futurista.

39 "Maiakóvski trabalhou na ROSTA (Rossíiskoie Teliegráfnoe Águienstvo [Agência Telegráfica Russa]), desenhando cartazes e escrevendo versos, entre outubro de 1919 e janeiro de 1921. Eram as 'janelas da ROSTA', que se tornaram famosas". Cf. B. Schnaiderman, op. cit., p. 147-148, nota 75.

40 Ibidem, p. 146-147n72 e 148n77.

41 A.M. Ripellino, op. cit., p. 88.

42 K. Rudnitsky, op. cit., p. 279.

MEIERHOLD: UMA POÉTICA EM CENA

Na apresentação da segunda variante do *Mistério-Bufo*, no RSFSRI[43] (que, aliás, só foi apresentado depois de muita briga e por esforço de Meierhold e Maiakóvski[44]) fica claro até onde se instaura uma nova poética para o teatro; e finalmente a peça[45] tem aceitação do público: a estreia é no dia 1º de maio, para a comemoração do Dia do Trabalho, e fica em cartaz até 7 de julho de 1921. E. Béskin, descrevendo o espetáculo, registra as mudanças do novo teatro:

Não há palco e plateia. Há uma plataforma monumental que avança até o meio da plateia. Sente-se que ela está confinada entre essas paredes. O palco necessita de uma praça, de uma rua. Essas centenas de espectadores presentes na casa de espetáculos não são suficientes para ele. Ele exige a massa. Ele se desvinculou da maquinaria do palco, expulsou os urdimentos e se lançou até o teto do edifício. Derrubou os telões suspensos da arte decorativa morta. Ele é todo construído, construído com leveza, de acordo com a situação, comicamente, com bancos de madeira, cavaletes, pranchas, divisões e escudos pintados. Ele não copia a vida com suas cortinas esvoaçantes e grilos idílicos. É todo composto de relevos, de contrarrelevos e linhas vigorosas, fantasticamente entrelaçadas impressionando os olhos, mas extremamente simples. Porém, cada relevo, cada linha, vai atuar em cena, ganhará significado e movimento quando o ator passar sobre ele e o som de sua voz o atingir... Os atores vêm e vão sobre o palco-plataforma. Os trabalhadores, diante dos olhos do público, movem o cenário, dobram-no, martelam, desmantelam, levam-no e trazem-no. O autor e o diretor estão aqui presentes. A representação acaba e alguns atores, ainda vestidos com os trajes de cena, se misturam com o público. Isso não é um "templo" com sua grande mentira de "mistério" da arte, essa é a nova arte proletária.[46]

Maria Sukhânova, atriz que trabalhou várias vezes com Meierhold, inclusive no *Mistério-Bufo* (interpretava um anjo), também fala a respeito:

O palco foi quebrado. A ação foi trazida para a plateia, e para isso várias filas de cadeiras foram removidas dos balcões. De frente, no primeiro plano, foi

43 RSFSR I, Primeiro Teatro da República Soviética Federativa Socialista da Rússia. Existiu entre 1920 e 1921.

44 Cf. A.M. Ripellino, op. cit., p. 98-99.

45 *Mistério-Bufo*, segunda variante, de Vladímir Maiakóvski, direção de V.E. Meierhold, assistente de direção V.M. Bebutov, cenógrafos: V.P. Kissiliev, A.M. Lavínski e V.L. Khrakovski.

46 E. Béskin, Revoliútsiia i teátr (Revolução e Teatro), *Véstnik Rabótnikov Iskússtv* (Boletim dos Trabalhadores da Arte), n. 7-9, 1921, p. 31, apud K. Rudnitsky, op. cit., p. 279.

106 UMA POÉTICA EM CENA

construído um globo da terra, ou melhor, um pedaço do globo. Os bastidores foram todos removidos. O céu foi construído sob o teto bem no fundo do palco. Alguns de nós no "Céu" (eu era um anjo) permanecíamos de braços abertos e, atrás de nós, asas brancas feitas com arame fino coberto por gaze tremulavam com todo o movimento de asa. Os diabos ficavam na base do globo. Objetos e máquinas foram colocados nos camarotes. O Homem do Futuro aparecia no portal direito do palco (olhando a plateia) bem perto do teto, numa plataforma especialmente construída.[47]

Rudnítski comenta que

a ação consequentemente foi empurrada para os balcões e para os camarotes, enquanto no palco representava-se em vários planos localizados na vertical (em vários "pavimentos"), começando no mais baixo, onde se localizava o "Inferno", até os urdimentos, onde se localizava o "Céu". Uma estrutura grande e volumosa de madeira não representava a Arca, todavia parecia o convés de um navio com as suas escadas e as estreitas passarelas para marinheiros. A representação era inventiva e divertia. O Esquimó sentava-se no topo da meia-esfera, onde se lia "Terra". Ele tampava um buraco com o dedo, salvando o mundo do dilúvio. O "Conciliador", por desgraça, caía pelo meridiano dessa meia esfera e ia para o chão. Quando era necessário mostrar o Inferno, a "Terra" girava e, de um corte aberto nela, os diabos saltavam para fora e imediatamente começavam a dançar e pular barulhentamente, pendurando-se em trapézios de circo. À esquerda, praticamente do topo do palco, uma torre rosa e azul lembrava um semáforo.[48]

Em mais um trecho de descrição do espaço para *Mistério-Bufo*, M. Tarabúkin descreveu:

O aspecto visual de *Mistério-Bufo* constrói uma ponte para o construtivismo. O chão do palco é "removido". O espaço do palco tem três níveis horizontais... Escadas, andaimes e plataformas criam elementos para colocar o desempenho do ator no mais alto relevo. O cenário para *Mistério-Bufo* pode ser considerado Construtivista de um certo ponto de vista. Vemos aqui elementos de arranjo. Ele inclui também traços de ordem arquitetural. Pode ser considerado o núcleo do qual duas tendências básicas começaram a se desenvolver no teatro: Construtivismo e Qualidade Arquitetural. Ambas as tendências são evidentes em *Mistério-Bufo*, mas as duas em uma forma embrionária, rudimentar. Havia aqui mais de decorativo, de suporte.[49]

47 K. Rudnitsky, op. cit., p. 274.
48 Ibidem.
49 Ibidem, p. 275.

MEIERHOLD: UMA POÉTICA EM CENA 107

É importante observar nesses depoimentos que havia uma verticalidade para o cenário e que foi quebrada a barreira palco-plateia. O espetáculo invadia a plateia, o que, segundo Rudnítski, dava ao ator um grande espaço para a improvisação e para demonstrações físicas (circo, trapézio etc.) com as quais Meierhold já havia começado a trabalhar no Estúdio da rua Borodínskaia[50].

Muitas cenas do espetáculo aconteceram no palco, mas a maioria delas invadiu a plateia, e a relação espetáculo-público era predominantemente a cena sem limite.

Por meio das narrativas acima chega-se a compreender o que significa o *Mistério-Bufo*, de 1921, ter sido considerado o novo teatro e se esclarece o fato de muitos contemporâneos de Meierhold-Maiakóvski considerarem essa montagem construtivista. Na verdade, começa-se a falar em construtivismo como a nova poética do teatro meierholdiano, com a montagem de *O Corno Magnífico*, de Crommelynck, em 1922, com cenários de Liubóv Popova[51] e V.V. Liutsé[52], que estreou em 25 de março de 1922, no ateliê livre de Meierhold, perto do GVTM[53], e logo em seguida *A Morte de Tariélkin* (segunda versão cênica), de Aleksandr Sukhovo-Kobúlin[54], com os cenários de Varvára F. Stepânova[55], tendo como assistente de direção Serguéi Eisenstein.

Em 1919, por ocasião da primeira variante / primeira montagem *Mistério-Bufo*, o construtivismo já estava ao menos delineado e, em 1921, completamente estruturado, quando aconteceu a montagem da segunda variante. Resta verificar, aprofundadamente, quais as raízes do construtivismo na peça.

Entretanto, foi a montagem da segunda variante que alçou os dois artistas, Maiakóvski e Meierhold, a porta-vozes da Revolução e de uma arte revolucionária nos primeiros anos da Revolução de Outubro. E se, no final de 1921, o Outubro Teatral já estava praticamente esgotado, se Lunatchárski não

50 Ibidem.
51 Liubóv Popova (1889-1924) foi pintora e cenógrafa.
52 V.V. Liutsé (1904-?), ator e cenógrafo do Teatro Meierhold.
53 GVTM (Gossudárstvenie Visshie Teatrálnie Masterskie), designação do Estúdio Meierhold entre 1921-1922.
54 Aleksandr Sukhova-Kobúlin (1817-1903), dramaturgo. Meierhold encenou sua trilogia: *As Bodas de Kretchenski*, *O Encontro* e *A Morte de Tariélkin*.
55 Varvára Stepânova (1892-1958), artista plástica, cenógrafa, mulher de Aleksandr Rodchenko.

108 UMA POÉTICA EM CENA

defendia mais o *Mistério-Bufo* e havia uma certa frieza sua em relação ao Outubro Teatral, se a tendência em todo o país era de exaustão do movimento (não se esquecendo de que o *modo* do *Mistério-Bufo* foi extremamente imitado), ambos os artistas criaram *juntos* um novo teatro: uma nova forma de relacionar-se com a plateia; uma nova maneira de estruturar o espaço cênico, a música, lidando com as *máscaras sociais*,

um teatro de amplas generalidades, desinteressado pela alma e o destino do homem individual, mas apaixonadamente interessado no destino e na luta das classes sociais. Esses problemas foram importantíssimos no desenvolvimento de significados especiais para a expressão no palco, que subsequentemente seriam incluídos nos arsenais de Brecht, Piscator e outros mestres do teatro político[56].

Os Debates do Novo-Teatro

Entre a montagem da primeira variante do *Mistério-Bufo*, em 1918, e a da segunda, em 1921, quando Meierhold e Maiakóvski trabalharam estreitamente juntos, o encenador montou, em 1920, *As Auroras*[57]. Ali, ele fez a *montagem* do texto: fez cortes, introduziu notícias dos acontecimentos do dia. Precedeu, assim, Maiakóvski exatamente na forma de utilizar o texto escrito.

Nesse espetáculo, Meierhold suprimiu a ribalta, utilizou amadores e o próprio público para as cenas de multidão, inclusive os soldados do Exército Vermelho. A representação sai do palco e mistura-se com a plateia.

Tal procedimento de dessacralização do teatro como templo (tão utilizado também em *Mistério-Bufo*) provocou os protestos mais veementes de críticos, de pessoas ligadas às artes e da própria Krúpskaia, mulher de Lênin, que protestou violentamente contra a montagem, através do *Pravda*.

56 K. Rudnitsky, op. cit., p. 281.
57 *As Auroras*, de Émile-Verhaeren (1855-1916), tradução para o russo de G. Tchulkóv; composição do texto de V. Meierhold e V. Bebutov; também assistente de direção; cenografia de Vladímir V. Dimítriev (1900-1948); estreia em 7 de novembro de 1920, no Teatro RSFSR I, Moscou. Valiérii Mikhailovitch Bebutov (1885-1961) foi diretor de teatro, professor de teatro no Estúdio de Meierhold e coautor, com Meierhold e I. Aksionov, do *Amplua Aktera* (O Papel do Ator, 1922).

MEIERHOLD: UMA POÉTICA EM CENA 109

Vsévolod Emílievitch utilizou um velho edifício de teatro de operetas chamado Zon, em Moscou, depois RSFSR I, para a montagem. O prédio, segundo os estudiosos, era absolutamente desconfortável e o público não era mais aquele do aprazível Alexandrínski: compunha-se agora de operários e soldados. O crítico B. Alpers descreve o local do seguinte modo:

Era um local comum de comícios, com as paredes cobertas de manchas de umidade, o ar úmido azulado. As portas desse teatro não tinham bilheteiro. Ficavam abertas, e a neve entrava no *foyer* e nos corredores, obrigando os presentes a levantar a gola dos capotes. Descascados, os parapeitos dos palcos. As cadeiras e os bancos amontoavam-se de qualquer jeito, rompendo a regularidade das filas. Nos corredores era permitido assar nozes e fumar *Makhorka [nicotiana rustica]*.[58]

Com esse tipo de espaço para o espectador, é claro que o espaço cênico deveria sofrer uma outra abordagem: utilizou-se, contudo, a cena italiana, deixando o espaço todo vazio, com uma cenografia que hoje é chamada de expressionista pelos estudiosos de Meierhold. O cenógrafo foi o futurista Vladímir V. Dmítriev.

Em *As Auroras*, não há ainda as construções, que aparecerão nos espetáculos construtivistas propriamente ditos, mas há escadas e cubos revestidos de pano e pintados com cinza-prateado; um conjunto de cordas prendia-se do chão até os urdimentos; um conjunto dos contrarrelevos de Tátlin, de formas geométricas abstratas: dois círculos de madeira, um dourado e um vermelho e um triângulo de lata cintilante, como que suspensos no ar.

Esses cubos serviam de tribunas para os atores (que eram agora atores-tribunos), isto é, a representação basicamente se estabelecia a partir de propostas políticas, com a postura de um tribuno. Mas havia um coro (escondido na orquestra), cujas intervenções eram intercaladas com os monólogos dos tribunos; um mensageiro, que todas as noites lia as notícias sobre as vitórias do Exército Vermelho; e soldados que subiam ao palco seguidos por bandas e estandartes.

---

58 Boris V. Alpers, *Tieatr Sotsialnoi Maski* (Teatro de Máscara Social), Moskva/Leningrad, 1931, p. 23, apud Ripellino, p. 124.

110 UMA POÉTICA EM CENA

Nesse espetáculo os atores já não usavam maquiagem, como, de forma intencional, será de praxe nos espetáculos construtivistas.

Embora possamos considerar que houve uma primeira quebra da divisão entre palco e plateia na montagem de *As Auroras*, isso aconteceu de forma muito mais evidente na montagem de *Mistério Bufo* (2ª variante), como já dissemos.

Maiakóvski também não aplaudiu essa montagem, mas defendeu o teatro de Meierhold com veemência. Ele critica a montagem de *As Auroras* de uma forma totalmente oposta aos críticos, a Krúpskaia e a Lunatchárski: ele detestava o fato de Meierhold ter trabalhado com um texto *antigo*, mas valorizava toda a inovação do teatro feita pelo diretor. Os críticos, ao contrário, consideravam absurdo não o fato de Meierhold ter montado a obra, mas ter *mexido* no texto e dessacralizado o teatro.

Justiça seja feita a Lunatchárski: ele concorda com Maiakóvski ao considerar o espetáculo revolucionário como teatro. O que provoca a discussão entre Maiakóvski e Lunatchárski é a posição do último de ir contra os *elementos futuristas* da montagem e os *cenários suprematistas*[59].

Atendendo à convocação de Lunatchárski, "Voltemos a Ostróvski", Meierhold encena, em 1923, *Um Posto Lucrativo*[60] e, em 1924, *A Floresta*[61].

Um Posto Lucrativo não teve a recepção dos outros espetáculos de Meierhold (com estardalhaço e críticas da imprensa). Passou quase despercebido. Com esse espetáculo, é como se Meierhold quisesse ter dado um passo para trás. Tudo estava no

---

59 Restaram alguns documentos escritos dos debates sobre o espetáculo. Ao primeiro debate público, realizado a 20 de novembro de 1920, estiveram presentes, entre outros: Meierhold, Maiakóvski, Óssip Brik, Lunatchárski, A. Gane. Nessa ocasião, Maiakóvski e Lunatchárski desenvolvem uma polêmica. Maiakóvski publica "Carta Aberta a Lunatchárski" (no *Vestnik Teatra*, n. 75, 1920); Lunatchárski responde (no *Vestnik Teatra*, n. 76-77, 1920) com o artigo "Aos Meus Contraditores". Meierhold escreve também no mesmo número (76-77), "J'accuse", no qual faz referência ao artigo de Lunatchárski mencionado acima (cf. *Státi, Pisma, Retchi, Besedi*, t. II, p. 21-22).

60 De A. Ostróvski; assistente de direção: A.B. Velijiév; cenografia: V.A. Chestákov; local: Teatro da Revolução, Moscou; estreia em 15 de maio de 1923.

61 De Ostróvski; composição do texto: Meierhold; cenário: planos de Meierhold e execução de V.F. Fedoróv; local: TIM, Moscou; estreia em 19 de janeiro de 1924.

MEIERHOLD: UMA POÉTICA EM CENA 111

lugar: portas, paredes etc. Do construtivismo talvez só tivesse mesmo a enorme rampa-escada, usada por Chestákov.

Com *A Floresta*, Meierhold já está longe dos seus espetáculos construtivistas propriamente ditos, embora de novo haja *construções* em cena. A história é *recontada* através de episódios. Os atores usam figurinos e maquiagem. O palco foi transformado em um sistema móvel de coisas e objetos, *o centro do qual era o próprio ator*. O ator cruzava o palco interpretando pequenas pantomimas, farsas e *sketches,* enquanto objetos atrás dele, movidos por detrás do palco, iam voando de um lugar para outro. Diante dos espectadores passavam objetos enormes como um piano, além de panelas, potes, lenços, pistolas etc...

A polêmica voltou. E uma das causas foi o nome de *Meierhold aparecer nos programas como compositor do texto, sem que ali aparecesse o nome de Ostróvski!*

Maiakóvski era contra essa volta aos clássicos, e na sua intervenção no debate "O Pintor no Teatro de Hoje"[62] ele diz:

Se vocês não derem aos atores uma construção vocabular, o teatro estará morto. Um tom magnífico, no que tange aos cenários, encontrado pelos pintores, foi destruído por uma peça inapelavelmente ordinária e cacete, como é *As Auroras*. Mas a frente revolucionária se esclarece e se regulariza, e depois que as pessoas virem *As Auroras*, talvez até mal dirigidas, ao voltarem ao lugar de origem, hão de carregar consigo esse projeto e *não precisarão mais dos "matinhos" de Ostróvski.*

Maiakóvski, como se vê mais uma vez, não suportava essa *volta ao passado*, exortava, isso sim, a encenação de novos dramaturgos. E condenava não tanto Meierhold, mas Lunatchárski, sobretudo por essas montagens dos clássicos.

Se Meierhold sempre soube ver o dramaturgo em Maiakóvski, a ponto de montar as suas peças e sempre defender as suas posições, a recíproca também foi quase sempre verdadeira. Talvez tenha sido na "Intervenção no Debate Sobre a Encenação

---

62   B. Schnaiderman, op. cit., p. 312. Boris Schnaiderman esclarece em nota (p. 312, n1) que: "No debate sobre a encenação de As Auroras de Verhaeren, ocorrido em 22 de novembro de 1920, decidira-se promover, cada segunda-feira, debates teatrais (que passaram a denominar-se "As segundas-feiras das Auroras"), no local onde se exibia a peça [...]. E uma dessas segundas-feiras, a 3 de novembro de 1921, foi dedicada ao tema: o pintor no teatro de hoje".

112 UMA POÉTICA EM CENA

de *O Inspetor Geral*"[63], a 3 de janeiro de 1926, porém, que Maiakóvski expôs de maneira clara a ligação entre os dois artistas: não a ligação de amizade, mas a que se refere ao próprio teatro. É nessa intervenção também que se expõe aquela figura do poeta, que passa para seus leitores em sua poesia e talvez até o homem biográfico.

A intervenção de Maiakóvski começa assim: "[Risos] Por que estão rinchando, companheiros? Esperem um pouco." Esse *rinchar* é explicado por A. Fevrálski:

Maiakóvski saiu para o proscênio, dando um passo por cima de uma cadeira. Aquele movimento abrupto frisou sua descomunal estatura e também a sua intenção de aniquilar o orador precedente, Prof. Srietiénski, de Rostóv-do-Don, que expusera um ponto de vista com o qual Maiakóvski estava em completo desacordo. O matiz cômico, que Maiakóvski deu à sua entrada na discussão, provocou risos na sala. Daí sua réplica sobre o *rinchar*.[64]

Esse escrito taquigráfico da intervenção de Maiakóvski é completamente entremeado pelo tom irônico do poeta ao longo do debate. Ele vai colocando pontos de oposição ao que a imprensa falava sobre o espetáculo e, na defesa deste, argumenta com o seu próprio ponto de vista sobre teatro, que é parecido com o de Meierhold:

A primeira objeção é de natureza acadêmica. Estou muito satisfeito porque o respeitável catedrático de Rostóv colocou aí o seu selo doutoral. (*Aplausos*). É a objeção sobre os "acréscimos". O homem examina o caso como se redigisse uma ata: a frase a emitir estava numerada, e Deus nos livre de modificá-la. Ele tem consigo o original, consulta-o a todo momento e já o sabe de cor. Sua tarefa consiste em conferir o original com aquilo que sucede no palco. Se tudo se fez corretamente, as coisas vão bem e ele volta satisfeito para casa: segundo seus textos e sua cátedra, não há transgressões, e ele pode prosseguir sua vida tranquila, uma vida equilibrada de professor-catedrático.

Para mim, como lefiano[65] e futurista, semelhante correspondência entre o texto e aquilo que acontece no palco não é uma qualidade, mas um defeito colossal, seria o fracasso do espetáculo.

---

63 Cf. B. Schnaiderman, p. 303-308 e p. 313n1.
64 Ibidem, p. 313n2: a explicação a propósito de "rinchar" é a "transcrição de um trecho das reminiscências de A. Fevrálski sobre Maiakóvski".
65 Ibidem, p. 148n81: *Lef,* sigla de *Liévifront* (Frente de Esquerda), revista que congregou os futuristas e foi "a porta-voz da 'esquerda' nas artes, isto é, dos escritores e artistas que se identificaram com o regime, mas achavam que a revolução social tinha de ser acompanhada de uma revolução autêntica nas artes".

MEIERHOLD: UMA POÉTICA EM CENA 113

[...] E, quanto a mim, todo o valor do espetáculo está na habilidade do diretor ao modificar o autor, em sua ânsia de avivar desta ou daquela maneira o espetáculo e oferecê-lo em forma de sátira agudíssima, com aquele mesmo caráter direto e mordaz, com aquela grandeza perturbadora com que o fez Gógol.[66]

Em 1926, época de estreia de *O Inspetor Geral*, é quase lugar--comum a discussão a respeito de Meierhold modificar o texto escrito nas suas montagens. Ele já havia feito isso em *As Auroras*, o próprio Maiakóvski havia modificado o *Mistério-Bufo*; Meierhold, aliás, procedeu assim não só com os clássicos, mas até mesmo com dramaturgos seus contemporâneos, como Erdman e Faikó. Ele não chamava os dramaturgos para mudar o texto: ele mesmo o fazia. Houve muito conflito com os dramaturgos por causa disso.

Porém, o único dramaturgo que nunca teve nenhuma vírgula modificada por Meierhold foi Maiakóvski e o único dramaturgo que podia seguir *todos* os ensaios de sua peça era Maiakóvski.

Claro, qualquer pessoa que tome conhecimento desse fato se pergunta: por quê? Por que Meierhold modificava, *montava*, qualquer peça, menos as de Maiakóvski? Essa pergunta é aparentemente fácil de responder: porque era o próprio Maiakóvski quem modificava o que fosse necessário, por estar sempre presente ao lado de Meierhold nos ensaios.

Todavia, por que os outros dramaturgos eram proibidos de ficar nos ensaios, por que Meierhold não lhes permitia assistir aos ensaios de suas peças? O diretor explicou:

Tem-me sido feita várias vezes uma pergunta extremamente ingênua, que está ainda hoje nas páginas dos jornais de teatro: quem é a figura dominante na encenação de uma peça – o diretor ou o dramaturgo? Na minha opinião, o que é dominante é a ideia, não o assunto de que ela trata: qualquer um dos membros deste duunvirato (autor - diretor) tem o maior significado; o mais ativo, o que tiver a ideia mais perspicaz, passa a ser então "dominante". Em muitas relações com Faikó[67] e provavelmente com Erdman[68] eu era "dominante", mas no caso de Maiakóvski, eu devo admitir com toda honestidade que o quadro foi diferente.[69]

66 B. Schnaiderman, op. cit., p. 304-305.
67 Alexei Mikhailovitch Faikó (1893-?), dramaturgo contemporâneo de Meierhold, escreveu, entre outras, *O Lago Liul* (1923) e *O Professor Bubus* (1924).
68 Nicolai Robértovitch Erdman (1902-1970), dramaturgo e roteirista de cinema, autor de *O Suicídio* (1932) e *O Mandato* (1925).
69 A. Gladkóv apud P. Schmidt, op. cit., p. 216.

114 UMA POÉTICA EM CENA

E, em outra ocasião, acrescentaria:

Durante todos estes anos de teatro tenho dirigido peças. Eu nunca me dei ao luxo de permitir que o dramaturgo participasse do trabalho de direção. Eu sempre tentei manter o autor o mais longe possível do teatro, quando eu estava dirigindo sua peça, porque um dramaturgo só poderá interferir como um genuíno diretor artístico. No caso de Maiakóvski eu não somente lhe permitia como simplesmente não podia começar a trabalhar sem ele... Maiakóvski estava sempre presente no meu primeiro ensaio.[70]

Pelo menos, aparentemente, se esclarece o fato de Meierhold permitir a Maiakóvski que assistisse a seus ensaios: Maiakóvski, para Meierhold, era também um *diretor* em relação às suas próprias peças *e não um dramaturgo defendento o texto escrito, contra a direção*. E Meierhold lhe permitia interferir na sua direção, porque obviamente concordava com suas sugestões. Aliás, nesse conchavo, eles criavam juntos uma nova poética para o teatro.

Há muitas referências acerca do mútuo respeito entre eles. Rudnítski, Paul Schmidt, Angelo Maria Ripellino, Edward Braun e Marjorie Hoover citam constantemente os contemporâneos dos dois artistas a propósito do respeito que um tinha pelo outro. As citações acabam sendo repetidas, mas é, sem dúvida, porque os depoimentos de pessoas que conviveram e trabalharam com Meierhold e Maiakóvski são absolutamente importantes para se estabelecer essa relação de trabalho. Assim, sem muita originalidade, repetimos também nós essas narrativas:

Para Maiakóvski, embora ele não levasse em grande conta as autoridades reconhecidas nas artes, Meierhold era a maior autoridade em matéria de teatro. Mais tarde, durante o trabalho com *O Percevejo* e *Os Banhos* e em outras ocasiões, eu pude observar, mais de uma vez, a atenção com que ele ouvia as palavras de Meierhold, quão ansiosamente ele introduzia em suas peças acréscimos e correções sugeridos por Meierhold. Meierhold pertencia ao raro número de pessoas com as quais Maiakóvski usava o prenome familiar.[71]

Muitas vezes era Maiakóvski quem solicitava de Meierhold uma mudança na cena e era igualmente atendido:

70 Ibidem, p. 216n68.
71 P. Schmidt, op. cit., p. 216.

MEIERHOLD: UMA POÉTICA EM CENA · 115

Algumas vezes, vendo um ensaio, Maiakóvski podia voltar-se para Meierhold. "Vsévolod, posso mostrar a eles como eu gostaria disto?" "Vá em frente, Volódia!" E Maiakóvski subia no palco e juntava-se ao ensaio dos atores.[72]

Outras vezes Maiakóvski discordava de alguns aspectos do teatro de Meierhold, e normalmente era a propósito do repertório, mas ele tinha a lucidez de saber *por que* discordava, mas não discordava nunca do *espetáculo* de Meierhold. Falando das objeções que ele fazia ao *Inspetor Geral*:

A segunda objeção é quanto à encenação de Gógol em geral: será preciso encenar *O Inspetor*? Nossa resposta de lefianos é, naturalmente, negativa. Não se deve encenar *O Inspetor*. Mas de quem é a culpa se o encenam? Será apenas de Meierhold? E Maiakóvski não é culpado se recebeu um adiantamento, mas não escreveu a peça[73]. Sou também culpado. E Anatóli Vassílievitch Lunatchárski não é culpado quando diz: "Voltemos a Ostróvski"[74]? É culpado, sim.[75]

Maiakóvski reclama de *não haver repertório contemporâneo*; essa é uma reclamação de todas as épocas, de todas as pessoas ligadas a teatro. Talvez as poucas exceções estejam na *Commedia dell'Arte*, em Shakespeare, em Brecht – por razões óbvias: Shakespeare e Brecht eram dramaturgos-diretores e a *Commedia dell'Arte* não produziu propriamente um estatuto do texto escrito, produziu esquemas, pelos quais se improvisava, e é aí que se constitui a sua importância. Entretanto, mesmo Brecht se utilizou de peças *clássicas*, reescrevendo-as.

É aqui que existe um aspecto no teatro de Meierhold que não foi devidamente avaliado: a sua *dramaturgia*. Ora, ao *montar* uma peça, Meierhold, como tanto se fala, deixou outros *textos* que não os originais dos dramaturgos. Como são os cortes e as interpolações dos outros *textos* em *O Inspetor Geral*? Em *A Morte de Tariélkin*? Em *A Floresta*? Em *As Auroras*? etc., etc.

72 Ibidem, p. 386. Schmidt cita trechos de depoimentos sobre os ensaios das peças.
73 Em março de 1926, Maiakóvski assinou um acordo com o Teatro V. Meierhold, se comprometendo a entregar a sua Comédia com Assassínio, mas nunca o fez. Cf. B. Schnaiderman, op. cit., p. 314n8.
74 Lunatchársk falara em artigo da necessidade de "voltar a Ostróvski" e aprender com ele "certos aspectos do ofício". Cf. B. Schnaiderman, op. cit., p. 314n9.
75 Cf. Boris Schnaiderman, op. cit., p. 251.

Acreditamos que nem mesmo Maiakóvski avaliou a importância dos *novos textos* que Meierhold produzia a cada montagem; está por se avaliar Meierhold dramaturgo! Além disso, muitas vezes, quando surge uma nova dramaturgia, ela não é devidamente reconhecida pelos contemporâneos, como foi o caso do próprio Maiakóvski, ou ela é proibida, como foi Oswald de Andrade no Brasil, sem falar da dramaturgia do final dos anos 1960 e 1970 em nosso país.

Há um certo exagero também nessa posição de Maiakóvski de ser absolutamente contra a encenação dos clássicos. Ele não era apenas contra a retomada dos clássicos, ele era *categoricamente* contra o que explicita com clareza sua posição diante da arte do teatro: não basta o texto encenado ser novo, é necessário que o texto escrito também seja. Assim sendo, era necessário que o texto escrito expressasse as circunstâncias da União Soviética daquele momento. Maiakóvski disse isso muitas vezes, inclusive em muitos poemas. Ele mesmo, como *ator único*, lendo seus poemas por toda a União Soviética, se preocupava em desenvolver uma espécie de diálogo novo com a sua plateia, mesmo que fosse, muitas vezes, respondendo de forma irônica a essa mesma plateia:

Pegue um verdadeiro poeta – ele não é um ditador de moralismos, ele não é mais um poeta nesse sentido da palavra; mas no meio da dissenção e do barulho e da conversa, ele capta a coisa essencial: um sentido de como as palavras se alteram, dos novos *slogans* e das formas de falar que a Revolução configurou. Não é mais a velha linguagem de Ostróvski. Ele quer que as falas do palco sejam respondidas pelas falas da plateia e que elas tenham a mesma vida do poeta.[76]

O Trabalho Com O Percevejo

Em 1928, portanto sete anos após a montagem da segunda variante de *Mistério-Bufo*, e de haver montado os clássicos e também muitos contemporâneos, Meierhold defronta-se novamente com o problema do repertório. Desde 1926, Maiakóvski estava devendo uma peça para o teatro de Meierhold. A *Comédia Com Assassínio* acabou ficando em esboço. Em

---

76 V. Maiakóvski, *Polnoe Sobranie Sotchinenii v 13 Tomakh*, v. XII, p.255.

MEIERHOLD: UMA POÉTICA EM CENA   117

1928, Meierhold cobra a peça a Maiakóvski e, num telegrama da cidade de Sverdlóvsk, no dia 4 de maio, dá-lhe um *ultimatum*:

Apelo ao seu bom senso pela última vez. Teatro agoniza. Não há peças. Obrigam a recusar os clássicos. Não quero abaixar nível repertório. Mande resposta séria. Podemos aguardar sua peça durante o verão? Telegrafe urgente Sverdlóvsk. Hotel Central. Meierhold.[77]

As leituras públicas da nova peça de Maiakóvski, *O Percevejo*[78], iniciam-se em dezembro de 1928, mas mesmo antes Meierhold escreveu um artigo, "Quatro Estreias no Teatro Meierhold: A Nova Peça de Maiakóvski", no *Vetchérniaia Moskvá*, em 27 de dezembro de 1928[79]:

Vladímir Maiakóvski nos leu ontem a peça que ele acabou de escrever, intitulada *O Percevejo*. Com essa peça, Maiakóvski traz *algo de novo no domínio da dramaturgia*, e ao mesmo tempo é uma peça que prima pela virtuosidade de seu estilo. Ela nos lembra aquelas páginas magníficas de Gógol que, quando as lemos, nos deixam uma impressão particular: nem prosa nem poesia. A originalidade que Maiakóvski imprime à estrutura do material verbal dará material a capítulos inteiros de análise científica.

No plano ideológico, a peça é igualmente consistente, é uma *peça autenticamente soviética*. Nela são abordados os temas de nossa vida contemporânea e, ao mesmo tempo, é escrita como os romances de utopia social. A ação se desenvolve com uma impetuosidade extraordinária. Os nove quadros da peça são repletos de dinamismo e de humor. A técnica cênica de construção da peça é nova.

Essa peça ocupará um lugar especial não somente no repertório do nosso teatro, mas no repertório contemporâneo em geral.

Meierhold se refere aí a ao menos três pontos importantes para ele: a peça tem carpintaria teatral, tem uma nova formulação linguística (nem prosa nem poesia) e é soviética.

O quarto ponto, que agradou imediatamente a Meierhold, foi, sem dúvida, a utopia social[80]. Meierhold havia começado a

---

77   Tradução nossa. Meierhold telegrafa a Fevrálski para transmitir o recado a Maiakóvski. Esse telegrama encontra-se nos Arquivos Centrais de Literatura e Arte do Estado. Maiakóvski entrega, em dezembro de 1928, *O Percevejo*. Cf. *Státi, Pisma, Retchi, Besedi*, t. II, p. 174.
78   Esta primeira leitura para Meierhold foi feita na casa de Maiakóvski.
79   *Státi, Pisma, Retchi, Besedi*, t. II, pp. 174-5. Grifos nossos.
80   Sobre a utopia social, ver infra "A Narrativa Pelo Texto Escrito"..

UMA POÉTICA EM CENA

trabalhar numa peça de Serguéi Tretiakóv, *Eu Quero um Filho*, em 1928, uma peça utópica que fazia propaganda da eugenia, não com critérios raciais, mas sim com critérios sociais. A peça foi apaixonadamente defendida por Meierhold, que teve o apoio de Maiakóvski, publicando-se inclusive defesas dela na revista *Nóvii* LEF. El Lissítski trabalhou com Meierhold para compor os cenários. A peça foi *desaconselhada* e, portanto, Meierhold não a montou.

O quinto ponto que agradou a Meierhold: a peça era de Maiakóvski.

No ano de 1928, Meierhold estava em sérias dificuldades – sem repertório, o seu teatro dando prejuízo ao Estado e a imprensa em plena guerra com ele: havia acusações de que pretendia emigrar (como tantos outros artistas já haviam feito). O telegrama que enviou a Maiakóvski, dizendo que "o teatro agoniza", não era hiperbólico. Seu teatro estava realmente à beira do colapso.

Houve muitos outros encontros para a leitura de *O Percevejo*, antes que se começassem os ensaios: um em 30 de dezembro de 1928; outro em 11 de janeiro de 1929, no Clube Revolução de Outubro; um terceiro em 12 de janeiro, na Casa Central da Juventude Comunista de Krásnaia Présnia. Todas as leituras foram feitas por Maiakóvski. Em todas houve debates.

O Percevejo estreia em 13 de fevereiro de 1929, no Teatro Meierhold[81]. Maiakóvski é o assistente de direção. Começam as críticas ferozes da RAPP. Tanto Meierhold como Maiakóvski sabiam que iam enfrentar críticas. Já em 12 de janeiro, na Casa Central da Juventude Comunista de Krásnaia Présnia, distrito de Moscou, Meierhold apontava logo de saída: "Certas pessoas começam a criar um ambiente hostil às nossas novas encenações. Nós estamos prontos para enfrentar os novos combates que nos esperam em fevereiro."

---

81 Os cenários: planos dos quadros 1 a 4 por V. Meierhold, execução de Kukriniksi (Mikhail Kuprianov, Porfiri Krilov e Nicolai Sokilov) e os quadros 5 a 9 tiveram os cenários desenhados por A. Ródtchenko; música: D.D. Shostakóvitch (Meierhold havia solicitado a música para Prokófiev, que estava em Paris, com o balé Le Pas d'Acier, dirigido por Diaghilev). *O Percevejo* foi montado no Brasil, no Teatro Dulcina do Rio de Janeiro, em 1981, com a direção de Luís Antônio Martinez Corrêa.

MEIERHOLD: UMA POÉTICA EM CENA 119

Assim, ao estrear, já havia muita oposição à peça. Meierhold a defende apaixonadamente, apontando elementos que ele considera novos.

É necessário considerar a obra de Maiakóvski como um quarteto de Hindemith. Num mesmo concerto interpretam-se as obras de Hindemith e as obras de Haydn ou de Beethoven. Hidemith faz soar o que é velho de uma maneira tão nova que começamos a compreender suas obras melhor que as de Haydn ou de Beethoven. Dando-nos conta do fato de nossos ouvidos terem assimilado a técnica contemporânea, ele se dá a liberdade de violar as leis da arte de outrora.

Quando abordamos obras como esta de Maiakóvski, é inadmissível ignorar seu aspecto formal. Maiakóvski nos dá uma comédia fantástica, e é através das leis que o autor propôs a ela que é necessário avaliá-la.[82]

[...] Maiakóvski nos faz refletir sobre muitos problemas que já nos pareciam resolvidos. É importante que vocês nos ajudem a mostrar esta peça como um fato novo em nossa cultura. Muitas passagens serão acentuadas de acordo com a reação do público. Se os espectadores tiverem uma atitude passiva diante da representação, provarão que não entenderam o que significa o teatro. Eu proponho aos Jovens Comunistas que formem uma claque ideal. São vocês que devem designar as passagens que merecem ser aplaudidas.

É necessário introduzir paixão no teatro, sob pena de sucumbir à sua putrefação estética.[83]

Maiakóvski, em um dos seus escritos sobre *O Percevejo*, expõe uma posição semelhante à de Meierhold quanto a modificar a peça onde fosse necessário. Aliás, é a posição que eles manterão sempre diante do teatro:

A primeira leitura para aqueles que a representarão, foi uma leitura favorável à comédia. Ao modo que ela foi escrita disseram "bom!" Isto não significa de fato que na minha imaginação a comédia já esteja pronta. As obras de teatro não são obras-primas de arte. A obra de teatro é uma arma da nossa luta. É necessário afiá-la e poli-la, colocando-a frequentemente em contato com a grande coletividade.

---

82 Meierhold parafraseia aqui as palavras de Púschkin, numa carta a A. Bestujev, em janeiro de 1825: "Deve-se julgar um dramaturgo segundo as leis reconhecidas por ele como válidas para sua obra". Cf. *Státi, Pisma, Retchi, Besedi*, t. II, p. 546n2. (Tradução nossa.)

83 *Státi, Pisma, Retchi, Besedi*, t. II, p. 176-8. (Tradução nossa.) Paul Hindemith (1895-1963), violinista, compositor e maestro alemão, adepto da inovação em música, como o jazz e a música eletrônica.

120 UMA POÉTICA EM CENA

Submeteremos a comédia, antes mesmo de sua representação, a um grande número de assembleias de Jovens Comunistas e, se necessário, providenciaremos mudanças no texto e nas situações.

Mesmo refeita e polida, porém, a obra constitui-se somente numa das componentes do todo. A intensidade com que a comédia influi sobre o público pode ser decuplicada (como também destruída) pelos atores, pelos cenógrafos, pelos músicos etc.

Mas o ponto essencial é, sem nenhuma dúvida, o ímpeto que o diretor saberá imprimir-lhe. Eu estou convencido de que será grande.[84]

E em outro trecho do mesmo artigo:

É difícil para mim considerar-me o único autor da comédia. O material elaborado e incluído nela compreende uma porção de fatos ligados à vida cotidiana, juntados com as mãos e a mente de toda parte, durante todo o período do meu trabalho de jornalista e publicitário, especialmente aos ligados ao *Komsomólskaia Pravda*.[85]

Um fato interessante de se ressaltar nesses artigos, tanto de Meierhold como de Maiakóvski, é o público a que eles voltaram sua atenção: o jovem, o dos jovens comunistas.

Eles desenvolvem aí também a teoria de que a peça era *soviética,* e Maiakóvski mesmo diz que ele escreveu a comédia observando os fatos do cotidiano. Isso gerou uma verdadeira guerra de palavras, porque o *futuro* nessa peça é extremamente incômodo, pessimista até na segunda parte, enquanto a primeira, que seria o comunismo de 1929, é totalmente invadida por *parasitas burgueses.*

A RAPP declarou guerra contra *O Percevejo*. Ela foi declarada antissoviética, mas Meierhold e Maiakóvski "permaneceram firmemente juntos, enfrentaram os ataques dos críticos juntos e juntos responderam com a montagem de *Os Banhos*"[86].

---

84 *Polnoe Sobranie Sotchinenii v 13 Tomakh*, v. XI.
85 Ibidem, p. 179n1, *Komsomólskaia Pravda*, A Verdade do Comsomol, nome da organização juvenil do Partido Comunista.
86 K. Rudnitsky, op. cit., p. 448.

MEIERHOLD: UMA POÉTICA EM CENA

AÇÃO: AS NARRATIVAS
SOBRE OS DIVERSOS BANHOS

Primeiras Histórias ou Uma Historiazinha
Muito Incompleta Para Introduzir "Os Banhos"

Nas *Obras Completas* de Vladímir Vladimirovitch Maiakóvski, encontram-se algumas informações sobre *Os Banhos*, geralmente informações secas, sem comentários[87].

Assim, fica-se sabendo que houve muitas leituras da peça, com debates, com intervenções. O primeiro desses debates foi em 23 de setembro de 1929.

No entanto, o intrigante para o brasileiro, seja ele espectador ou leitor, é ler uma nota informando que a peça foi encenada pelo Teatro Dramático Estatal da Casa do Povo de Leningrado, sob a direção de V.V. Liutsé, em 30 de janeiro de 1930, isto é, antes da sua estreia em Moscou. O papel de Pobiedonóssikov foi representado por B.A. Bábotchkin[88].

É estranho, para nós, verificar que uma peça possa ser representada antes da representação principal, no caso a de Meierhold, já que, sendo uma peça de autor vivo, entre nós o autor só daria autorização para um grupo encená-la, ainda mais quando se trata da primeira encenação de uma peça. Entretanto, pelo número de vezes que se encontra essa informação com referência a peças na URSS, devia ser um acontecimento comum até a década de 1930, pelo menos. O diretor da peça em Leningrado foi V.V. Liutsé, que fez os cenários para *O Corno Magnífico*, junto com Popova, em 1922, e para a segunda versão cênica da peça em 1928, ambas com direção de Meierhold. Portanto, ele era cenógrafo (e ator do Teatro Meierhold).

Infelizmente não aparece um comentário sequer sobre essa encenação em Leningrado nas *Obras Completas*. Somente Angelo Maria Ripellino, que por sua vez cita Katanian, que cita

---

87 *Polnoe Sobranie Sotchinenii v 13 Tomakh;* as informações sobre *Os Banhos* aparecem no volume XI, p. 675-676. As traduções aqui, quando não indicado diferentemente, são de Luiz Sampaio.

88 Idem, nota 86, p. 675.

122 UMA POÉTICA EM CENA

M. Zóchchenko, nos dá uma pista sobre essa encenação de *Os Banhos*. Eu, por minha vez, cito Angelo Maria Ripellino:

> Enquanto os atores de Meierhold prosseguiam com os ensaios, a comédia foi representada a 30 de janeiro de 1930 no Teatro da Casa do Povo de Leningrado, sob a direção de Vladímir Liutsé, que dois meses antes dirigira Klop na Filial do Teatro Dramático Bolshoi, da mesma cidade. "O público – escreveu Zóchchenko – recebeu a obra com frieza mortal. Não recordo nenhuma risada. Nem um aplauso após os dois primeiros atos. Nunca assisti a um fiasco tão grave." Nos jornais de Leningrado foram publicadas críticas mordazes e inexoráveis. O insucesso encorajou os adversários do poeta a desencadear uma surda campanha de calúnias.[89]

Pode ser que Ripellino tenha acertado ao escrever que o insucesso de *Os Banhos* em Leningrado encorajara os adversários do poeta para as posteriores críticas em Moscou, mas a campanha de calúnias não foi *surda*. Ela afetou extremamente tanto Meierhold como Maiakóvski.

Continuando o histórico, segundo as notas das *Obras Completas*: "No Teatro Estatal V. Meierhold estreou o primeiro espetáculo de *Os Banhos*, em 16 de março de 1930, direção de Meierhold, assistente de direção, Vladímir Maiakóvski. O papel de Pobiedonóssikov foi representado por M.M. Schtraukh. O Teatro Meierhold mostrou *Os Banhos* em excursões nas cidades da região do Volga, em cidades da Bielorrússia em 1930."[90]

"Em 17 de março de 1930 houve uma segunda estreia de *Os Banhos* em Leningrado, na filial do Bolshoi sob direção de P.K. Veisbrem. O papel de Pobiedonóssikov foi representado por C.M. Balachóv."[91] Aqui também as informações são escassas, mas é importante frisar que uma segunda encenação acontece em Leningrado, totalmente diferente da encenação de janeiro, por Liutsé, e apesar da primeira haver fracassado.

"Nos últimos anos, artistas isolados muitas vezes representaram cenas de *Os Banhos*. Em abril de 1940, para lembrar os dez anos do dia da morte de Maiakóvski, alguns teatros e grupos amadores montaram trechos da peça." No dia 19 de julho de 1951, no quinquagésimo oitavo aniversário do nascimento de

---

89 A.M. Ripellino, op. cit., p. 203.
90 *Polnoe Sobranie Sotchinenii v 13 Tomakh*, v. XI, p. 676.
91 Ibidem.

MEIERHOLD: UMA POÉTICA EM CENA 123

Maiakóvski, transmitiu-se a peça pela rádio, com direção geral de R.N. Símonov (assistente de direção: M.A. Turtchanóbutch). Houve três participações importantes: Ígor V. Ilínskii (Pobiedonóssikov)[92]; A.N. Gríbov (Tchudakov), V.P. Maríetsikaia (Mezaliânsova). O grande êxito dessa transmissão pela rádio abriu um novo caminho para a montagem da peça em teatro[93]. Em 1953, o espetáculo *Os Banhos* foi apresentado em Pskóv e no Teatro de Sátira de Moscou. Espetáculo dirigido por N.N. Pietróv, V.N. Plútchek e C.I. Iutkévitch (que depois seria um grande diretor de cinema).

Sobre essa montagem há algumas informações que não aparecem nas *Obras Completas*. A respeito dos participantes, consegui localizar alguns: D. Dubóv (Tchudakov); B. Rúnguie (Velocipiédkin); G.P. Menglet (Pobiedonóssikov); N.I. Slonova (Mezaliânsova); Lepko (Optimístienko). Outros atores que trabalharam no espetáculo não têm sua personagem identificada: Kara-Dimítriev; Miliútina; Kazúbski; Arkhípova; Papanov; Khólodov. Mesmo a Mulher Fosforescente não é identificada em nenhuma das obras que consultei[94]. A música foi composta por B. Mupadeli. Um dos diretores, V.N. Plútchek, trabalhara com Meierhold, como ator, na montagem de 1930. Sua personagem era Momentálnikov[95].

Percebe-se que nesse espetáculo não foram usados operários com o macacão de trabalho padronizado. Eles vestem roupas comuns, embora Tchudakov use uma espécie de macacão.

Na foto aparece o painel da Máquina do Tempo:

Para simbolizar a máquina milagrosa, por exemplo, os diretores serviram--se de um estratagema cinematográfico. Do mecanismo invisível de Tchudakov aparece concretamente apenas a cabine de controle, enquanto o movimento das engrenagens é transmitido em transparência sobre uma

---

92 Igor Ilínski era um dos atores preferidos de Meierhold. Fez o papel de Prissípkin em *O Percevejo* e foi também escolhido para representar Pobiedonóssikov, mas não aceitou, arrependendo-se depois.

93 *Polnoe Sobranie Sotchinenii v 13 Tomakh*, v. XI, p. 676.

94 As obras a que me refiro estão citadas nas minhas notas. As informações sobre o nome dos atores e do compositor foi extraída do livro de V. Komissarjévki, *Moscou Theatre*, trad. do russo por Vic Schneierson e V. Perelman, Moscou: Casa de Publicações em Línguas Estrangeiras, 1959, p. 174.

95 *Polnoe Sobranie Sotchinenii v 13 Tomakh*, v. XI, p. 676.

FIG. 1: *Cena do Ato I de* Os Banhos, *no Teatro de Sátira de Moscou, 1953. Aparecem na foto: Tchudakov (D. Dubóv) e Velocipiédkin (B. Rúnguie).*

tela com um brilhante fervilhar de ramificações elétricas, com um violáceo relampejar de linhas e girândolas.[96]

E, no final,

a máquina parte com grande alarde em direção ao Dois Mil. E na tela as breves sequências de uma cinemontagem mostram, num apanhado rápido, as etapas do regime soviético. Aparecem brevemente os tratores dos estabelecimentos agrícolas coletivos, as primeiras estações do metrô moscovita, a expedição do "Tcheljúskin", o canal do mar Branco, os novos edifícios construídos às vésperas da guerra, "Katiúch", os fogos de alegria que saudavam as vitórias militares, o Dnieprogués reconstruído. E eis os nossos anos: o canal Volga-Don, a Universidade de Moscou. Fotogramas coloridos sucedem os em branco e preto.

Depois, um turbilhão de datas em círculos concêntricos que saem como que dos sorvedouros do tempo. E de repente um estrondo. O filme se interrompe. Sobre a plataforma redonda, perdida sobre o fundo de um céu imenso, alongam-se numa luz avermelhada as sombras sumidas dos "puros", arremessados para fora pela máquina. Após um instante de desorientação, partem um a um, dando as costas a Pobiedonóssikov, enquanto

---

96 A.M. Ripellino, op. cit., p. 207.

MEIERHOLD: UMA POÉTICA EM CENA

ao fundo a gigantesca figura de Maiakóvski se levanta para incinerar o burocrata com seu olhar de desprezo.[97]

Com essa narrativa de Angelo Maria Ripellino, de como os diretores do espetáculo resolveram cenicamente a *visualização* da máquina do tempo e com a narrativa da foto acima, *imaginamos* como teria sido o início e o final da peça, mas constatamos também que a rubrica de Maiakóvski: "a máquina do tempo *invisível*"[98] foi modificada, o que, afinal, não está em desacordo nem com a posição de Maiakóvski nem com a de Meierhold, que modificavam o texto escrito, pois o que lhes interessava era o texto-espetáculo.

Mas essa não foi a única modificação que N. Pietróv, V.N. Plútchek e C.I. Iutkévitch fizeram no texto-escrito. Houve outras, muito mais relacionadas à concepção da poética do teatro dos diretores.

Tendo como base as descrições de Ripellino (que provavelmente viu o espetáculo do Teatro de Sátira, pela vivacidade de detalhes com que o narra), e V. Pietróv, em seu livro de memórias[99] – Ripellino descrevendo o espetáculo e N. Pietróv, o processo de montagem –, e com o auxílio de algumas fotos, é possível imaginar o espetáculo de 1953 e *inventar* algumas narrativas.

Nicolai Pietróv explica que os diretores abordaram o texto escrito de forma *realista* e, para ele, realista é terem abandonado os fogos de artifício e o circo (a pantomima do terceiro ato) e, principalmente, terem chegado a uma representação que ele chama de "compreensão profunda do significado".

É difícil analisar, e mesmo compreender, o que Nicolai Pietróv entende por realismo (talvez se refira ao *realismo crítico* de Brecht?)[100]. Explicando o problema do espetacular na peça de Maiakóvski, ele diz: "Mas nós resolvemos essa questão de

---

97 Ibidem, 208-209. Ripellino usa aqui puros por analogia aos puros de *Mistério-Bufo*.

98 Ver rubrica n. 1 de Maiakóvski na peça traduzida, anexa a este trabalho.

99 Ver Nicolai Pietróv, *50 i 500* (50 e 500), Moskvá: VTO, 1960, p. 508-525.

100 Ibidem, p. 513. Pietróv, aliás, informa que Brecht viu esse espetáculo e vários outros na URSS e que haviam perguntado a Brecht que espetáculos o haviam agradado. A resposta foi: "Vocês provavelmente vão se espantar, mas me agradaram *Coração Quente*, no Teatro de Arte de Moscou e *Os Banhos*, no Teatro de Sátira. Em ambos, existe um pensamento do diretor e apesar da diferença entre esses espetáculos, ambos são profundamente realistas".

modo criativo e não formal. Nós nos esforçamos para fazer com que o circo com fogos de artifício existisse primordialmente na própria vida espiritual das imagens cênicas."[101]

Parece que o que Pietróv quer dizer com essas palavras é que os diretores do espetáculo tentaram exprimir o *sentimento* do circo com fogos de artifício, ao invés de colocar em cena o próprio circo com fogos de artifício. Portanto, foi suprimido todo o espetacular da peça de Maiakóvski: a Mulher Fosforescente e o espetáculo dos fogos de artifício, da pantomima, são transformados em *realismo*.

Na foto a seguir, é possível ver as paredes do palco e um cartaz no qual há um burocrata gigantesco, além de desenhos de palhaços: talvez seja esse o sentimento de "o circo e os fogos de artifício ficavam na vida espiritual das imagens cênicas".

FIG. 2: *Cena não identificada, provavelmente do Ato III. Pode-se distinguir com certeza apenas a personagem Pobiedonóssikov no centro (G.P. Menglet).*

Angelo Maria Ripellino criticou no espetáculo de 1953 exatamente o corte da pantomima e o *realismo* da Mulher Fosforescente, além do fortalecimento dado a Optimístienko em detrimento do burocrata maior, Pobiedonóssikov:

[101] Ibidem, p. 512.

Optimístienko tem nesse espetáculo maior destaque do que Pobiedonóssikov, talvez porque não tenha parecido oportuno aos diretores insistir demais nos maus costumes dos sumos burocratas. Quase copiando ironicamente o *viertép*, ou seja, os velhos presépios animados do povo russo, a cena do segundo ato é dividida em dois planos: no alto está, mais solene do que um monumento, o "sagrado" burocrata, e embaixo o seu secretário às voltas com os postulantes[102].

FIG. 3: *Cena talvez do Ato III. A personagem que faz anotações num caderno é provavelmente Momentálnikov e, com certeza, aparece Pobiedonóssikov (G.P. Menglet). Note-se a mesma gestualidade do cartaz e do ator.*

102 Op. cit., p. 208.

O papel da personagem Pobiedonóssikov provavelmente sofreu cortes nesse espetáculo do Teatro de Sátira, já que Optimístienko teve muito maior projeção. Como se pode ler na foto a seguir, houve também a utilização de palavras nas paredes do fundo do palco. Não se percebe se são quadrinhas de Maiakóvski. *Bek* (*viek*) significa *século*, e percebe-se o nome de Maiakóvski escrito acima dessa palavra.

FIG. 4: *Optimístienko (Lepko), no centro, aparece com sua camisa ucraniana de gola colorida. À esquerda, Pobiedonóssikov (Menglet) e à direita, personagem e ator não identificados. A cena é do Ato V e a personagem à direita deve ser Ivan Ivanóvitch.*

O terceiro ato, também concebido pelos diretores como realista, perdeu a pantomima circense e provavelmente a pantomima do *gestus*. É exatamente esse ato que Ripellino comenta como sendo um dos que mais se empobreceram cenicamente.

Na concepção *realista* dos diretores, a figura da Mulher Fosforescente foi a mais sacrificada:

em lugar de desenvolver o pouco do prodigioso e de mítico que a personagem possui, os diretores transformaram a Mulher Fosforescente numa desbotada operária soviética de *tailleur* de corte antiquado. Pretendiam talvez dessa forma significar que o povo do futuro não será diferente do povo do presente e que a "fosforescência" não nasce da pirotecnia, mas de toda uma pureza interior, do luzir das virtudes. E assim, acrescentando moralismo a moralismo, acabaram reduzindo a uma melancólica e prosaica

FIG. 5: *Ato III, Mezaliânsova (N.I. Slonova), Pobiedonóssikov (G.P. Menglet). As outras personagens não são identificadas, mas provavelmente, à direita de Mezaliânsova, o Diretor, e à esquerda de Pobiedonóssikov, Ivan Ivanóvitch e Momentálnikov. Não há indicação dos atores.*

FIG. 6: *Cena do Ato VI. A Mulher Fosforescente (não há indicação do nome da atriz que interpretou o papel) de* tailleur *conduz os passageiros para o século XXI. Dá para serem identificadas apenas duas personagens, além da Mulher Fosforescente: embaixo, à esquerda, Velocipiédkin (B. Rúnguie) e em cima, o primeiro da direita, Tchudakov (D. Dubóv).*

130 UMA POÉTICA EM CENA

insignificância uma figura "experimental" que vive não pelos discursinhos ideológicos que nos apresenta, mas pela substância fantástica que a liga às personagens da *féerie à grand spectacle*, aos seres sobrenaturais dos velhos barracões.[103]

Ripellino critica violentamente o terceiro ato e a concepção da Mulher Fosforescente, mas elogia os *achados* sobre a utilização da máquina do tempo como os melhores momentos da peça, além da interpretação do ator Lepko, que representou Optimístienko. Ao ler na citação acima que Ripellino chama a figura da Mulher Fosforescente de "desbotada operária dos subúrbios de Moscou [transformada] numa comum cidadã soviética de *tailleur* de corte antiquado", não se pode esquecer da proposta de direção do espetáculo: realista, daí a Mulher Fosforescente ter seu figurino baseado na moda dos anos 1950, que era exatamente *tailleur*. É claro, porém, que o *encanto* da *Aparição*, como Maiakóvski se refere à Mulher Fosforescente, num dos debates públicos sobre *Os Banhos*[104], desapareceu.

E o maior destaque dado à personagem Optimístienko talvez encontre uma justificativa no contexto histórico: no dia 6 de março de 1953, os cidadãos soviéticos são informados da morte de Stálin, e a concepção stalinista do *inimigo do povo* seria revista por Nikita Khruschóv; a campanha anti-Stálin começa pouco depois de sua morte, mas vai se intensificando em meados da década e, talvez por isso, o burocrata-maior, Pobiedonóssikov, tivesse sido *prudentemente* deixado em segundo plano nesse espetáculo do Teatro de Sátira.

Esse espetáculo, de todo modo, chamou atenção para a peça e ela foi encenada por grupos de amadores nos teatros de Krasnodar, Tula, Irkútsk, Górki, Stalinabad, Odessa, Tachkent, Tálin, Sukhumi e outras cidades da União Soviética.

Fora da União Soviética, *Os Banhos* foi encenada em Praga, em 1948 e 1954; Lodz, em 1954; em Berlim, em 1956 e 1959; em Belgrado, em 1956 e 1957; em Sofia, em 1957; e em Bucareste, em 1957.

---

103 Idem, p. 209.
104 Ver infra, em "A Narrativa Pelos Debates", a intervenção de Maiakóvski no dia 23 de setembro de 1929. Na segunda parte, ele usa a palavra "aparição" para designar a Mulher Fosforescente.

As informações sobre as encenações da peça nas *Obras Completas* terminam aí. Ocorrem apenas indicações dessas encenações de lugar e data. A única encenação com um pouco mais de informação é a de Berlim de 1956, mas esta limita-se a uma foto:

FIG. 7: *Cenas da apresentação de* Os Banhos *no cabaré Die Distel (O Cardo), Berlim, 1956.*[105]

Lendo a foto da esquerda para a direita, percebe-se:

Uma personagem, provavelmente um dos operários, soa um gongo: pode ser o início do espetáculo ou o terceiro ato.

Na foto do meio, bem acima, aparecem duas personagens (provavelmente Tchudakov e Velocipiédkin) e um dispositivo que deve ser a máquina do tempo. À direita, ainda uma foto de Pobiedonóssikov e Mezaliânsova.

Abaixo, à esquerda, uma foto da plateia, provavelmente no terceiro ato, já que há um destaque para uma pessoa na plateia, que deve ser Pobiedonóssikov, no início do ato.

As fotos do meio: a primeira é fácil de identificar: tem-se a Mulher Fosforescente (com traje semelhante ao que usava Zinaída Raikh na montagem de Meierhold) ao lado do mesmo dispositivo (ele aparece na foto pequena no canto de cima à direita), que parece ser a máquina do tempo. A segunda foto

---

105 A encenação foi comentada em duas páginas da revista *Frei Berlin*, n. 24, 14 jun. 1956.

do meio: duas personagens masculinas: a de bigode é Pobiedonóssikov, a outra não se consegue identificar.

Por último, a foto abaixo, à direita, deve ser a cena final, da partida da máquina do tempo. A personagem com as malas deve ser Pobiedonóssikov.

Na edição francesa da obra de Ripellino, aparece uma foto de marionetes para um desenho animado, realizado a partir de *Os Banhos*, em 1962, dirigido por Serguéi Iutkévitch (um dos três diretores da encenação de 1953 pelo Teatro de Sátira) e Anatóli Karamóvitch. As marionetes foram executadas por Félix Zbórski. Veja na página seguinte.

Num livro de Herbert Marshall[106], aparece também uma foto e uma referência a uma outra encenação de *Os Banhos*, em 1967, dirigida por V.V. Plútchek (um dos três diretores da encenação do Teatro de Sátira em 1953). O cenário e os figurinos tendo sido desenhados por M. Kulakov. O espetáculo foi também levado no Teatro de Sátira, mas não é possível identificar, pela foto, a cena e as personagens:

FIG. 8: A Chorus-Line *é uma caricatura de dançarinos e dançarinas, segundo a legenda que aparece no livro de Marshall (aliás, ali, as legendas estão trocadas).*

---

106 *The Pictorial History of the Russian Theatre*, New York: Crown, 1977, p. 160.

FIG. 9: *Da esquerda para a direita: Optimístienko e Ivan Ivanóvitch e abaixo Pobiedonóssikov. Note-se o dedo fálico de Pobiedonóssikov atravessando os próprios ouvidos e, portanto, fazendo-se surdo a qualquer problema. Note-se ainda o nariz feito uma bola, grande, e uma "cara zangada".*

O que se pode aventar, a partir das características das personagens, é que no primeiro plano estejam Velocipiédkin (de bicicleta) e Tchudakov.

Em 1968, na revista *Sipario*, n. 264, apareceu uma foto da encenação de *Os Banhos,* na Itália, com direção de Franco Parenti. A Mulher Fosforescente vestia uma roupa prateada e toda bordada. As outras personagens usavam roupas modernas: os operários apareciam de jaquetas de couro.

O grupo Teatro Stabile Torino, também na Itália, encenou uma adaptação de *Os Banhos* na temporada 1975-1976 – numa "ideia dramática" que tinha como contraponto *O Movimento do Cavalo* de Vitor Chklóvski – com direção de Mario Missiroli[107].

Finalmente, no início da década de 1980, informou-se, numa breve notícia nos jornais de São Paulo, que *Os Banhos* estava sendo ensaiado. O espetáculo não estreou.

Resta agora estudar a peça, na montagem de Meierhold e Maiakóvski, em 1930: suas narrativas...

Os Banhos:
1930, Narrativas, Narrativas, Narrativas

Apanha Com o Cajado Quem se Mete Onde
Não É Chamado

Na medida em que nos apropriamos de narrativas existentes, o trabalho se torna sempre inconcluso e as repetições, inevitáveis, como um ensaio eterno; Xerazade inventando histórias, incompletas histórias.

O importante aqui é, de certo modo, remontar *Os Banhos*, mesmo que seja só através de narrativas: as de Meierhold, as de Maiakóvski, as narrativas das fotos, as da crítica, as dos contemporâneos; as narrativas das narrativas, as narrativas do texto escrito. A narrativa das músicas não estará aqui: não foi possível conseguir as partituras do compositor Vissarión Chebálin, como já relatamos.

Muitos dos artigos que aqui figuram foram traduzidos do russo por Luiz Sampaio, outros por mim, apelando, às

---

107 Mais informações sobre a montagem italiana está disponível em <http://archivio.teatrostabiletorino.it>, acesso em: 1º ago. 2017.

MEIERHOLD: UMA POÉTICA EM CENA

vezes, para traduções intermediárias, que muitas vezes se distanciavam do escrito russo. Nesses casos, tive o auxílio de Luiz Sampaio e de Boris Schnaiderman. Outros escritos, não encontrados em russo, foram traduzidos do inglês, com revisão de Erika Bloch. De algumas obras em russo, que não tinham interesse na sua totalidade, Luiz Sampaio traduziu apenas o que era pertinente. A ordem dos capítulos poderia ter sido outra; não há nenhuma obrigatoriedade em ler na sequência estabelecida.

A Narrativa Pela Publicidade

> Não emporcalhem o teatro com o visgo psicovigarista!
> Teatro, sirva à propaganda comunista!
>
> MAIAKÓVSKI

A Campanha Publicitária de Maiakóvski

Os escritos curtos de Maiakóvski sobre *Os Banhos*, que seguem abaixo, foram todos publicados em jornais e revistas entre o final de 1929 e março de 1930, antes da estreia no Teatro Meierhold.

Todos eles têm uma finalidade exclusiva de funcionar como *chamada* para a estreia do espetáculo. Tiveram, na época, a função dos nossos tijolinhos atuais.

O que não se sabe (pelo menos não há informações a respeito nas *Obras Completas* de Maiakóvski) é se essas chamadas vinham acompanhadas de desenhos, fotos ou mesmo de caricaturas, como era costume na época. (Por exemplo, há várias caricaturas de Meierhold, nas diversas fases de seu teatro, reproduzidas no livro de Rudnítski sobre o diretor.)

A característica principal dessas sete chamadas é exatamente a de provocar interesse no espectador e, por isso, na grande maioria delas, o que se pode ler é um pequeno resumo da peça, em outras, a publicação de alguns atos da peça, seguindo-se o resumo de outros atos. No entanto, há dois casos que vão um pouco além dos resumos: "O Que São *Os Banhos*? Quem Eles Banham?" e "Alguns Perguntam".

* * *

136 UMA POÉTICA EM CENA

Em "O Que São *Os Banhos*? Quem Eles Banham?", há uma retomada sintetizada, é verdade, mas uma retomada da sua poética teatral:

O teatro esqueceu-se de que é um espetáculo. Nós não sabemos como utilizar esse espetáculo para nossa agitação. *A tentativa de voltar ao teatro espetáculo, a tentativa de fazer do tablado uma tribuna – aí está a essência do meu trabalho teatral.*[108]

E é claro que, junto com a necessidade de fazer do teatro um espetáculo e um espetáculo de agitação, aparecem de novo as alfinetadas no Teatro de Arte, nos teatros psicológicos, a propósito dos quais Maiakóvski fala de "hábito estereotipado, somado ao tonzinho da conversação cotidiana e eis o horror arcaico do teatro atual".

Em "Alguns Perguntam", o que mais fica evidente (para o leitor de hoje, ao menos) é a frequente tentativa do poeta de apagar o rótulo que lhe impuseram e que ele detestava: *incompreensível para as massas*. Contando a historinha sobre *O Percevejo*, Maiakóvski chama a atenção para *Os Banhos*: "A definição de ter sido útil para a vida e de ter entrado na vida foi a melhor e a mais agradável crítica à minha peça. *Os Banhos* são o mesmo. *Os Banhos* batem no burocratismo".

A importância principal dessas chamadas publicitárias, para o presente livro, é exatamente a de mostrar um aspecto pouco percebido entre nós, em relação ao teatro de Maiakóvski: a propaganda do espetáculo feita por ele mesmo. Além disso, esses escritos ajudam a reconstituir *Os Banhos* e reforçam a posição do poeta diante da sua poética do teatro, além do fato de serem documentos inéditos no Brasil.

[*SOBRE OS BANHOS, 1929*][109]

Os Banhos é o meu novo drama em "seis atos, com circo e fogos de artifício".

1º ato: O camarada Tchudakov inventou a "máquina do tempo".

2º ato: Tchudakov não consegue convencer o burocrata camarada Pobiedonóssikov – *glavnatchpups*[110] (chefe supremo da Direção Para a Coordenação).

---

108 Grifos nossos.
109 *Polnoe Sobranie Sotchinenii v 13 Tomakh*, v. XII, p. 197. (Tradução nossa.) Este pequeno escrito foi publicado em *Radiosluchátiel* (Radiouvinte), n. 43, 1929.
110 Ver infra, em "A Narrativa Pelo Texto Escrito", o comentário sobre essa sigla.

MEIERHOLD: UMA POÉTICA EM CENA 137

3º ato: Pobiedonóssikov vê-se a si mesmo no teatro e recusa-se a se reconhecer.

4º ato: Surgimento da Mulher Fosforescente do futuro.

5º ato: Todos querem transferir-se ao comunismo "pronto".

6º ato: Aqueles que atingem o comunismo e aqueles que ficam para trás.

[EXPOSIÇÃO DE DOIS ATOS DE OS BANHOS, 1929][111]

ATO II

Os camaradas Tchudakov e Velocipiédkin esforçam-se ao máximo para levar adiante sua invenção através do labirinto da Direção Central Para a Coordenação e além do chefe geral dos Umbigos (*glavnatchpups*), camarada Pobiedonóssikov.

Entretanto, além do secretário, camarada Optimístienko, ninguém conseguiu ir e, quanto a Pobiedonóssiov, examinava o projeto dos móveis do futuro escritório em estilos de diversos Luíses, ultrajava e "despedia a datilógrafa Underton por causa da falta de etiqueta dos lábios" e o camarada Nótchkin, parece que por malversação.

ATO III

O segundo Pobiedonóssikov, o segundo Ivan Ivanóvitch e a segunda Mezaliânsova chegam ao teatro para a apresentação de suas pessoas e não se reconhecem. (O quarto ato formalmente coincide com o primeiro.)

O QUE SÃO OS BANHOS? QUEM ELES BANHAM? (1929)[112]

Os Banhos – "drama em seis atos com circo e fogos de artifício".

Os Banhos – banha (simplesmente lava) os burocratas.

Os Banhos – coisa de publicista[113], por isso nela não há as assim chamadas "pessoas vivas", mas tendências vivificadas.

Fazer vivas a agitação, a propaganda, a tendência, eis aí a dificuldade e o sentido do teatro atual.

O hábito dos teatrólogos do "ampluá" (cômico, "ejeniú"[114] e de algo mais), dos tipos ("33 anos, com barba" ou "moreno alto", após o terceiro ato viaja para Voronej, onde se casa), esse hábito estereotipado, somado ao tonzinho da conversação cotidiana e eis o horror arcaico do teatro atual.

---

111 *Polnoe Sobranie Sotchinenii v 13 Tomakh*, v. XII, p. 198. No mesmo tomo, p. 590, aparece a seguinte nota: "Exposição de dois atos de *Os Banhos*, [Revista] *Outubro*, n. 11, nov. 1929. Nesse número da revista, foram publicados o primeiro, o quarto, o quinto e sexto atos de *Os Banhos*. Em lugar dos atos segundo e terceiro, que não constaram desta publicação, Maiakóvski fez a apresentação de seus conteúdos.

112 *Polnoe Sobranie Sotchinenii v 13 Tomakh*, v. XII p. 200-201. Esse escrito apareceu na revista *Ogoniók* (Foguinho), n. 47, 1929.

113 De novo Maiakóvski chama a atenção para uma função que ele prezava: publicista da Revolução. Nota-se certa ironia.

114 Palavras que aparecem transliteradas por Maiakóvski do francês para o russo: "ampluá"= "emploi" e "ejeniú" possivelmente "ingénue". [N. da T.]

138 UMA POÉTICA EM CENA

O teatro esqueceu-se de que é um espetáculo.

Nós não sabemos como utilizar esse espetáculo para nossa agitação.

A tentativa de voltar ao teatro-espetáculo, a tentativa de fazer do tablado uma tribuna – aí está a essência do meu trabalho teatral.

Em traços gerais, as peripécias do "drama" são as seguintes:

1. O inventor Tchudakov inventa a máquina do tempo, capaz de levar ao futuro e trazer de volta.

2. A invenção não consegue de modo algum avançar através das barreiras oficiais e ultrapassar a principal delas – o camarada Pobiedonóssikov, *glavnatchpups* – chefe supremo da Direção Para a Coordenação.

3. O camarada Pobiedonóssikov vem em pessoa ao teatro assistir a si mesmo e afirma que na vida não costuma ser assim.

4. Pela máquina do tempo, surge do futuro a Mulher Fosforescente, encarregada da seleção dos melhores para o translado ao século vindouro.

5. Cheio de alegria, Pobiedonóssikov preparou para si mesmo passes e credenciais e calcula as suas diárias por aproximadamente cem anos.

6. A máquina do tempo disparou adiante a passos quinquenais decuplicados, levando operários e trabalhadores e cuspindo fora Pobiedonóssikov e seus semelhantes.

Cito um trecho do VI e último ato. Tudo isso e mais o já dito será apresentado pelo Teatro V.E. Meierhold.

ALGUNS PERGUNTAM (1929):[115]

O que eu penso sobre minhas peças.

Contaram-me:

Alguém se sentou no bonde sem retirar o bilhete, tentando descolar a viagem. Percebendo isso, o cobrador soltou uma descompostura:

– Ei, você, ladrão, salafrário, verme... percevejo de Maiakóvski...

A definição de ter sido útil para a vida e de ter entrado na vida foi a melhor e mais agradável crítica à minha peça.

– *Os Banhos* são o mesmo.

– *Os Banhos* batem no burocratismo, *Os Banhos* fazem campanha para se ir além do horizonte, para a iniciativa criadora.

– *Os Banhos* – drama em seis atos com circo e fogos de artifício.

Por isso eu entreguei *Os Banhos* ao mesmo ativo, ao mesmo publicista Meierhold.

DE QUE SE TRATA? (1929)[116]

Trata-se de que *Os Banhos* – drama em seis atos com circo e fogos de artifício – é endereçado contra o burocratismo, contra as estreitezas, contra a estagnação.

115 *Polnoe Sobranie Sotchinenii v 13 Tomakh,* v. XII, p. 199. Foi publicado na *Literatúrnaia Gazeta* (Gazeta Literária), n. 29, 1929.

116 Ibidem, v. VII, p. 382. Esse ensaio apareceu na revista *Daióch* (Vamos), n. 12, 1929. (Tradução nossa.)

MEIERHOLD: UMA POÉTICA EM CENA

Os Banhos limpam e lavam.

Os Banhos defendem os horizontes, a invenção, o entusiasmo.

A linha mestra é a luta do camarada Tchudakov, inventor da máquina do tempo, contra um certo *glavnatchpups* (chefe supremo da Direção Para a Coordenação), camarada Pobiedonóssikov.

No quinto ato uma mulher, que vem do futuro, observa-nos e se espanta. Apresento aqui um fragmento deste ato.

[*SEM TÍTULO, SEM DATA*][117]

Os Banhos é um drama em seis atos, com circo e fogos de artifício.

A ideia teatral nele expressa é a da luta por uma agitação e uma propaganda levada com os meios do teatro, por um teatro de massa, contra um teatro de câmara, contra os excessos psicológicos.

A ideia política é a de lutar contra a estreiteza de visão, contra a administração ordinária, contra a burocracia, a favor do ímpeto heroico, do trabalho rápido, da perspectiva socialista.

Passando para a ação propriamente dita, trata-se da luta entre o inventor Tchudakov e o *glavnatchpups* – "chefe supremo da Direção Para a Coordenação" – Pobiedonóssikov.

EXTREMAMENTE INTERESSANTE! (1930)[118]

Primeiro Ato: Tchudakov inventa a "máquina do tempo". O camarada Velocipiédkin – ex-cavalariano ligeiro – ajuda a invenção a romper a barreira burocrática.

No segundo ato há uma tentativa de chegar ao burocrata principal, camarada Pobiendonóssikov – *glavnatchpups* – "chefe supremo da Direção Para a Coordenação".

Em março *Os Banhos* estreará no Teatro Meierhold, com a direção de Vsévolod Emílievitch Meierhold.

117 Este escrito de Maiakóvski apareceu na *Literatúrnaia Gazeta*, n. 9, 1930. (Tradução nossa.)
118 *Polnoe Sobranie Sotchinenii v 13 Tomakh*, v. VII, p. 385. Apareceu em *Soviétski Teatr* (Teatro Soviético), n. 2, 1930. (Tradução nossa.) O título desse pequeno escrito é uma fala-jargão da personagem Ivan Ivanóvitch durante toda a peça.

A Narrativa Pelos Debates

> Os Banhos estreou há três dias.
> Com exceção de algumas particularidades,
> o espetáculo me agradou muito. Para mim é a melhor
> de todas as encenações de minhas peças. Schtraukh
> é estupendo. Os espectadores dividiram-se
> ridiculamente; alguns disseram: "Nunca me aborreci
> tanto!" Outros: "Nunca me diverti tanto!" O que
> dirão e escreverão depois não se pode nem imaginar.
>
> CARTA DE MAIAKÓVSKI A LILI BRIK,
> de 19 de março de 1930

O que se pode perceber na maioria das intervenções tanto de Maiakóvski como de Meierhold, nos debates públicos sobre *Os Banhos*, é antes de mais nada uma *defesa* da peça de Maiakóvski: no primeiro debate, realizado em 23 de setembro de 1929, no Teatro Meierhold, para um conselho artístico-político – na verdade estava-se fazendo uma leitura para um conselho de censura. A peça seria ou não aprovada para ser montada?

As anotações taquigráficas das intervenções de Maiakóvski não foram corrigidas por ele, o que lhes dá um tom de linguagem falada. As notas da edição das *Polnoe Sobranie Sotchinenii v 13 Tomakh* (Obras Completas em Treze Volumes) são absolutamente acadêmicas, escritas em uma linguagem de comunicados oficiais. Entretanto, mesmo assim, percebe--se em vários momentos a posição de sempre do poeta frente ao teatro: a defesa do teatro-espetáculo, da sátira, do antipsicologismo, a oposição violenta ao teatro do século XIX. Na verdade, Maiakóvski nunca chegou a expor de maneira sistemática, organizada, seu pensamento sobre teatro. Seus princípios se organizam na própria dramaturgia (como é o caso em *Os Banhos*) e, esparsamente, nos diversos debates sobre as encenações, principalmente as de Meierhold.

Mas o que chama a atenção nesses escritos é mesmo a maneira burocrática como os debates se realizavam.

As intervenções de Meierhold foram revistas e publicadas, à época dos ensaios e leituras da peça. No entanto, quase todas as considerações de Meierhold são endereçadas à *dramaturgia* e quase nada às suas ideias sobre a montagem de *Os Banhos*, o que dificulta o estudo de sua direção para a peça. Mas entende-se:

MEIERHOLD: UMA POÉTICA EM CENA

o que interessava era muito mais que o texto escrito fosse aprovado para ter seu texto-espetáculo.

Fala Maiakóvski:

INTERVENÇÃO NO DEBATE NA REUNIÃO DO SOVIETE ARTÍSTICO-POLÍTICO DO TEATRO ESTATAL VSÉVOLOD MEIERHOLD (NA LEITURA E DISCUSSÃO DE *OS BANHOS*)[119] [23 DE SETEMBRO DE 1929]:

1. Palavras iniciais[120]:

Camaradas, escrever a segunda peça[121] é mais difícil. Para mim, foi mais difícil escrevê-la porque resta pouco tempo para reflexão e existe sempre o perigo de que a nova peça seja composta de pedaços da anterior, e porque o apetite vem durante a refeição, assim como a paixão pelo trabalho teatral. Nas próprias obras, nos próprios erros se aprende e eu mesmo me esforço para renunciar a alguma propaganda nua e crua. Além disso, a segunda peça, levando-se em consideração apenas o seu tamanho, é mais longa. Lá havia sessenta páginas – aqui noventa.

Aqui foi preenchido pelo texto o que lá era ocupado pela música. Eu fiz isso devido à aspiração de diminuir o custo do espetáculo e devido a meu ódio à música[122].

Essas duas causas me obrigaram a gastar um excesso de força literária na elaboração do texto literário. (Lê a peça *Os Banhos*. Aplausos prolongados.)

---

119 Essa intervenção de Maiakóvski encontra-se nas *Polnoe Sobranie Sotchinenii v 13 Tomakh*, v. XII, p. 378-380, assim como as notas que se seguem. As notas sem identificação de páginas são nossas.

120 A estenografia da intervenção de Maiakóvski não foi corrigida por ele. Foi publicada pela primeira vez no jornal *A Arte Soviética*, n. 57, em 11 de março de 1935. Alguns dias após Maiakóvski haver terminado *Os Banhos* e a peça ter sido datilografada, ele a leu na sessão plenária do Soviete Artístico-Político do Teatro Estatal Vsévolod Meierhold, em 23 de setembro de 1929. Na mesma sessão, além dos membros do soviete, compareceram integrantes do teatro e os escritores V.B. Katáiev, S.I. Kirssanov, Iúri Olecha, M.M. Zóschenko. A leitura da peça foi precedida por duas conferências sobre as questões sobre o teatro e de sua discussão (*Polnoe Sobranie Sotchinenii v 13 Tomakh*, v. XII, p. 668).

121 Maiakóvski aqui considera *Os Banhos* a segunda peça, e *O Percevejo* a primeira, levando-se em consideração que ele escreveu *Os Banhos* logo após a estreia de *O Percevejo*, em 13 de fevereiro de 1929, isto é, uma após a outra foram escritas e encenadas em curto espaço de tempo (ibidem, p. 644).

122 Não é explicado o que Maiakóvski quis dizer com "devido ao meu ódio pela música". Talvez ele se refira às óperas ou a algum tipo de encenação na qual a música não é senão ornamental, ou mesmo às músicas que Shostakóvitch compôs para *O Percevejo*, que Maiakóvski não gostou. São apenas suposições, já que, como dissemos, o trecho não fica muito claro para o leitor.

142   UMA POÉTICA EM CENA

II. (Após a intervenção de um dos participantes da discussão):[123]

Me desagrada muito que não se fale sobre a peça, porque eu tento dominar o meu temperamento e ouvir todas as observações.

É preciso dizer que, de início, eu fiz esta aparição ser tramada pelos jovens comunistas[124], mas eu penso que alguma convenção teatral de caráter feérico não se pode transportar do teatro para a vida. Antes de tudo é teatro. É lógico que eu vou trabalhar a peça, mas não nesse sentido. No que diz respeito ao ato central, ele para mim é muito importante, para mostrar que o teatro não é uma coisa que reflete, que ele irrompe na vida.

Além do mais, o camarada não entendeu. Eu não digo que eu renuncio à tradição de *O Percevejo*. Ao contrário, eu sempre me apego a ela. Para mim, seria uma única crítica se me dissessem que isso não convém a nós, à União Soviética, mas isso é preciso verificar. Se não atinge, é preciso eliminar. Se atinge, aumentar dez vezes mais. Assim sendo, rebater o camarada não é o caso, não se levando em consideração que algumas pessoas se posicionam ceticamente com relação à sua intervenção[125].

III.

Eu não desejaria fazer do Soviét do teatro uma ficção, não estou me justificando e eu desejo ver no Soviét um aparelho que me auxilia. Eu desejaria muito que os camaradas falassem, mesmo que fosse algo fora de propósito, e eu extrairia para mim uma porção de valiosas indicações. Eu desejaria que falassem agora[126].

Pergunta: camarada Maiakóvski, por que a peça foi chamada *Os Banhos*?[127]

Maiakóvski: Porque é a única coisa que se encontra ali.[128]

---

123 Após a leitura da peça, houve a intervenção de um dos membros do soviete (delegado da União de Profissionais Químicos – Departamento de Moscou, M.E. Zielmanov). Maiakóvski, então, responde.

124 Referência à Mulher Fosforescente; quanto à afirmação "de início eu fiz esta aparição ser tramada pelos jovens comunistas", não consta de nenhuma das redações a presença de jovens comunistas, mas sempre dos operários (ibidem, p. 664).

125 D.S. Sviértikov disse: "Se agora ninguém é capaz de se pronunciar depois de duas horas e meia de sessão, nós solicitamos aos camaradas que, após refletirem, escrevam as suas observações ou para o teatro ou para o camarada Maiakóvski, a fim de que possa utilizá-las" (ibidem, p. 664).

126 Maiakóvski solicitou aos participantes da sessão que falassem imediatamente (ibidem).

127 Um dos presentes, cujo sobrenome não consta do texto taquigrafado, fez a pergunta acima (ibidem).

128 Após a resposta de Maiakóvski, falaram V.E. Meierhold, o qual em um longo discurso fez uma apreciação altamente elogiosa de *Os Banhos*, e D.F. Sviértikov, que declarou: "Logicamente a peça *Os Banhos* deve ser saudada" (ibidem). Note-se o tom irônico da resposta de Maiakóvski.

MEIERHOLD: UMA POÉTICA EM CENA   143

IV. Palavras de encerramento[129]

Eu tento compreender a avaliação aqui apresentada. O fato é que toda a última parte foi escrita de modo diferente, depois foi necessário refazê-la por questões de harmonia. Eu iniciei o sexto ato imediatamente, porque me lembrei que nas minhas coisas sempre existe um final inacabado. O quinto ato foi construído corretamente, mas também nele é necessário introduzir algumas observações, aguçar um pouco o texto.

No que diz respeito à observação de que o terceiro ato é grande, no texto ele ocupa dezoito páginas, enquanto os outros, ao redor de vinte. Ele parece maior porque o longo monólogo do Diretor cansa um pouco ao ser lido. Quando esse monólogo se desenrolar na ação construída, ele cumprirá o seu papel, mas se forem olhar para ele, de fato, há o que abreviar.

No que diz respeito à indicação direta de quem é o criminoso e de quem não é, eu tenho esta inclinação para a propaganda, eu não gostaria que não entendessem isso. Eu gosto de dizer até o fim quem é o canalha. Mas eu me esforço para me desenvolver nisso. Eu fico muito contente e grato a Vsévolod Emílievitch pela apreciação geral do meu trabalho, mas me parece que resta muito a fazer, me parece, como em cada coisa minha, principalmente em prosa, porque eu não sei como a prosa se faz[130]. *O Percevejo* eu realmente escrevi quase que à primeira vista, esta obra eu reescrevi cinco vezes. Ficarei muito contente se os camaradas considerarem que é necessário penetrar fundo na peça. (Risos e aplausos.)

INTERVENÇÃO NOS DEBATES SOBRE *OS BANHOS* NO CLUBE DA PRIMEIRA TIPOGRAFIA MODELO[131] [30 DE OUTUBRO DE 1929]:

Eu direi algumas palavras a respeito dos camaradas que se manifestaram aqui. Antes de tudo devo dizer que eu jamais considero uma obra como acabada, terminada ou, como dizem, "erigi a mim mesmo um monumento

---

129 A sessão terminou com as "palavras de encerramento" de Maiakóvski e com a aprovação por unanimidade da resolução proposta por Sviértikov sobre o valor da peça e da conveniência de sua apresentação (ibidem).

130 Como se pode ler na intervenção de Meierhold logo adiante, ele tem uma opinião completamente diferente de Maiakóvski e mostra mesmo a mestria da prosa de Maiakóvski.

131 O texto taquigrafado da intervenção de Maiakóvski se perdeu. Este é um texto publicado em 10 de abril de 1937, na *Literatúrnaia Gazeta* e, portanto, não revisado por Maiakóvski (p. 395).

A leitura e a discussão de *Os Banhos* foram realizadas no dia 30 de outubro de 1929 pela Tipografia Modelo da Editora Estatal, pela redação da revista *Daióch* e pela redação do jornal dos operários e funcionários da tipografia, de grande tiragem, chamado *A Vida do Tipógrafo*. Nas palavras introdutórias, Maiakóvski disse que levava em consideração a crítica dos operários. Em rápidas palavras apresentou a peça e, em seguida, leu o segundo, o terceiro e o sexto atos. Um dos organizadores da reunião descreveu a leitura: "Maiakóvski leu arrebatadoramente [...] O silêncio profundo da plateia era rompido, de ▶

144 UMA POÉTICA EM CENA

que não é obra de mãos humanas"[132]. Eu creio firmemente na força criadora da classe operária e me aproximo dela para ajudá-la, a fim de fazer desta obra monumento de mãos humanas. Levo em consideração todas as observações e me esforço para aproveitá-las.

O camarada Liakhoviéts disse aqui que eu ridicularizo as dificuldades. Como confirmação disso, ele invoca o fato de Pobiedonóssikov ditar para a datilógrafa que antes andavam de bonde por cinco copeques e agora se anda por dez. Porém, aqui eu ridicularizo não as nossas dificuldades; ridicularizo, sim, a atitude burocrática. Ao burocrata tudo parece bem, tudo agrada. Mas nós dizemos: como fazer para que, se antes andavam por cinco copeques, agora andem por quatro? Realmente, a nossa tarifa de bonde de dez copeques foi adotada por nós, também do ponto de vista da racionalidade operária. Eu flagelo os burocratas nesse exemplo e na totalidade da peça. Optimístienko também é um modelo de burocrata e Madame Mezaliânsova o complementa. Ou tomemos outro exemplo: essa personagem no trecho que eu li intervém muito pouco, é Ivan Ivanóvitch, que por qualquer motivo telefona para Sierguéi Nikítitch, e se Sierguéi Nikítitch não está de acordo, para Nicandr Fedótovitch, e se Nicandr Fedótovitch não está de acordo, então telefona para Siemión Piramidônovitch. Todos esses tipos juntos devem compor uma figura geral de burocrata[133].

Assinalaram que Tchudakov inventou uma coisa tão fútil como a máquina do tempo. Não, camaradas, o fato de nós cumprirmos em quatro anos o nosso plano quinquenal é um tipo específico de máquina do tempo. Em quatro anos cumprir um plano quinquenal é uma tarefa do tempo. Como conseguir organizar a si mesmo e ao seu tempo de maneira a cumprir o plano quinquenal em quatro anos – isto é, a máquina do tempo da construção socialista.

> ▷ quando em quando, por fortes explosões de risos. O auditório apanhou com sensibilidade todos os momentos espirituosos da peça. Iniciaram-se os debates. Maiakóvski [...] anotou todas as intervenções dos operários. De vez em quando fazia comentários com Meierhold". Cf. A. Popov, "Maiakóvski na Primeira Tipografia Modelo", *O Tipógrafo*, n. 10/11, Moscou, 1930, p. 6 (ibidem). O primeiro a intervir no debate foi Meierhold, depois falaram operários da tipografia. Todos os participantes da discussão teceram elogios, sendo que alguns deram a *Os Banhos* uma avaliação altamente favorável. Pontos isolados da peça foram sujeitos à crítica. O relatório sobre as intervenções de Meierhold e de outros quatro participantes no debate foi editado na *Daióch*, n. 12, Moscou, 1929 (ibidem, p. 670-671).
> 132 Alusão a um poema famoso de Púschkin, que se inicia com tal verso, e no qual há referência a certos ícones russos, que o povo acreditava não terem sido criados por mão humana.
> 133 Maiakóvski caracteriza bem, no trecho, um ponto que depois vai ser enfocado negativamente pela crítica especializada: suas personagens são tipos, e cada um deles representa uma faceta de uma personagem que está sob sua lente de aumento: o burocrata. A crítica, por ignorância ou má-fé, não percebeu esse aspecto da peça.

MEIERHOLD: UMA POÉTICA EM CENA 145

Depois disseram que eu dei ao inventor o sobrenome de Tchudakov[134]. Participei do congresso de inventores e sei que um inventor realmente, antes de tudo, é uma pessoa estrambótica. Eu sei que os inventores são pessoas ocupadas com suas próprias ideias, esperançosos de que, de acordo com questões organizacionais, os camaradas se manifestem a seu favor, e por isso querem ocupar-se com o seu próprio trabalho e, frequentemente, têm seu caminho barrado por um burocrata. Eu não queria fazer dele um bobão.

Depois um camarada disse que o final não é suficientemente elaborado. Meierhold me chamou a atenção para o fato de que talvez os fogos de artifício fossem uma solução demasiadamente simples para o assunto, uma falsa beleza exterior[135]. Eu abordei essa questão de maneira que a propaganda assim como a conclusão fossem feéricas. Penso também que isso é muito interessante e no teatro ainda não foi utilizado. Eu quero que se obtenha a propaganda, que se reúnam os burocratas e que no final se acendam fogos de artifício, de modo que não haja por que ir ao Teatro Bolshoi, aquilo é um grupinho de Socólniki[136] e não um teatro. Essa é a minha abordagem. Mas isso não significa, camaradas, que eu me isole dos grandes problemas através de pobres efeitos. Eu quero que a propaganda seja alegre, ruidosa.

Estou muito grato ao camarada Korotiéiev[137] por ter me encorajado. Se eu fosse incompreensível para os operários[138], creio que eles não estariam sentados aqui. Mas vejo que estão e escutam e riem na parte que eu escrevi para que rissem. Significa que compreendem, senão por que começariam a rir? E inutilmente os camaradas me condenam por ter vindo aqui após duas intervenções no Museu Politécnico[139]. Será que os camaradas pensam

134 Ver infra, em "A Narrativa Pelo Texto Escrito", o comentário acerca do sobrenome Tchudákov.

135 Meierhold parecia querer outra solução que não fossem os fogos de artifício para as cenas da chegada do bilhete e da Mulher Fosforescente por meio da máquina do tempo e da partida da máquina levando os operários para o futuro. Não encontramos nenhuma referência de Meierhold a esse respeito, e os fogos de artifício foram mesmo usados nessas cenas.

136 Bairro de Moscou.

137 O trabalhador braçal (impressor) Korotiéiev disse: "Esta peça foi criada para operários, principalmente para nós, trabalhadores de vanguarda, com cargo de responsabilidade na União Soviética. Ela é como uma lição para nós; uma vez que as pessoas escutem esta peça, pode ser que se ensine a alguém... O camarada Maiakóvski mostrou a burocracia muito bem. Esta peça nos dá um empurrão e mostra aos operários como nós devemos trabalhar na economia socialista. Ela mostra todas as nossas necessidades, todas as nossas deficiências. Esta peça de Maiakóvski ilumina quase toda a nossa vida. Nós devemos apoiar com amizade o camarada Maiakóvski. Eu digo como operário: esta peça é muito boa e eu sou grato por ela". Cf. Daióch, Moscou, n. 12, 1929 (ibidem, p. 671).

138 Problema que sempre preocupou Maiakóvski, e nessas reuniões parece que "os operários entendiam o que ele dizia".

139 Supõe-se que Maiakóvski estivesse se referindo às reuniões do Museu Politécnico nos dias 8 e 25 de outubro de 1929 (ibidem).

146 UMA POÉTICA EM CENA

que no Museu Politécnico eu me apresentei diante daqueles que vieram de Solovki[140] por um dia? Lá também estavam ouvintes dos sovietes, estudantes de nível superior e operários. Eu pessoalmente tenho 150 lugares para distribuir. Lá também o auditório é qualificado, eu devo também ouvir com atenção as opiniões deles e por isso pensam erradamente que eu os bajulo. Não. Eu vou ao chefe em último lugar. Se eu chegasse e pedisse: "ouçam-me", ninguém iria querer me ouvir, então seria diferente. Eu não me aproximo de vocês burocraticamente, tocou-se a sineta e pronto! Eu quero verdadeiramente ver e ouvir aquilo que não compreendo. Vocês compreendem o que eu não compreendo e, ao contrário, as coisas que eu sei vocês não sabem. Estou muito grato ao auditório pela atenção e prometo ler todas as minhas obras para vocês.

RESPOSTAS A PERGUNTAS ESCRITAS

Pergunta: Por que o senhor chama de drama a sua peça?
Maiakóvski: É para que fique mais engraçada; em segundo lugar, por acaso são poucos os burocratas, e por acaso não é esse o drama da nossa União Soviética?

Pergunta: Para quem o senhor escreve a sua obra? Os operários não o leem porque não o compreendem e a *inteligentsia* o insulta.
Maiakóvski: Tais perguntas não me atingem. Como eles sabem que não me entendem, se não me leem? Para mim, seria terrível se dissessem: "Eles o leem e dizem que é uma porcaria." Assim sendo, camaradas, tais perguntas para mim não têm muita importância. E quanto à *inteligentsia* me insultar, realmente *inteligentsia* é uma palavra de insulto. Existe também a *inteligentsia* operária[141].

A camarada Rogozínskaia se manifestou e disse que *Os Banhos* é melhor que *O Percevejo*. Para mim não existem ideais. Somente após a morte, vocês vão dizer que um grande poeta morreu. Eu quero ir adiante, passo a passo. Se dissessem que Maiakóvski escreve muito bem: naquele ano eu escrevi uma obra excelente e neste ano uma um tanto quanto, isso seria, para mim, muito mau. O fato de considerarem *Os Banhos* melhor que *O Percevejo* mostra que eu com *O Percevejo* elevei o gosto de vocês pelas obras dramáticas.

---

140 Nas ilhas Soloviétski (no Mar Branco) ou Solvki, havia campos de prisioneiros para condenados por atividades antissoviéticas (ibidem).
141 Essa pergunta está em contradição com a intervenção do operário Korotiéiev. Quanto à resposta – "tais perguntas não me atingem" – é apenas retórica, pois ele trata do tema nos seus poemas (por exemplo, "Incompreensível Para as Massas") e na própria peça. Essa assertiva sempre o preocupou.

MEIERHOLD: UMA POÉTICA EM CENA 147

INTERVENÇÃO NO DEBATE SOBRE *OS BANHOS* NO CLUBE PROLETÁRIO[142] [4 DE DEZEMBRO DE 1929[143]]:

Camaradas, apareceram aqui bilhetinhos e os camaradas intervieram nas discussões – alguns dizem que o burocratismo foi arrasado, mas não foram criados tipos em oposição a ele, não foram apresentados tipos positivos. Isso em primeiro lugar. Realmente pode ser uma insuficiência da minha peça, mas deve-se ao fato de eu querer apresentar, principalmente na época da construção quinquenal, não apenas algo crítico, mas também um relatório entusiástico e bem-humorado de como a classe operária constrói o socialismo. Essa é uma insuficiência não apenas desta peça, mas de todo o meu trabalho. Os camaradas dizem que aqui não é mostrado como lutar contra o burocratismo, mas realmente o partido e o poder soviético mostram isso: a limpeza do partido e do aparelho soviético, varrendo de nossas fileiras todos os que se burocratizaram, se tornaram fraudulentos etc.

A minha peça não é uma coisa nova. O próprio partido também sabe disso. A minha peça é um dos fios da mesma vassoura de ferro com que varremos esse lixo[144]. Eu não espero mais do que isso.

---

142 *Polnoe Sobranie Sotchinenii v 13 Tomakh*, v. XII, p. 399-400. Trad. Luiz Sampaio.

143 O texto taquigrafado se encontra no "Arquivo Central de Literatura e Arte do Estado". O registro integral da intervenção de Maiakóvski não foi encontrado. Esse trecho foi publicado pela primeira vez no jornal *Sovetskoe Iskusstvo* (A Arte Soviética), n. 50, Moscou, 29 de outubro de 1936. Cf. Fevrálski, *Maiakóvski lê Os Banhos*. Esta leitura e discussão da peça foi organizada pela redação da revista *Daióch* em 4 de dezembro de 1929, em Moscou, no Clube Proletário, com o auxílio de operários.
   Depois da leitura da peça, da intervenção de Meierhold (inexistente na *Státi, Pisma, Retchi, Besedi*, v. II,) e de vários operários, Maiakóvski respondeu à intervenção e às questões por escrito. Em seguida, os presentes tomaram a seguinte resolução: "Nós, operários reunidos no Clube Proletário em uma sessão literária, na qual o poeta Maiakóvski leu a sua peça *Os Banhos*, consideramos tais leituras algo muito necessário e útil... Além desta sessão, nós queremos assistir a *Os Banhos* no palco do Teatro de Vanguarda Meierhold, e consideramos que se trata de uma peça necessária, que desvenda solidamente o burocratismo. Nós queremos que uma avaliação geral da peça *Os Banhos* seja realizada conjuntamente com críticos, autor, diretor e artistas, no nosso palco, juntamente conosco – operários – onde nós possamos também participar das discussões a seu respeito". Não há relatórios datilografados sobre a discussão. Parte das perguntas escritas, apresentadas a Maiakóvski na sessão, foi publicada na revista *Sovetskoe Teatr* (Teatro Soviético), n. 1, Moscou, 1930. (Cf. *Polnoe Sobranie Sotchinenii v 13 Tomakh*, v. XII, p. 671-672.)

144 Para nós brasileiros, a imagem que Maiakóvski usa aqui soa, por analogia, como um discurso político demagógico, gasto, senil e demente, muito conhecido de todos. No contexto da discussão, entretanto, embora exista um tom de discurso, as palavras adquirem um significado de extrema coerência e consciência da burocratização nociva que a Revolução de Outubro atravessava naquele momento. Além disso, talvez Maiakóvski se refira, por contraste, também às vassourinhas de tília, usadas nos banhos russos.

148 UMA POÉTICA EM CENA

Esta reunião me comoveu profundamente porque vocês abordaram a minha peça muito corretamente e com muita atenção. Na reunião anterior[145] eu estive em um auditório mais qualificado do ponto de vista da formação profissional: gráficos. Eles se relacionam permanentemente com livros, e me parecia que hoje eu, talvez, fosse me encontrar em um meio que iria me repelir. Eu abençoo interiormente dezenas de vezes a minha descrença. Palavra após palavra, frase após frase, os camaradas apresentaram valiosas indicações e abordaram a minha obra com justiça. Resta-me apenas dizer que eu me sinto incentivado pela sua atenção para comigo. Eu vejo que atinjo realmente até o mais comum dos ouvintes e leitores. Se eu não consegui fazer o que era necessário neste trabalho, eu o farei da próxima vez. [Aplausos.]

Camaradas, nos últimos bilhetinhos pedem que eu recite um poema. Eu vou recitar este último. [Aplausos. Declama.]

Camaradas, eu prometo ao auditório comparecer em uma vesperal operária especialmente dedicada à poesia, e direi então um outro poema sobre a concessão de um lugar para eu morar, pois eu ainda não tenho um, o que me faz muita falta. [Risos, aplausos. Recita versos.]

INTERVENÇÃO NO DEBATE SOBRE *OS BANHOS*, REALIZADO NA CASA DA IMPRENSA EM MOSCOU[146] [27 DE MARÇO DE 1930]:

Companheiros, eu existo fisicamente há 35 anos e há vinte anos, por assim dizer, como criador e, durante toda a minha existência, tenho afirmado meus pontos de vista com a força de meus próprios pulmões, com o vigor e a firmeza de minha voz. E não me inquieto com o fato de que meu trabalho possa ser anulado. Nos últimos tempos, começou a formar-se a opinião de que eu era um talento reconhecido por todos, e estou contente porque *Os*

---

145 Referência à discussão sobre *Os Banhos* no Clube da Primeira Tipografia Modelo (ibidem, p. 672). Nessa intervenção de Maiakóvski, pode-se perceber com clareza como a peça (e talvez todas as obras de arte na época) era cobrada para se amoldar à ideologia vigente: se o autor critica os burocratas como tipos negativos para o comunismo, exige-se que ele mostre algum burocrata positivo (o que seria impossível), e não se percebe que os tipos positivos são justamente os operários e uma personagem do futuro. Aparentemente, no início da intervenção, Maiakóvski concorda com as críticas dos operários, mas na verdade ele não arreda pé de sua posição: é necessário fazer limpeza na burocracia. Parece que os operários presentes à reunião fizeram abordagens que agradaram ou – usando as palavras de Maiakóvski – comoveram o poeta. Infelizmente não foram publicadas nas *Obras Completas* nem as perguntas dos operários nem as respostas de Maiakóvski, mas por sua resolução por escrito depreende-se que o que comoveu Maiakóvski foi justamente o fato de ter sido "compreendido pelas massas".

146 O debate ocorreu onze dias após a estreia da peça. Os jornais não publicaram resumos e a intervenção de Maiakóvski apareceu pela primeira vez no jornal *Izviéstia*, em 6 de dezembro de 1935, com algumas modificações introduzidas pela redação (*Polnoe Sobranie Sotchinenii v 13 Tomakh*, v XII, p. 663-664). A presente tradução de Boris Schnaiderman vem reproduzida com sua autorização. Cf. *A Poética de Maiakóvski*, p. 309-311.

MEIERHOLD: UMA POÉTICA EM CENA

Banhos desfazem essa opinião. Ao sair do teatro, eu enxugo, em sentido figurado, é claro, cusparadas de minha fronte vigorosa.

Depois da exibição de *Os Banhos*, as opiniões se dividiam em dois grupos; uns diziam: "É admirável, nunca me diverti assim"; e outros: "Que droga, um espetáculo horrível."

Para mim, seria muito fácil dizer que minha peça era admirável, mas que a estragaram na execução. Seria um caminho extremamente fácil, que eu recuso. Aceito inteiramente a responsabilidade pelos defeitos e qualidades da peça[147]. Mas existem também momentos de outra natureza. Não se pode, por exemplo, chegar a dizer: "Vejam, a repressão a uma passeata de comunistas, digamos em Nova York, decorreu melhor que a greve dos mineiros de carvão na Inglaterra." Semelhante avaliação não constitui a medida real das coisas. Em primeiro lugar, é preciso dizer em que medida esta ou aquela coisa é necessária em nosso tempo. Se é uma coisa nossa, deve-se dizer: "Que infelicidade que seja ruim". Se é nociva, temos de nos alegrar pelo fato de ser fraca.

O interesse básico desse espetáculo não consiste na psicomentira, mas na solução de problemas revolucionários. Considerando o teatro uma arena que expressa lemas políticos, tento encontrar a forma de realização que permita resolver tais problemas. Antes de mais nada, declaro que o teatro é uma arena e, em segundo lugar, que é um empreendimento de espetáculo, isto é, uma alegre arena publicística.

---

147 O espetáculo foi dirigido por V.E. Meierhold, mas o próprio Maiakóvski figurava como assistente de direção. Na realidade, a preparação do espetáculo decorreu em íntima colaboração entre autor e diretor. O primeiro chegou a modificar partes do texto de acordo com a realização cênica, e por vezes por sugestão de Meierhold. A íntima colaboração entre ambos pode ser atestada, por exemplo, pelo fato de que, no caderno de direção, uma das réplicas figura com a primeira palavra escrita por Meierhold e as restantes por Maiakóvski. Todavia, as modificações introduzidas no decorrer do espetáculo quase não se refletiram no texto impresso, pois este já fora encaminhado por Maiakóvski para edição, quando se deu o trabalho preparatório do espetáculo. Em virtude do suicídio do poeta, as alterações introduzidas só foram encontradas em rascunho, sendo difícil estabelecer a forma definitiva desejada por ele. Nas fotografias do espetáculo, existem cenas que não figuram no texto publicado e uma personagem, o fotógrafo, introduzido por Meierhold. Algumas das modificações existentes em rascunho decorreram da necessidade em que se viu Maiakóvski de suavizar certas passagens fortemente satíricas. Ele o fez a contragosto, conforme atestam um epigrama violento que escreveu sobre o presidente do Comitê dos Repertórios, K.D. Gandúrim (*Polnoe Sobranie Sotchinenii v 13 Tomakh*, v. x, 170), e a quadra no mesmo sentido (ibidem, v. xi, 352) que figurava entre os versos satíricos afixados pelo poeta, por ocasião do espetáculo, no palco e na sala de espetáculo. Aliás, entre as frases violentas que retirou dos cartazes havia um ataque contra o crítico V. Iermilov, e no bilhete que deixou aos "companheiros da RAPP", ao suicidar-se, figurava: "Digam ao Iermilov que lamento ter retirado a legenda – precisaríamos acabar de nos xingar" (ibidem, v. xiii, 138, 354).

150 UMA POÉTICA EM CENA

Alguém disse: "O fracasso de *Os Banhos*, o insucesso de *Os Banhos*". Em que consiste o insucesso, o fracasso? No fato de que certo homenzinho do *Komsomólskaia Pravda* piou uma frasezinha no sentido de que não achara graça[148] ou no fato de que alguém não gostou do desenho de um dos cartazes? Foi isso que eu procurei em meus vinte anos de trabalho? Não, eu me orientei no sentido de produzir material literário e dramático de real valor e aplicá-lo. Em que consiste para mim o valor desse material? Está em que ele é, antes de mais nada, propaganda, dada em forma de algo a ser dito, está em que foram resolvidos no próprio texto, do início ao fim, todos os traçados cômicos dos diálogos. Eu sei que cada palavra feita por mim, da primeira à última, foi feita com aquela consciência com que fiz as minhas melhores coisas poéticas. Procurando demonstrar que havia na peça momentos sem graça, Tcharov citou três frasezinhas enxertadas por atores.

Agora, quanto ao aspecto dramatúrgico. Resolvendo certos problemas de montagem, defrontamo-nos com a extensão insuficiente do palco. Derrubamos uma frisa, derrubamos paredes, se for preciso derrubaremos o teto, queremos transformar um ato teatral individual, que se desenvolve em seis ou sete quadros, numa cena de massa. Repito dez vezes: prevejo que terei de entrar em conflito sobre esse tema com o velho teatro e com os espectadores. Eu sei, e creio que Meierhold também sabe, que se tivéssemos realizado a cena de acordo estritamente com as prescrições do autor, teríamos conseguido maior efeito teatral. Mas, em lugar de teatro psicológico, estamos apresentando teatro visual. Hoje fui criticado por operários no *Vechernii Moskvá* (Moscou Vespertino)[149]. Um diz: "Barracão de feira", e outro: "Fantoches"[150]. Pois bem, eu justamente queria dar barracão de feira e fantoches. Um terceiro diz: "Não é artístico". Isso me alegra: eu justamente não queria realizar artisticamente.

Nós nunca fomos vanguardistas sem base, mas também nunca fomos rabichos de ninguém. Sempre dissemos que as ideias defendidas pela União Soviética eram ideias avançadas. Somos o teatro de proa, no campo da dramaturgia. Nesse caminho, cometemos dezenas, centenas de erros, mas esses erros são mais importantes para nós que os êxitos do velho teatro de adultério.

---

148 No jornal *Komsomólskaia Pravda*, órgão da Juventude Comunista, para o qual o próprio Maiakóvski colaborava, aparecera um artigo de A. Tcharov em que se atacava violentamente a peça.

149 Em 27 de março de 1930, tivera lugar na redação do jornal uma discussão da peça, na qual tomaram parte alguns operários. Não existe anotação taquigráfica do debate, em que participou Maiakóvski, mas o jornal publicou, em 31 de março, um resumo da intervenção deste.

150 No original *pietruchka*, teatro popular de bonecos, do qual se tem notícia desde o século XVII, cujo nome deriva da sua personagem principal.

MEIERHOLD: UMA POÉTICA EM CENA 151

Fala Meierhold:

INTERVENÇÃO NO CONSELHO ARTÍSTICO-POLÍTICO DO GOSTIM[151]
[23 DE SETEMBRO DE 1929]:

Camaradas, quando Maiakóvski nos deu *O Percevejo*, eu publiquei[152] uma declaração que me valeu gozações, durante um bom tempo, de alguns camaradas do meio teatral. "Como Meierhold elogiou Maiakóvski! Ele até o chamou de autor dramático de importância mundial, iniciador de uma revolução na dramaturgia." Não me lembro dos termos exatos, mas todo mundo ficou espantado. E, quando *O Percevejo* foi montado, alguns me acusaram de parcialidade, de ardor excessivo. Vinham me dizer: "Camarada Meierhold, você tem que admitir que a peça é fraca." Creio que se há fraqueza, deve ser no fato de nós termos que montar a peça em seis semanas, o que em teatro é o máximo do *nonsense*. Em seis semanas, é impossível preparar um bom espetáculo. Eu penso que, se *O Percevejo* não teve êxito, a responsabilidade é do nosso teatro, mesmo porque Maiakóvski, presente em todos os ensaios, estava pronto a fazer modificações ou acréscimos; eu é que o impedia, porque se nós deixássemos que ele o fizesse, nós não montaríamos o espetáculo no prazo que havíamos fixado[153].

Quando Maiakóvski me trouxe sua segunda peça[154], eu me convenci de que eu tinha razão. Por quê? Eu me refiro aqui a Maiakóvski não apenas como autor de *O Percevejo*, mas enquanto autor dramático prosseguindo sua tarefa na mesma linha nova. Recordemos *Mistério-Bufo* e a facilidade com que Maiakóvski passou da primeira para a segunda variante. Por que *O Percevejo* é como é? Evidentemente porque Maiakóvski fez o que achava que devia fazer[155]. É um autêntico autor dramático, e agora que nos trouxe a sua nova peça, eu mandaria o representante do *Vechernii Moskvá*, se ele estivesse aqui, decuplicar as declarações que fiz a propósito de *O Percevejo*.

---

151 O escrito taquigrafado encontra-se nos Arquivos Centrais de Literatura e Arte do Estado. O debate foi realizado por ocasião da leitura de *Os Banhos* por Maiakóvski, daí a intervenção de Meierhold. Publicado na *Literatúrnaia Gazeta*, em 4 de novembro de 1929. Cf. *Státi, Pisma, Retchi, Besedi*, v. II, p. 215-217.

152 Trata-se de uma entrevista com Meierhold publicada no *Vechernii Moskvá*, em 27 de dezembro de 1928. Cf. *Státi, Pisma, Retchi, Besedi*, v. II, p. 174-175 e p. 550n.

153 A situação financeira difícil em que se encontrava o teatro de Meierhold naquele momento explica o fato de se ter montado *O Percevejo* com tanta precipitação. A peça foi um grande sucesso de público, e até o fim da temporada de 1929 e o GOSTIM não apresentou praticamente senão ela, que permaneceu no repertório por três anos. Cf. *Státi, Pisma, Retchi, Besedi*, v. II, p. 551.

154 A segunda peça a que se refere Meierhold é justamente *Os Banhos*; a primeira é *O Percevejo*. Na verdade, a primeira peça de Maiakóvski é *Vladímir Maiakóvski*, a segunda *Mistério-Bufo*, a terceira *O Percevejo* e a quarta *Os Banhos*.

155 "Fez o que achava que devia fazer": a expressão em russo significa, literalmente, "montou no seu cavalinho preferido".

152 UMA POÉTICA EM CENA

Eu poderia fazer agora julgamentos muito mais entusiastas do que os que manifestei a respeito de *O Percevejo*. Eu o farei, sem dúvida, mas não no *Vechernii Moskvá*, já que esse jornal evita falar a nosso respeito, mas, digamos, na *Literatúrnaia Gazeta*, onde nos permitem publicar sobre a peça um julgamento entusiasta.

Eu julguei essa obra como homem de teatro, capaz de julgar uma peça destinada ao teatro. O que é característico das obras de hoje? O fato é que todas as peças existentes e pretensamente revolucionárias acham-se num beco sem saída. Elaborou-se um clichê de agitação. Vejam de que maneira os operários dizem um para o outro: eu tomo um bonde em Odessa e me dirijo para ver *Miórtvaia Petliá* (O Laço Mortal)[156]. No bonde está sentado um operário que conversa com outro. Era evidente que eram operários. O primeiro pergunta: "Pra onde você vai?", "Eu? Ver o filme *Miórtvaia Petliá*." "Por que você vai ver *Miórtvaia Petliá*? Vá ver *Razlom* (A Ruptura)"[157]. E o outro, sem se perturbar, responde num tom indiferente, depois de uma pequena pausa: "Não, é de propaganda." Eis aí todo o problema. Empanturraram-no com propaganda, na qual a arte está ausente, de obras banais, de esquemas, arrancaram toda profundidade, empanturraram-no com aquilo que não abre horizontes, não alarga os problemas que se colocam os autores de filmes e dramas. E eu estou profundamente convencido de que muitos de nossos camaradas, muita gente que deseja manter as salas lotadas, começarão a protestar ativamente contra essa espécie de drama.

Um camarada, membro do Conselho Político e Artístico, afirma, falando de Maiakóvski: "Por que diabo temos necessidade dessa fantasmagoria teatral?" Mas eu sinto que esse camarada está contaminado por tudo aquilo que não interessa ao operário. Quando ele quer que Maiakóvski modifique sua peça para o benefício do público operário, que ele pretende conhecer, eu afirmo com toda a convicção que ele não conhece o público operário. É justamente nessa fantasmagoria teatral que Maiakóvski tem êxito, é isso que faz dele um autor dramático e não um fabricante de obrinhas de propaganda, um autor de comédias autenticamente populares, que fala uma linguagem extremamente acessível. Ele escreve coisas engraçadas que fazem o espectador sorrir espontaneamente, que fazem qualquer operário rir. Essas suas tiradas vão atingir efetivamente o público e vão perturbar. O estilo do epigrama é infinitamente melhor em Maiakóvski, autor dessa peça, do que em Bezimiênski, que escreveu *O Tiro*[158] justamente no estilo

---

156 Mais conhecido no Ocidente como *Looping the Loop*. Trata-se de *Die Todesschleife* (1928), filme mudo alemão dirigido por Arthur Robison (1883-1935).

157 Peça de B.A. Lavriêniá (1891-1959), escrita em 1927, considerada na URSS como realizadora dos princípios do realismo socialista e representante de uma grande etapa da dramaturgia soviética, uma opinião controvertida.

158 Alexandr Bezimiênski (1895-1973), dramaturgo e poeta. Sua peça *O Tiro* foi encenada por Meierhold em 1929. É um ataque ao burocratismo. Uma das fotos da peça mostra um burocrata engolido por uma montanha de papéis. Cf. *Státi, Pisma, Retchi, Besedi*, v. II, p. 220.

MEIERHOLD: UMA POÉTICA EM CENA 153

epigramático. Ele não acerta com esses procedimentos, ao passo que para Maiakóvski eles são extremamente fáceis.

A ligeireza com que foi escrita a peça não era acessível, na história do teatro, senão a um único autor dramático: Molière. Ontem, quando eu ouvi essa peça pela primeira vez, era Molière que me vinha à memória, e o camarada Kataev, autor de *Kvadratura Kruga* (A Quadratura do Círculo)[159], que assistiu à leitura de hoje, também se lembrou de Molière. E eu exprimo esse pensamento não somente em meu nome, mas também do camarada Oliécha[160], que se declara impressionado sobretudo pela simplicidade da concepção dramatúrgica de Maiakóvski. Eu falei recentemente com Oliécha (ele está, no momento, escrevendo uma nova peça), e o que mais o atormenta é que é necessário, a seu ver, falar no palco uma linguagem que seja compreensível a todo mundo, ao espectador altamente qualificado, assim como àquele que não o é. Encontrar uma linguagem simples é uma coisa de importância fundamental.

Se alguém me perguntasse: "Esta peça é um acontecimento importante ou não?", eu responderia, enfatizando bem minhas palavras: "É um acontecimento muito importante na história do teatro russo, é um grande acontecimento, e é necessário, antes de tudo, cumprimentar o poeta Maiakóvski, que acertou ao nos dar uma espécie de prosa onde encontramos a mesma mestria de seus versos. Sua prosa, que se refere aos nossos dias de hoje, em que linguagem é escrita? Se quiserem se referir aos dramaturgos russos, é de Púschkin, de Gógol que nos lembramos, ainda que os procedimentos de Maiakóvski sejam profundamente diferentes dos de Gógol e que seja uma outra técnica de abordagem. Maiakóvski é muito contemporâneo, ele é contemporâneo até a medula dos ossos, ele não tem a obsessão de se ligar a uma linha tradicional, como aconteceu certa vez com Andrei Biéli. Ele quis aproximar sua obra à de Gógol, de Dostoiévski e outros. Nessa peça de Maiakóvski, há uma grande liberdade em relação à tradição, mas, ao mesmo tempo, ele domina os procedimentos de dramaturgo, tanto que, sem querer, nos lembramos de um mestre da envergadura de Molière. O último monólogo de *Os Banhos* é o de Sganarello em *D. Juan*[161]. E vejam como o público ouviu a leitura dessa peça, a escutou.

---

159 De Valentim Kataev (1897-1986), ficcionista e dramaturgo. *A Quadratura do Círculo* foi montada pelo Teatro Oficina em 1963, como *Quatro Num Quarto*. Aliás, fez tanto sucesso essa montagem do Oficina que Fernando Peixoto nos contou, em depoimento, que a peça funcionou durante muito tempo como um quebra-galho para qualquer situação difícil pela qual o Oficina passasse.

160 Iúri Oliécha (1899-1960), escritor e dramaturgo. Meierhold montou em 1931 sua peça *A Lista de Benefícios*, com cenários do próprio Meierhold, mas desenhados e executados por S.E. Vakhtangov, I.I. Leistikov, K.K. Savítski, e músicas de G.N. Popov; estreou no Teatro Meierhold em 4 de junho de 1931.

161 Talvez Meierhold compare o monólogo de Optimístienko, quando Maiakóvski joga com a palavra "cara", com o monólogo de Sganarello, ato V, cena 2, de *D. Juan* de Molière. Cf. *Státi, Pisma, Retchi, Besedi*, v. II, p. 551n4. O monólogo de Sganarello: "Céus! Que ouço! Ao senhor já não lhe faltava senão ▶

154 UMA POÉTICA EM CENA

Observei nosso pessoal técnico. Eles ouviram a peça como se ouvissem um dramaturgo espanhol ou um dramaturgo da época da *Commedia dell' Arte* etc. Sim, nós temos que saudar na sua pessoa o enorme dramaturgo que estamos ganhando.

Propor ao camarada Maiakóvski que reelabore a peça seria uma verdadeira profanação (seria como cuspir num poço de água fresca). É com horror que penso que me caberá, como diretor, tocar nessa peça. Nós sempre cometemos violência com os autores quando montamos suas peças, nós corrigimos, algumas vezes, alguma coisa, de outras vezes nós modificamos. Porém, essa peça é composta de forma tão orgânica que não se deve modificar nada. Ela é infinitamente melhor que *O Percevejo*, em que nós sentíamos o tempo todo que havia algo para modificar, completar, substituir. Nessa peça não é necessário corrigir nada. Ela não poderia ser dividida em quatro ou cinco atos, ela é exatamente essa sinfonia de seis partes, em que não se pode modificar um elemento sequer. E, depois, a notável mudança, no meio da peça, do teatro dentro do teatro, é muito mais forte e mais expressiva[162] do que a que Maiakóvski fez em *O Percevejo*, em que ele queima todo mundo. Em sua peça genial – *O Gato de Botas* – Tieck[163]

> a hipocrisia para alcançar o cúmulo de todas as abominações. Olhe, meu senhor, esta última me deixa de tal modo espantado que não posso deixar de falar. Faça-me o que queira: bata-me, apaleie-me, mate-me, mas é preciso que desabafe e que, como criado fiel, lhe diga o que devo dizer. Fique sabendo que tanto vai o cântaro à fonte que um dia fica lá; e que, como diz muito bem aquele autor que não sei quem é, o homem está neste mundo como o pássaro na rama; a rama está presa à árvore; quem se encosta à árvore segue o bom preceito; os bons preceitos valem mais que as bonitas palavras; as bonitas palavras ouvem-se na corte; na corte estão os cortesãos; os cortesãos seguem a moda; a moda vem da fantasia; a fantasia é uma faculdade da alma; a alma é que nos dá vida; a vida acaba com a morte; a morte faz-nos pensar no Céu; o Céu cobre a terra; a terra não é o mar; o mar está exposto às tempestades; as tempestades atormentam os navios; os navios precisam ter um bom piloto; um bom piloto é prudente; a prudência não é dos novos; os novos devem obediência aos velhos; os velhos gostam das riquezas; as riquezas fazem a gente rica; a gente rica não é pobre; o pobre passa necessidades; a necessidade não tem lei; quem não obedece à lei vive como os brutos, e, por consequência, o senhor há de ser condenado ao inferno" (Molière, *Dom João ou O Convidado de Pedra*, trad. Henrique Braga, Porto: Lello e Irmãos, 1971, p. 118-119).
> O monólogo de Optimístienko (ato VI, fala n. 450):
> "Na minha vez, tomo a palavra em nome de todos os caras e digo logo, de cara, sem olhar nas caras, que para nós dá no mesmo, qual cara está na cabeça da repartição, porque nós respeitamos apenas o cara que foi destacado e está ali. Mas digo sem agradar às caras que cada cara gosta de ter de novo pela frente a agradável cara. Por isso, em nome de todos os caras eu lhe ofereço este relógio, em marcha combinará bem justamente com a sua cara, como o cara que está à frente."

162 Trata-se do terceiro ato, no qual se mostra a presença do burocrata Pobiedonóssikov e seu grupo, no teatro. Cf. *Státi, Pisma, Retchi, Besedi*, v. II, p. 551n5.

163 Em *O Gato de Botas*, Tieck expôs o público pequeno burguês ao ridículo, com seus gostos vulgares e sua aspiração à verossimilhança naturalista. A ação se ▶

MEIERHOLD: UMA POÉTICA EM CENA 155

transforma em fantástica a realidade do cotidiano e vice-versa. É isso que o teatro exige. O teatro tem as suas próprias leis e deve falar a linguagem de suas leis; é isso que ele faz. Maiakóvski estende a mão aos autores dramáticos mais notáveis do passado. Ouvindo essa peça, nós recordamos os maiores mestres da dramaturgia. Ela deve ser montada tal como está escrita.

INTERVENÇÃO NO CLUBE DA PRIMEIRA TIPOGRAFIA MODELO [30 DE OUTUBRO DE 1929][164]:

[...] O poeta Vladímir Maiakóvski demonstrou-nos a importância que pode ter o estudo do epigrama na dramaturgia. Nós sabemos que dificuldades encontram os autores que menosprezam essa técnica. São aqueles autores contemporâneos que, abordando uma temática soviética, esforçam-se em apresentá-la de um modo original, mas se perdem, porque não dominam essa técnica muito difícil – o epigrama.

Depois de estar familiarizado com Maiakóvski durante muito tempo, eu creio que o procedimento do epigrama corrosivo, que ele ataca com a máxima mordacidade, ele o utiliza, antes de tudo, como poeta, ele não é prolixo, um poeta fala sempre uma linguagem lacônica, precisa, metafórica. Quantas vezes assistimos a peças longas, cacetes, sem interesse, prolixas! Para divertir o espectador a qualquer custo, muitos autores dramáticos contemporâneos incorporam a suas peças um balezinho, ou uma musiqueta vulgar, ou então alguns versos, sem nenhuma relação com o tema, ou ainda algum entreato do gênero daquele que o diretor usou em *Ôba! Nós Vivemos*, de Toller[165], obrigando a morte a dançar em cena, ninguém sabe por que, ou então apela para efeitos de luz. No meio de todos esses absurdos "teatrais", a ideia essencial da peça desaparece irremediavelmente. E o espectador sai do teatro esvaziado como se saísse de um *music-hall*.

Maiakóvski é sempre de um laconismo extraordinário. Ele sabe sempre do que zomba e porque zomba, ele sabe sempre a quem é destinado o espetáculo que compôs. Nada é supérfluo nele. É o primeiro autor dramático no qual eu não refaço nada. Eu nunca me decidi a cortar uma só

▷ passa ao mesmo tempo no palco e na plateia. A tradução russa dessa peça foi publicada em *O Amor das Três Laranjas*, n. 1, 1916.

164 Intervenção publicada no relatório intitulado "Sobre *Os Banhos*", em *Daióch*, Moscou, n. 12, 1929. Foi organizada uma leitura da peça pela redação da revista, pela Tipografia Modelo da Editora Estatal e pela redação do jornal *A Vida do Tipógrafo*. Após Maiakóvski ter lido a peça, Meierhold falou em primeiro lugar. Há aqui a omissão de dois parágrafos iniciais nos quais Meierhold examina a questão do epigrama independentemente de *Os Banhos*. Cf. *Státi, Pisma, Retchi, Besedi*, v. II, p. 218-219.

165 *Hoppa! Wir Leben!*, de Ernst Toller, estreou na Piscator-Buhne, em 1927, dirigida por Erwin Piscator, levada sobre um complicado dispositivo cênico, realizado por Trangott Muller e pelo maquinista Richter.

156 UMA POÉTICA EM CENA

palavra dele, nunca mudei seus episódios de lugar. Tudo está sempre no lugar certo. Todas as peças são extraordinariamente comprimidas e enxutas. Sua peça Os Banhos é muito mais forte que todas as suas peças precedentes. Não quero dizer com isso que suas peças precedentes sejam fracas, eu gosto muito do Mistério-Bufo e de O Percevejo, que são peças notáveis, mas Maiakóvski, nessa nova obra, ficou ainda mais forte[166].

Aqui, ele ridiculariza o burocratismo com brilho, ridiculariza um sem--número de defeitos do nosso cotidiano, e ele o faz com uma mordacidade fora do comum, com muito engenho.

Essa obra tem ainda uma particularidade. Ao ouvi-la nós nos lembramos de Molière. E, efetivamente, os longos monólogos são extremamente característicos de Maiakóvski; e ele aí acumula um material verbal com um brilho e um espírito que, até o presente, nós não conhecemos senão em Molière.

E embora tanto O Percevejo como Os Banhos estejam escritas em prosa, é um grande poeta que surge diante de nós. Outra coisa ainda: ele amplia enormemente os limites das leis do teatro. Ele apresenta em cena tudo o que ele quer mostrar. Ele obriga as técnicas cênicas modernas a se elevar a seu nível. É o único autor dramático que nos obriga a rever todos os cânones de que nós nos valíamos no palco. E nos faz "cineificar" a cena. Ele leva os atores a usar de maneira nova o aparato de declamação[167].

E mais. Quando Maiakóvski se torna patético, ele nunca se torna afetado. O que há de mais difícil em cena é desenvolver o patético e conduzi--lo a uma tensão máxima. É aqui que se sente a natureza de Maiakóvski, a de poeta-tribuno. E antes de tudo ele se exprime sempre com alegria, com emoção, e nunca trata nada de modo frio e neutro. Quando ataca um de seus inimigos ou quando se entusiasma com nossas realizações, com nossa industrialização, com nossa racionalização, com nossa emulação social etc., trata-se para ele de algo muito concreto, de algo que ele vive.

Eis o grande mérito desse poeta-tribuno. Eis o principal mérito de Maiakóvski. Eu o felicito e lhe desejo o máximo de novos sucessos nesse caminho tão difícil, o caminho de uma dramaturgia autenticamente soviética, autenticamente revolucionária.

SOBRE OS BANHOS DE VLADÍMIR MAIAKÓVSKI [13 DE MARÇO DE 1930][168]:

V. Ermílov no Pravda (9 de março, n. 67), em um artigo intitulado "Sobre os Estados de Espírito do 'Esquerdismo' Pequeno-Burguês em Literatura", en passant, atacando Maiakóvski (dizendo mais exatamente: "sem rima e

---

166 Todos os participantes da discussão acolheram favoravelmente a peça.

167 Como em O Percevejo, Maiakóvski trabalha com Meierhold na qualidade de "assistente encarregado do trabalho com o texto".

168 Este artigo foi publicado em Vechernii Moskvá em 13 de março de 1930. Cf. Státi, Pisma, Retchi, Besedi, v. II, p. 219. (Tradução nossa.)

MEIERHOLD: UMA POÉTICA EM CENA 157

sem razão"), nos notifica que em sua peça *Os Banhos* soa uma nota falsa de "esquerda"[169]. V. Ermílov faz essa declaração tão grave não tendo lido a peça na íntegra, porém apenas um fragmento publicado nos jornais.

Não se pode jamais julgar uma peça por um simples fragmento, mesmo no caso em que a peça, como sucede às vezes, não seja destinada ao palco, mas somente à leitura (literatura disfarçada em dramaturgia). Todavia, julgar uma peça construída para o teatro por um simples fragmento é dar provas de uma total incompreensão do que acontece com uma peça, assim que ela tenha recebido uma expressão cênica.

V. Ermílov narra compenetrado[170], como se um "certo perigo" ameaçasse Maiakóvski "porque Maiakóvski gigantiza, na peça *Os Banhos*, o pobiedonossikovismo a um tal ponto que ela acaba por não exprimir o que existe de concreto".

Entretanto, o espetáculo demonstra com toda clareza que nenhum perigo ameaçou nem ameaça Maiakóvski pelo fato da gigantização do pobiedonossikovismo, mas que, ao contrário, a força de Maiakóvski resulta precisamente do fato de ele ter agigantado esse pobiedonossikovismo e, principalmente, porque ele conseguiu estigmatizar de modo apropriado exatamente esse pobiedonossikovismo.

Quem o perigo ameaçou foi justamente V. Ermílov: ele colocou num mesmo saco Selvínski[171] e Maiakóvski e aí foram atribuídas a Maiakóvski as falhas de Selvínski, sem que Maiakóvski tivesse culpa de nada. A responsabilidade fica a cargo desse ilusionista desajeitado que nos parece ser V. Ermílov, com sua intenção de fazer Maiakóvski passar por aquilo que não é na realidade.

Em *Os Banhos* é com o propósito de ridicularizar que Maiakóvski evoca os Pobiedonóssikov. E de onde V. Ermílov tirou a ideia de que Maiakóvski apresentaria em Pobiedonóssikov um renegado do partido? Não é um renegado político que Maiakóvski golpeia em sua sátira, como V. Ermílov procura fazer acreditar[172].

169 V.V. Ermílov (1904-1965) foi um crítico que representou o papel principal na campanha da RAPP contra Maiakóvski e sua peça. Após 23 anos, ele reviu suas posições e confessou que não soubera entender o que havia de positivo em *Os Banhos*. Cf. Alguns Problemas da Dramaturgia Soviética, Moscou, 1953, p. 43-44 e *Státi, Pisma, Retchi, Besedi*, v. II, p. 551n1. Além do artigo de Ermílov, no qual se dedica um parágrafo a *Os Banhos* no *Pravda*, antes e depois dele foram publicados outros artigos que avaliavam positivamente a peça: A. Fevrálski, "Os Banhos de V.M.", 22 out. 1929; V. Popóv-Dubóvski, "À Procura de Caminhos. Considerações a Respeito de *Os Banhos*", 8 abr. 1930.
170 Ver, infra, "A Narrativa Pela Crítica".
171 Iliá Selvínski (1899-1968) escreveu *O Comandante do Segundo Exército*, encenada pelo Teatro Meierhold em 1929. Nela se representa um comandante saído da *intelligentsia*, enfrentando a tropa; o indivíduo lúcido enfrenta a multidão cega. O comandante é finalmente fuzilado por ordem de um bolchevique monolítico. O poeta e o diretor foram acusados de individualismo.
172 No artigo datilografado (arquivo de A. Fevrálski), encontramos nesse trecho as seguintes palavras: "Sabendo que no mundo também vivem os Ermílov, ▶

158 UMA POÉTICA EM CENA

O que Maiakóvski apresenta magistralmente em sua peça é o conflito trágico entre o operário-inventor e a burocracia, a administração e sua morosidade, o utilitarismo. Essa é uma das linhas mestras da peça. E há ainda uma outra: V. Maiakóvski mostra, em uma série de situações cênicas, seu entusiasmo diante do arrojo do proletariado decidido a superar todos os obstáculos colocados em seu caminho para o socialismo, e que deseja acelerar o ritmo de realização da tarefa dada pelo Partido – "alcançar e ultrapassar"[173] e que, a despeito da conjuntura internacional mais desfavorável, quer alcançar o socialismo custe o que custar. O poeta desenvolveu em *Os Banhos* o patético dos horizontes, da criatividade, do ritmo.

Mas Vladímir Maiakóvski não se contenta em evocar simplesmente uma personagem cheia de detalhes concretos ("a um tal ponto" que não há nada de *concreto*, como pretende Ermílov); e ele se esforça também em apresentar ao espectador não os clichês de formas cênicas decrépitas do teatro de costumes, mas sim as técnicas de um novo teatro, capaz de ampliar o campo teatral com um duplo objetivo: de um lado, uma metralhada satírica (Pobiedonóssikov), do outro, uma arte poética e musical, a construção socialista (o operário-inventor).

E sobretudo: no fundo dessa luta, Vladímir Maiakóvski, como grande poeta, eleva a emoção que suscita nele a construção socialista a uma tensão máxima, lançando em cena os monólogos maravilhosos de que a dramaturgia de costumes nos tem privado há longo tempo.

É a Mulher Fosforescente que pronuncia tais monólogos, e suas aparições ao longo da peça testemunham um conhecimento surpreendente das leis da arte poética e musical. A intérprete desse papel difícil (Zinaída Raikh) deve dinamizar absolutamente ao máximo a atmosfera do espetáculo e conduzir o espectador, graças à sua tensão emocional, a acreditar na realidade do "século comunista". E aqui existe uma força que conduz o proletariado, construtor do socialismo, à vitória sobre aqueles que se opõem a essa construção.

▷ Maiakóvski tirou de Pobiedonóssikov um bilhete do partido, que ele tinha à sua disposição no primeiro esboço da peça. (O que teria acontecido se Maiakóvski houvesse publicado o fragmento dessa variante? Tal mestre tem o direito de publicar até rascunhos. Com Maiakóvski aprende um grande número de poetas proletários.)". Cf. *Státi, Pisma, Retchi, Besedi*, v. II, p. 551n2.

173 Objetivos desenvolvidos pelo plano quinquenal. Cf. o romance de Valentim Kataev que tem por tema a época do plano quinquenal: *Vremya, Vperyod!* (Tempos, Adiante!, 1932).

A Narrativa Pela Crítica

> Eu sei
> a lírica
> curva-se amargamente,
> a crítica
> arroja-se
> com um chicote a açoitar.
>
> V. MAIAKÓVSKI, trecho do poema "Lênin"
> (Trad. Luiz Sampaio)

> Escritores há muitos. Juntem um milhar.
> Ergamos em Nice um asilo para os críticos.
> Vocês pensam que é mole viver a enxaguar
> A nossa roupa branca nos artigos?
>
> V. MAIAKÓVSKI, "Hino ao Crítico"
> (Trad. Augusto de Campos e Boris Schnaiderman)

A Crítica: Parcialidade Estreita

A crítica, muito antes da estreia do espetáculo de Meierhold, foi completamente desfavorável a *Os Banhos*. Lendo hoje o que foi escrito, tem-se a sensação nítida de má-fé extrema por parte de todos os críticos: não se compreende uma crítica que não se apoie no espetáculo de teatro. Com *Os Banhos* foi assim.

Os trechos de críticas traduzidos aqui são provenientes daqueles publicados por Constantín Rudnítski na obra sobre Meierhold, já citada várias vezes. Esclareça-se que não encontramos essas críticas completas, em russo ou mesmo traduzidas. Somente Constantin Rudnítski cita vários trechos delas. É necessário também dizer que na obra de Rudnítski *não há nenhuma citação de qualquer crítica favorável*. Todas elas são extremamente negativas. Logicamente, houve quem defendesse a peça e o espetáculo. Por que não são nem mesmo citadas? Por que nas traduções para línguas ocidentais do artigo de Meierhold "Sobre *Os Banhos* de Vladímir Maiakóvski", de 13 de março de 1930, quando ele contesta Ermílov, foram suprimidas as notas de Fevrálski, mostrando que houve críticas favoráveis[174] : a do próprio A. Fevrálski, "Os Banhos", em 22 de outubro de 1929 e

---

174 Ver, supra, "A Narrativa Pelos Debates".

160 UMA POÉTICA EM CENA

a de V. Popóv-Dubóvski: "À Procura de Caminhos (Considerações Sobre *Os Banhos*)", em 8 de abril de 1930?

Ainda que a grande maioria da crítica seguisse a RAPP, houve críticos que não compactuaram com a atitude tendenciosa. Por que não se publica nada a respeito nas obras que tratam de *Os Banhos*?

Temos consciência de que é muito difícil lidar de uma forma correta com trechos de crítica sem incorrer em opiniões simplistas e apaixonadas. Porém, ao estudar tais críticas feitas à peça e ao espetáculo de *Os Banhos,* chega-se a algumas deduções que nos parece necessário discutir. Deduções que não foram feitas a partir somente dos trechos das crítica. Elas, na verdade, estão dispersas em opiniões às vezes até mesmo de estudiosos apaixonados pelo trabalho de Meierhold e Maiakóvski, como é o caso de Angelo Maria Ripellino, ou de tradutores importantes da obra de Maiakóvski, como é o caso de Augusto de Campos. Verifica-se também, na obra de Rudnítski, que tenta ser o mais neutro possível, ter uma atitude científica em relação ao trabalho teatral de Meierhold, vários pontos contraditórios sobre *Os Banhos*.

Comecemos a expor tais deduções, citando longos trechos de Rudnítski:

mesmo antes que Meierhold levasse a produção do espetáculo ao palco, *Os Banhos* estavam sujeitos à crítica furiosa. No dia 6 de fevereiro de 1930, os críticos da RAPP manifestaram-se contra a comédia de Maiakóvski. [...] Supunha-se que uma vez que o poeta tivesse aderido à RAPP, ele teria que subordinar a sua arte[175] aos princípios dessa, então todo-poderosa, organização. No entanto, a sátira de *Os Banhos* estava em desacordo total com a teoria da RAPP sobre o homem real e o programa de Teatro da RAPP em geral.

Embora os membros da RAPP não dissessem isso abertamente, a sátira não se encaixava em sua teoria de modo algum. Por isso, os artigos apareceram imediatamente, indicando que Maiakóvski tinha novamente selecionado o alvo errado e estava atacando um perigo irreal. [...]

[...] V. Ermílov afirmou que em *Os Banhos* soava uma "nota esquerdista" falsa[176][...] Tudo isso soava suficientemente ameaçador. Meierhold apressou-se a defender a peça. De onde Ermílov tirou isso, que Maiakóvski

---

175 Maiakóvski tornou-se membro da RAPP em 1930, mas há uma contradição interior do poeta em relação aos rumos da organização.
176 Ver a tradução do trecho da crítica de Ermílov supra.

MEIERHOLD: UMA POÉTICA EM CENA 161

supostamente mostre um renegado do partido em Pobiedonóssikov?[177] Meierhold perguntou isso ingenuamente, porém pouco sinceramente [...] Mas não era tão fácil fazer Ermílov parar. Ele citava uma série de excertos da peça extremamente convincentes[178] [...] Seguiu-se uma situação triste. Ficou claro que os críticos da RAPP recusavam-se obstinadamente a observar as novas descobertas estéticas que estavam sendo oferecidas por Maiakóvski, que era precisamente a capacidade de generalização das imagens de *Os Banhos*, percebida como uma falha. Por trás de todas as frases ruidosas de Ermílov, permaneceu escondida uma ideia altamente característica dos "recursos" da RAPP: é permitido criticar e expor satiricamente somente falhas concretas e individuais. Qualquer generalização é um erro (mais tarde chamado de calúnia). Enquanto clamava por coragem, Ermílov rumava em direção à covardia [...] A imprensa, em relação a *Os Banhos*, encenada pela primeira vez no dia 16 de março de 1930, foi realmente ruim e envenenou os últimos dias da vida do poeta. De um modo geral, a sensação inicial de felicidade, que tinha começado a aparecer em Maiakóvski, dissipava-se rapidamente. O espetáculo trouxe-lhe muitas frustrações [...] Houve diversas observações críticas referentes à peça, mas as resenhas ecoavam em sua maioria o tema da RAPP de que a sátira de Maiakóvski estava errando o alvo, de que o "nível da burocracia é tirado para fora da luta social e dos mecanismos concretos de construção etc."[179] [...] As novas formas de teatro político propostas por Maiakóvski e Meierhold n'*O Percevejo* e em *Os Banhos* não eram nem compreendidas nem percebidas pelos críticos. O medo das generalizações amplas, da hipérbole e da sátira, tornou-se epidêmico. A sátira despertava irritação – isso transparece em praticamente todas as resenhas das encenações de *O Percevejo* e de *Os Banhos*.[180]

Na exposição de Rudnítski fica claro que a crítica especializada e a RAPP tinham como objeto uma campanha contra *pessoas*, mais do que contra a obra de arte. Evidentemente, combatendo com violência a obra, acaba-se atingindo o artista. E é curioso perceber que, pelas narrativas da crítica, não se narra o espetáculo, não se pode tentar imaginar sequer como teria sido a montagem de Meierhold/Maiakóvski, a não ser pela crítica de V.B. (provavelmente V. Blium) "*Os Banhos* no Teatro Meierhold", e por uma ou outra frase descritiva.

Aliás, existe uma contradição entre a crítica especializada e as notas sobre os debates, nas quais se informa que os ouvintes

---

177 Ver "A Propósito de *Os Banhos*", supra, em "A Narrativa Pelos Debates".
178 Ver trecho da crítica de Ermílov supra.
179 Taras Kostróv, Bania v Teatre Meierkholda (*Os Banhos* no Teatro Meierhold), *Operário de Teatro*, n. 6, 1930.
180 Cf. K. Rudnitsky, op. cit., p. 448s.

das leituras da peça riam, gostavam e até aprovaram sua montagem. A crítica segue exatamente a orientação da RAPP, que não era senão uma ditadura (como o próprio Rudnítski chama o comportamento da instituição)[181]. Rudnítski expõe com clareza não só o clima de oposição à vanguarda em arte, como até a mediocridade e a intriga que a RAPP espalhou no período – final dos anos 1920, início dos anos 1930[182]. Ao mesmo tempo que se percebe esse clima de intriga da RAPP, existe uma tentativa (até sincera) de comentar a obra de Maiakóvski em conjunto, mas também de exigir de forma sutil uma solução de problemas através da dramaturgia; no fundo, seria possível resumir: "Você mostra os tipos negativos e não apresenta soluções", como a própria crítica da época fazia:

É importante, entretanto, compreender a questão principal: como, exatamente, Maiakóvski se propunha a atingir seus objetivos e utilizar novamente o teatro "para nos sacudir", para fazer novamente do "palco uma plataforma"? O que significava, especificamente, o princípio da "lente de aumento"?

Comparando-se *O Percevejo* e *Os Banhos* até com *Mistério-Bufo*, descobrimos com facilidade, nas novas comédias de Maiakóvski, novos meios de expressão. A agitação é compreendida de modo diverso e outras coisas são ditas da "plataforma". No lugar das máscaras sociais de *Mistério-Bufo*, suas alegorias e personagens descritas de modo realista são tipos monumentais, em ampla escala social – Prissípkin, Baian, Pobiedonóssikov, Optimístienko e outros –, caracterizadas com perfeição, apreendidas com todas as suas qualidades de vida específicas e, nas palavras de um dos inimigos mais ferozes do poeta à época, V. Ermílov, "agigantados". A hipérbole satírica nessas novas comédias de Maiakóvski lidava com o material altamente específico da realidade do presente. Figuras familiares a todos ficavam sob a "lente de aumento". O poeta arrastava-as para o palco junto com seu meio-ambiente, ridicularizava suas atitudes e seus hábitos, seu sistema de demagogia e sua acomodação.

Em outras palavras, ao lado de sua rejeição dos *aguítki* degenerados dos dias do comunismo de guerra, que aliás eles tinham ajudado a fazer, Maiakóvski e Meierhold procuraram e encontraram novas formas de teatro político e de propaganda contemporâneas. Eles reconstruíram as ligações com as tradições das sátiras de Griboiédov, Gógol, Schedrin.

N'*O Percevejo* e n'*Os Banhos*, eles substituíram o princípio das máscaras sociais pelo princípio do ataque satírico, substancial e multifacetado, aos tipos sociais hostis aos padrões morais e ideais da nova sociedade.[183]

---

181 Ibidem, p. 466.
182 A RAPP foi extinta em 1932.
183 K. Rudnitsky, op. cit., p. 462.

MEIERHOLD: UMA POÉTICA EM CENA   163

Ao ressaltar as qualidades das peças de Maiakóvski e os espetáculos de Meierhold/Maiakóvski, inclusive o resgate de mestres da dramaturgia do passado, Rudnítski mostra que as pessoas do presente foram *agigantadas de modo realista*, mas não ultrapassa o comentário daquele presente. Não existe um comentário sobre o espetáculo ou sobre como ele *lê* essa dramaturgia de Maiakóvski (e a relação Meierhold / Maiakóvski) hoje. O que essa dramaturgia tem de importante como obra de arte que pôde superar o momento histórico de quando foi escrita/ encenada? Ao contrário, como quase toda a crítica da época, Rudnítski quer soluções, como se o teatro fosse um departamento burocrático de resolução de problemas:

No "agigantamento" dessas forças hostis e utilizando todos os meios de expressão do palco para indicar o mal social, ambos estavam extremamente relutantes em afirmar que o perigo que eles viam era fácil de vencer. O fato de que, n'*O Percevejo* e n'*Os Banhos*, a liberdade em relação aos Prissípkin e Pobiedonóssikov *estava ligado à esperança para o povo de um futuro distante, ao tema da fantasia e Utopia Social é muito significativo. A técnica de transpor a ação para o futuro permitia uma remoção segura de prognósticos otimistas para o "fora dos parênteses" da modernidade e permitia uma eliminação relativista das contradições, em vez de sua solução na luta dramática daqueles dias.*[184]

É difícil e até certo ponto incorreto ficar citando as opiniões de Rudnítski: uma tradução de tradução; mas é visível que certa impregnação pelas críticas da época ficou em muitas pessoas contemporâneas dos artistas e foi passada até mesmo para os críticos de hoje. Mesmo Angelo Maria Ripellino, que é um apaixonado pelas obras de Maiakóvski, tem em alguns momentos essa mesma posição da época e da RAPP:

Semelhante aos outros textos dramáticos de Maiakóvski, também *Bânia* é rachada ao meio como uma melancia. À aparatosa comicidade dos burocratas contrapõe-se a secura lenhosa dos companheiros de Tchudakov, uniformes como os "impuros" de *Mistéria-Buf*.
  Não menos árida e desbotada do que os "impuros" é a imagem do futuro, que se entrevê numa lonjura telescópica através dos discursos da mulher Fosforescente.[185]

---

184 Ibidem, p. 461. Grifos nossos.
185 Op. cit. p. 199. Ver ainda, na mesma obra, toda a parte 4 do capítulo "Burocratas no Banho", p. 199-200.

164 UMA POÉTICA EM CENA

Acreditamos que toda essa posição crítica deve ser rigorosamente revista e, sem dúvida, devemos nos perguntar com extremo cuidado: será a posição de Ripellino realmente uma herança da RAPP ou haveria uma outra razão para algumas críticas, quando trata da *poesia política* de Maiakóvski? Confessamos que durante muito tempo defendemos a posição de que a crítica da época e a RAPP influenciavam os críticos de hoje. Numa conversa com Boris Schnaiderman, ele me lembrou a introdução de Ripellino para o poema "Lênin". Diz Ripellino:

Quando Giulio Einaudi me propôs que traduzisse o "Lênin" de Vladímir Maiakóvski, primeiro fiquei perplexo, porque o "Lênin", composto de abril a outubro de 1924, é entre os poemas de Maiakóvski o menos robusto e o mais pobre de invenção de metáforas, no qual mais se revela o propósito de "esmagar a garganta do próprio canto". Perseguia-me a dura frase com a qual Pasternak, em *Ensaio de Autobiografia*, condena a poesia política maiakovskiana: "Não me dizem nada essas receitas desastradamente rimadas, essa pesquisa vazia, esses lugares comuns, essa verdade mirabolante formulada de maneira muito artificial, confusa e chata."[186]

O próprio Boris Schnaiderman, citado por mim logo adiante, comenta essa posição de Pasternak.

Talvez a crítica de Ripellino às personagens dos operários da peça *Os Banhos* esteja ligada muito mais à posição de Pasternak do que à RAPP, à poética de Maiakóvski como publicista da Revolução, mas ainda assim discordamos. A peça superou seu momento histórico, a sua circunstância e muitos poemas políticos de Maiakóvski também, como trechos do poema "Lênin", ou o poema "Nossa Marcha".

Schnaiderman contrapõe, falando da poesia: "Pode-se afirmar que a poesia política de Maiakóvski é a parte mais fraca de sua obra? Mais: é possível dizer o que não é poesia política na produção poética desse artista soviético?" E, desenvolvendo tais indagações, Schnaiderman vai apontando inclusive as *incoerências* aparentes do *maniqueísmo* de Maiakóvski e, sem dúvida, coloca de lado as opiniões a respeito de sua poesia política ser a parte mais fraca de sua obra:

---

186 Cf. Prefazione, em V. Majakovsky, *Lênin*, tradução e notas de A.M. Ripellino, Torino: Giulio Einaudi, 1967. (Tradução nossa.)

MEIERHOLD: UMA POÉTICA EM CENA   165

Mas o poeta parecia ter bem consciência dos perigos desse maniqueísmo, aliás um problema de linguagem poética e de eficácia. Evidentemente, não é por acaso que a sua autobiografia em prosa "Eu Mesmo" inicia-se com as palavras: "Sou poeta. É justamente por isso que sou interessante". Na mesma prosa autobiográfica ele se refere ao poema "Vladímir Ilitch Lênin", escrito pouco após a morte do líder: "Eu tinha medo desse poema, pois era fácil descer à simples paráfrase política."

E este medo da poesia de agitação aparece no próprio texto poético, em que se adverte contra o "estatuto preestabelecido da veneração" e expressa-se o temor de que "o incenso adocicado" afogue a "simplicidade leninista", a simplicidade do "mais terreno dos homens que pisaram na terra". O poema tem um toque de sinceridade rude e chega a dizer que se Lênin fosse "divino e majestoso" (até onde chegava, então, o fraseado dos ditirambos!), ele, poeta, preferiria rebentar com bombas a muralha do Kremlin, gritando: "Fora!" Mas se aparece ali esse medo da retórica fácil, essa autoadvertência, por outro lado há uma dedicação total aos ideais proclamados então pelo partido:

> Toda a minha
> força sonora de poeta
> eu te entrego,
> classe atacante.[187]

E em outro trecho: "Aliás, parece-me difícil dizer o que não é poesia política nos versos de Maiakóvski posteriores à Revolução. Veja-se nesse sentido o seu extraordinário poema de amor 'Carta a Tatiana Iácovleva' (tradução de Haroldo de Campos comigo): tudo ali está marcado pelo grande *pathos* da história e da política."

Mesmo antes, Boris Schnaiderman, referindo-se à obra de Maiakóvski, já comentava o problema:

Mais de uma vez, a sua obra foi aceita parcialmente, com rejeição em bloco de partes essenciais. Por exemplo, Boris Pasternak, em seu *Ensaio Autobiográfico*, manifesta especial predileção pelos versos maiakovskianos anteriores à Revolução, mas considera desprezível, "inexistente", tudo o que ele escreveu a partir de 1918, com exceção de um "documento imortal": "A Plenos Pulmões". Diversos críticos soviéticos que exaltaram Maiakóvski fizeram restrições justamente aos versos daquele período, como "formalistas" e "futuristas". Mas, a nosso ver, a obra de Maiakóvski tem de ser considerada como um todo. Vemos uma espécie de fio condutor ligando os seus primeiros versos aos últimos poemas. *A evolução de formas, as mudanças*

---

187 B. Schnaiderman, Maiakóvski: Poesia e Coerência, *Folha de S.Paulo*, 27 fev. 1983, Folhetim, p. 3.

166 UMA POÉTICA EM CENA

de visada, são apenas múltiplos aspectos da mesma realidade poética que se apresenta num desenvolvimento contínuo. O Maiakóvski futurista, que usava blusa amarela, é o mesmo poeta da Revolução, consciente e desafiador, assim como os poemas que escreveu nas vésperas da morte trazem a marca dos mesmos procedimentos poéticos, originalíssimos e altamente elaborados, que pôs em prática a partir de 1912.[188]

Assim, as críticas a *Os Banhos* seguem duas linhas mestras, ambas altamente negativas: a que (como a de Ermílov e a da RAPP) mostra como a peça escrita por Maiakóvski e o espetáculo de Meierhold/Maiakóvski era apenas uma crítica direta aos burocratas e, portanto, ao *partido*; e outra, como a de V. Blíum em "*Os Banhos* no Teatro Meierhold", que estraçalhava o espetáculo, catalogando-o de *simples repetição das síniaia-bluza* (blusa-azul), que em 1930, na época da montagem de *Os Banhos*, já era um tipo de teatro completamente esgotado. Isso foi uma tendência crítica equivocada, maldosa e que, sem dúvida, aborreceu extremamente ambos os artistas – Maiakóvski e Meierhold. Rudnítski, comentando a tendência da crítica, observa que "o aspecto mais desagradável para Maiakóvski e Meierhold era, sem dúvida, o fato de que os críticos não perceberam a inovação estética da peça e, obstinadamente, empurravam *Os Banhos* para o passado, para os tempos dos *aguítki* e da *blusa-azul*"[189].

Mas por que desagradou ou aborreceu tanto ambos os artistas essa comparação de *Os Banhos* com as performances do tipo *blusa-azul*?

Os blusa-azul foram um tipo de representação surgido na União Soviética em 1923. O primeiro grupo foi fundado por S. Iuskhânin em outubro de 1923, em Moscou. Depois desse, apareceram pela União Soviética centenas deles. O *agit-prop* já estava desgastado (surgira em 1917). Resumidamente, o blusa-azul se baseava em formas dramáticas (monólogos, diálogos, declamação em massa, *sketches*) que abordavam temas político-sociais tanto da Rússia como internacionais, é claro, sempre tratados de maneira cômica; formas derivadas da dança e da ginástica, normalmente acompanhadas de jazz;

---

188 Idem, Maiakóvski: Evolução e Unidade, em: B. Schnaiderman; A. de Campos; H. de Campos (orgs. e trads.), op. cit., p. 15-16. Grifos nossos.
189 K. Rudnitsky, op. cit., p. 465.

MEIERHOLD: UMA POÉTICA EM CENA 167

danças coletivas baseadas nos movimentos de máquinas; técnicas derivadas das artes plásticas; pôster animado (que era um corpo recortado de papelão com um orifício onde o ator enfiava a cabeça); números musicais (números acompanhados por acordeões, folclóricos ou bastante populares, e a maioria das vezes com letras satíricas); filmes – não era quase usado o filme propriamente dito, mas o que foi chamado de filme vivo ou teatro eletrificado, isto é, durante a representação eram usados projetores com filtros giratórios que criavam um efeito bruxuleante ou uma impressão de filme projetado. O blusa-azul foi assim chamado porque os atores representavam de calça e blusa-azul: a mudança de personagem, a indicação de um elemento importante para a representação, era colocada como acessório sobre a roupa padrão.

Os diversos grupos de blusa-azul sofreram influências, segundo eles mesmos, tais como:

1. do manifesto de Marinetti, "O Teatro de Variedades" (1913);
2. do Laboratório (MASTFOR) do artista de vanguarda Nicolai Foregger (1892-1939), que utilizava alguns aspectos do manifesto de Marinetti, mas principalmente as descobertas do construtivismo. Desse laboratório teatral saíram Serguéi Iutkévitch, que depois tornou-se importante diretor de cinema, Aleksandr Macheret[190] e o dramaturgo V. Mass, que depois fizeram o seu grupo de blusa-azul;
3. da montagem de *O Corno Magnífico*, por Meierhold, em 1922, citada pelos grupos de blusa-azul como sendo um grande exemplo e inspiração para eles;
4. do artigo "A Montagem de Atrações", de Eisenstein, publicado na LEF, em 1923.

O texto do teatro dos grupos de blusa-azul, do ponto de vista formal, devia ser "claro, direto, sem palavras desnecessárias; deveria lembrar a fala de um bom orador e os poemas de Maiakóvski, Asséiev e Tretiakóv"; e a cenografia, simples, tendo

---

190 Iutkévitch e Macheret foram diretores de teatro. O primeiro, aliás, dirigiu também desenhos animados, inclusive um baseado em *Os Banhos*, em 1962, e foi um dos diretores da montagem da peça no Teatro de Sátira, em 1953.

como princípio fundamental usar qualquer material disponível, de forma criativa, sendo que a influência do construtivismo era primordial. Houve uma proliferação de grupos de blusa-azul na URSS até 1928, muitos grupos tendo mesmo uma projeção internacional, sendo vistos e imitados em vários países[191].

FIG. 10: *Número de blusa-azul incorporando exercícios físicos.*

A tendência dos blusa-azul, dos *aguítki* (noticiários reeditados para fins de agitação e propaganda), estava ligada ao Outubro Teatral, às montagens das duas variantes de *Mistério-Bufo* (em 1918 e 1921) e a um objetivo dos artistas: fazer a propaganda do novo regime, ao qual haviam aderido

---

191 Todo o trecho sobre o blusa-azul é apenas um resumo extraído do artigo de Frantichek Deák, "Blue Blouse", em *The Drama Review*, New York, n. 57, mars 1973, p. 35-46.

MEIERHOLD: UMA POÉTICA EM CENA

imediatamente. E, mais, o próprio Maiakóvski escreveu peças curtas, indispensáveis ao seu projeto de poética[192].

No entanto, com *Os Banhos,* a crítica errou o alvo em 1929 e 1930, época dos debates e de sua estreia. Os dois artistas, muito antes da crítica especializada, colocam claramente em discussão aquele tipo de publicidade gasta, que não é mais tolerada nem ouvida nem necessária: em 23 de setembro, na "Intervenção no Conselho Artístico-Político do GOSTIM", Meierhold observava: "Eu julguei esta obra [*Os Banhos*] como homem de teatro, capaz de julgar uma peça destinada ao teatro. O que é característico das obras de hoje? O fato é que todas as peças existentes e pretensamente revolucionárias se acham num beco sem saída. Elaborou-se um clichê de agitação"[193].

E Maiakóvski, em 27 de março de 1930, na "Intervenção no Debate Sobre *Os Banhos* realizado na Casa da Imprensa em Moscou"[194], portanto depois da estreia do espetáculo:

eu me orientei no sentido de produzir material literário e dramático de real valor e aplicá-lo. Em que consiste para mim o valor desse material? *Está em que ele é antes de mais nada propaganda,* dada em forma de algo a ser dito, está em que foram resolvidos no próprio texto, do início ao fim, todos os traçados cômicos dos diálogos. *Eu sei que cada palavra feita por mim, da primeira à última, foi feita com aquela consciência com que fiz as minhas melhores coisas poéticas.*

E Agora, os Trechos das Críticas...

TEATRO DA MÁSCARA SOCIAL

Tudo está exatamente como há muitos anos.

As batalhas de Meierhold com os teatros acadêmicos – no balé e na ópera – e com o Teatro de Arte, fazendo baixar dos urdimentos n'*Os Banhos* cartazes enormes com flechas de epigramas envenenados, porém tardios, e *slogans* inflamados.[195] (B. Alpers)

---

192 Em "A Narrativa Pelo Texto Escrito", trataremos um pouco mais da poética do efêmero.
193 Ver supra "A Narrativa Pelos Debates". Grifos nossos.
194 Idem.
195 Teatr Sotsiál'noi Máski, p. 9, apud K. Rudnitsky, op. cit., p. 461. Tradução nossa em todos os trechos, com revisão de Erika Bloch.

170 UMA POÉTICA EM CENA

CONTEMPORÂNEOS

Maiakóvski criticou-nos pela psicologia, e nós o criticamos por reduzir as funções da arte à *aguítka* e ao cartaz. Pareceu-nos, então, que Maiakóvski, enfatizando o problema da exposição da pequena burguesia contemporânea, na peça *O Percevejo*, exagerava, quando dizia que a burguesia não estava acabada. O caso era o mesmo no que se refere à burocracia, à qual *Os Banhos* foram dedicados. Hoje fica evidente que estávamos errados nesse caso e que Maiakóvski estava certo.[196] (Iúri Lebedínski)

EM VEZ DE ESQUERDA - REVISIONISMO

A representação satírica do burguês [*O Percevejo*] e do burocrata [*Os Banhos*] deve ser reconhecida como insignificante. Um burguês tão tolo e medíocre e um burocrata igualmente caricato são inverossímeis e, provavelmente, não merecem ser combatidos. Os inimigos reais da nova vida são mais sutis, mais inteligentes e mais nocivos. E a batalha contra eles deve empregar meios mais refinados, mais profundos – não deslizando ao longo da superfície, mas cortando pela raiz. A bufonaria de Maiakóvski, apesar de sua perspicácia inquestionável, não atinge o alvo.[197] (V. Drúzin)

SOBRE OS ESTADOS DE ESPÍRITO DO "ESQUERDISMO" PEQUENO-BURGUÊS EM LITERATURA

Em *Os Banhos* soa uma "nota esquerdista" falsa. Maiakóvski apresentou a figura imaginária de um homem degenerado do partido em Pobiedonóssikov, gigantizando tanto o "pobiedonóssikovismo" que deixa de apresentar qualquer coisa concreta [...] toda a figura de Pobiedonóssikov é insuportavelmente dissonante. Um burocrata tão limpo, liso, "completamente" sem falha, um grosseirão, um perfeito salafrário [...] é incrivelmente esquemático e inverossímil.[198] (V. Ermílov)

SOBRE OS TRÊS ERROS DO CAMARADA MEIERHOLD

Esses trechos [da peça] indicam que se trata precisamente da degeneração do partido, no que diz respeito à figura de Pobiedonóssikov. A julgar pelo comentário do camarada Meierhold, no espetáculo ele não será retratado como um portador específico daquele fenômeno que chamamos de

---

196 *Sovriemênnik*, Moscou, 1958, p. 172, apud K. Rudnitsky, op. cit., p. 462. Lebedínski era um dos antigos diretores da RAPP. O trecho foi escrito nos anos 1950, mas na época da montagem de *Os Banhos*, no dia 6 de fevereiro de 1930, os críticos da RAPP se manifestaram contra a peça.

197 Vmesto LEFa – REF, em *Jizn Iskusstva* (A Vida da Arte), n. 42, 1929, p. 12. Drúzin era na época um dos membros ativos da RAPP.

198 O Nastroiéniiakh Melkoburjuáznoi 'Levzni v Khudójestvennoi Literatura, *Pravda*, 9 mar. 1930, apud K. Rudnitsky, op. cit., p. 463.

MEIERHOLD: UMA POÉTICA EM CENA 171

degeneração do partido. Isso é bom e mau. Bom, porque da maneira como ele é apresentado no fragmento publicado da peça, ele se distingue por um elemento de falsidade que o impede de se tornar inteiramente um portador convincente desse fenômeno. Mau, porque a autocrítica "sem respeito a pessoas" requer muita coragem por parte do teatro e apenas alguns funcionários teatrais, infelizmente ainda sentados em nossas repartições de teatro, administrando e coordenando, poderiam ter objetado à necessidade de se submeter também essa figura à ridicularização pública. Mas o teatro não deve ser "corajoso" inutilmente. Ele deve ser capaz de demonstrar fenômenos sociais específicos, ele não deve sair lutando com moinhos de vento, não deve trocar categorias sociais concretas por abstratas.[199] (V. Ermílov)

TRÊS PEÇAS DE V.V. MAIAKÓVSKI

A máquina do tempo devia expelir os burocratas, encabeçados pelo líder principal Pobiedonóssikov, e isso teria colocado um ponto final. Mas isso não estava contido nos esboços do cenário. Todos subiam em algum lugar na armação, com malas, sacolas, e o espectador não podia entender o que estava acontecendo. Foi uma grande omissão. [...] Maiakóvski disse que o espetáculo era um fracasso. Ele estava perturbado, tristonho, e aqueles olhos que podiam olhar para uma pessoa, como se eles vissem tudo transparecendo através dela, não mais olhavam para ninguém. Agora ele frequentemente nem sequer respondia a perguntas e se retirava. Parecia-nos que ele estava muito infeliz com a reação da imprensa a Os Banhos.[200] (M.F. Sukhânova)

OS BANHOS NO TEATRO MEIERHOLD

O aríete de propaganda de Os Banhos está dirigido contra a burocracia nas repartições soviéticas. O objeto da sátira de Maiakóvski foi fixado na linguagem cotidiana de todos esses *glavnatchpups* Pobiedonóssikov sujos de tinta e de seus secretários, os Optimístenkos. E só por estar utilizando o estilo daquela linguagem, Maiakóvski espeta suas vítimas com alfinetes, pendura em pregos e brinca com elas como se fossem bonecos de borracha.

Os Banhos de Maiakóvski só podem ser compreendidos como uma demonstração retardada da *aguítka* que deixou escapar "a passagem do tempo". O esboço dos blusa-azul encontra-se nu na própria base do estilo de atração agitado por *slogans* como "drama com circo e fogos de artifício". A produção de Os Banhos está esboçada naquela atitude zombeteira, burlesca, palhaça, que sempre foi o braço direito da *aguítka*, acompanhando invariavelmente

---

199 O Triokh Ochíbkakh Tov Meierholda ("Sobre os Três Erros do Camarada Meierhold"), *Vetchérniaia Moskvá* (Moscou Vespertina), 17 de março de 1930, apud K. Rudnitsky, op. cit., p. 463.

200 "Tri pèssi de V.V. Maiakóvskovo" Maiakovskii v Vospominâniakh Sovrem Ênnikov, em *Maiakóvski na Recordação de Contemporâneos*, Moscou, 1963, p. 313-314, apud K. Rudnitsky, op. cit., p. 462. Sukhânova interpretou a personagem Pólia na montagem de 1930 de Os Banhos.

172 UMA POÉTICA EM CENA

seu entusiasmo com uma exposição. Mas o espectador moderno recebe uma tal *aguítka-buf* fria e desatentamente. A ausência fundamental nela de sustentáculo ideológico levou ao seu esgotamento. A palhaçada deixou de divertir, a *aguítka*, de fazer propaganda. Ambas, na sua rarefação atual, oferecem ao teatro somente a sua "biomecânica" externa: por esse motivo, os atores são às vezes substituídos por bonecos; os *glavnatchpups,* enfatizando o excêntrico, são espichados feito borracha, os secretários flauteiam uma flauta domesticada como se fosse um pífano de latão, os inventores em roupas padronizadas demonstram suas façanhas atléticas, às vezes insolentes, pessoas comuns preparam-se para conduzir uma "máquina do tempo" ao socialismo com uma galinha viva "como provisão", mulheres fosforescentes relampejam em fantasias de *music-hall* e, quando é necessário, um palco giratório vem ajudar toda essa comoção, para passá-la de episódio a episódio, uma vez que a própria comoção não tem para onde ir.[201] (V.B.)

DIÁLOGO SOBRE *OS BANHOS*

Quem pode reconhecer nesse janota falante – Pobiedonóssikov – nosso burocrata esperto, retraído, trabalhador? Embora ele seja representado brilhantemente por Schtraukh, um artista excepcional da escola dos *clowns*, ele abana os braços diante do vazio, do nada, porque ninguém na plateia acredita na possibilidade dessa máscara em nosso meio. Há, nesse espetáculo, a combinação em um único espetáculo de dois gêneros teatrais diferentes – o satírico e o utópico-fantástico. O Optimístienko típico, comum, mundano em *Os Banhos* devora inteiramente a inventada, espremida Mulher Fosforescente do futuro.

Que pobre é desta vez o trabalho de um mestre extraordinário como Meierhold![202] (M. Zagórski)

OS BANHOS, DE V. MAIAKÓVSKI

Um espetáculo enfadonho, confuso, que pode ser interessante somente para um pequeno grupo de epicuristas literários.[203] (N. Gontchárova)

OS BANHOS NO TEATRO MEIERHOLD

A sátira de Maiakóvski está errando o alvo, o nível da burocracia é tirado fora da luta social e dos mecanismos concretos de construção.[204] (Kostróv)

DEPOIS DE 1953 TODA A CRÍTICA SE RETRATOU.

---

201 Provavelmente V. Blium, Bânia v Teatre Meyerhol'da, *Rabótchii i Teatr* (Os Operários e o Teatro), n. 18, 1930, apud K. Rudnitsky, op. cit., p. 465.
202 Dialog o Bânie, *Literatúrnaia Gazeta*, 31 mar. 1930, apud K. Rudnitsky, op. cit., p. 465.
203 Bânia V. Maiakóvsko, *Rabótchaia Gazeta* (Gazeta Operária), 21 mar. 1930, apud K. Rudnitsky, op. cit., p. 465.
204 Bânia v Teatre Meyerhol'da, *Rabótchii i Iskusstvo* (Os Operários e a Arte), n. 6, 1930.

MEIERHOLD: UMA POÉTICA EM CENA   173

A Narrativa Pelas Fotos

> Fui o primeiro a encenar as três obras de teatro de
> [Maiakóvski...
> Penso que acertei mais com Os Banhos.
>
> MEIERHOLD

Diante das fotos de *Os Banhos*, nos defrontamos com vários problemas para quem se propõe a estudar a montagem de Meierhold do modo mais detalhado possível. As fotos são em quantidade mínima, as que foram publicadas no Ocidente estão coligidas aqui e também as publicadas no volume II do *Státi, Pisma, Retchi, Besedi*, de Meierhold, e nas *Polnoe Sobranie Sotchinenii v 13 Tomakh* (Obras Completas), de Maiakóvski.

A maioria dessas fotos não está catalogada de forma completa: não se indicam personagens nem atores, e em boa parte nem mesmo o ato e as cenas são indicadas. Também não se sabe quem foi o fotógrafo, se as fotos são de alguma das apresentações ou de ensaios. Diante dessa falta de informações precisas, procedemos da seguinte maneira: primeiro, através do volume XI das Obras Completas de Maiakóvski selecionamos a ficha técnica, isto é, todas as indicações dos artistas que participaram do processo de criação. Como ali as indicações não estão completas, nós as buscamos em outras fontes[205]. Pesquisando nas revistas *Sipario*, TDR, *Educational Theatre Journal*, *Theater Heute*, *Travail Théâtral*; enfim, onde quer que houvesse algum comentário sobre a montagem, uma pequena nota que fosse, sendo que a informação mais completa encontramos na introdução às notas sobre os debates no volume II do livro organizado por A. Fevrálski, *Státi, Pisma, Retchi, Besedi*.

As informações, no entanto, são absolutamente incompletas nas obras pesquisadas e, portanto, aqui também. Acreditamos que isso se dava exclusivamente ao caráter mais generalista das obras, isto é, dedicadas ao conjunto das montagens meierholdianas e, é lógico, as informações são, assim, menos detalhistas. A única montagem de Meierhold documentada com minúcia

---

205 Entre as quais Rudnítski, o *Státi, Pisma, Retchi, Besedi*, Braun, Marjorie Hoover, Ripellino, V. Komissarjévskaia, Herbert Marshall, Nina Gourfinkel, Camilla Grey, Faubion Bowers. Acreditamos que material mais completo e não publicado eventualmente se encontraria nos museus Maiakóvski, Meierhold e Barúkhin.

174 UMA POÉTICA EM CENA

é a de *O Inspetor Geral*: com ficha técnica, o trabalho com a peça de Gógol, a música, os cortes, a construção do espetáculo, esquemas de funcionamento do cenário, fotos da montagem, o burlesco, o grotesco, as técnicas do contraponto e tudo o mais pertinente à montagem de Meierhold[206].

De acordo com as personagens em cena, com as quadrinhas expostas em cartazes no palco, tentamos ir descobrindo a que cena correspondia cada foto. Embora fique um tanto repetitivo, cada personagem figura sempre com o nome do ator que a interpretou. As cenas vêm indicadas com os números que aparecem aqui na tradução da peça. Às vezes, transcrevemos a rubrica de Maiakóvski, para comparar com o que se vê na foto.

Como não nos foi possível localizar os esboços dos cenários e figurinos (com exceção de dois, o da Mulher Fosforescente e o figurino das personagens que vão viajar para o ano 2030, o figurino dos burocratas), nesta "Narrativa Pelas Fotos" incluímos também a "Narrativa Pelos Cenários e Pelo Figurino", um pequeno estudo da técnica para o trabalho dos atores. Tais indicações, porém, muitas vezes são narrativas nossas, dedutivas, a partir de pequenos comentários espalhados pelas obras consultadas. Já que não conseguimos nenhum registro fotográfico das personagens Mezaliânsova, Ivan Ivanóvitch, Momentálnikov, do Diretor, enfim de cenas importantes, elas só podem mesmo ser inventadas. Há também a falta da cor, da iluminação, dos fogos de artifício.

Eis a ficha técnica do espetáculo:

OS BANHOS: Drama em seis atos com circo e fogos de artifício.
Autor: Vladímir Maiakóvski
Autor do Espetáculo: Vsévolod Meierhold
Assistente de direção, encarregado texto escrito: VladímirMaiakóvski
Cenários: Planos de Meierhold, criação final de Serguéi E. Vakhtângov
Figurinos: Alexandr A. Deineika
Compositor: Vissarión I. Chebálin
Cartaz: Kukriníksi (Mikhail Kupriianov, Porférii Krilov e Nikolai Salokov)

---

206 O estudo detalhado de *O Inspetor Geral* aparece em *Les Voies de La Création Théâtrale*, v. VII, de Béatrice Picon-Vallin, Paris: CNRS, 1979, p. 62-126. Ver ainda Re-Présentation: "Le Révizor" de Gogol-Meyerhold, dossiê com textos de V. Fedorov, Anatoli V. Lunatchárski, Béatrice Picon-Vallin, Robert Kemp, Dénis Bablet e do próprio Meierhold, em *Travail Théâtral*, n. 2, jan.-mars 1971, p. 38-62, e também o capítulo "Revivendo os Clássicos", em K. Rudnitsky, op. cit., p. 387s.

MEIERHOLD: UMA POÉTICA EM CENA

Estreia: 16 de março de 1930
Teatro: GOSTIM – (Teatro Estatal Meierhold) – Moscou

PERSONAGENS

Camarada Pobiedonóssikov, chefe supremo dos Umbigos: Maksim M. Schtraukh
Pólia, sua esposa: M.F. Sukhânova
Camarada Optimístienko, secretário: V.F. Záitchikov
Isaac Belviedónski, retratista, batalhista, naturalista: N.V. Sibiriák
Camarada Momentálnikov, repórter: V.N. Plúchtek
Mister Pont Kitch, estrangeiro: A.I. Kostomolótski
Camarada Underton, datilógrafa: R.M. Guênina
Peculador Nótchkin: K.A. Bachkatov
Camarada Velocipiédkin, cavalariano ligeiro (guarda popular): A.I. Záikov
Camarada Tchudakov, inventor: M.A. Tchikul
Madame Mezaliânsova, colaboradora da Sociedade das Relações Culturais Com o Exterior: N.I. Serébrienikova
Camarada Fóskin: ?
Camarada Dvóikin: ?
Camarada Tróikin: ?
Peticionários: ?
Síndico do Comitê de Moradores: ?
Diretor Teatral: S.A. Martinson
Ivan Ivanóvitch: A.V. Kielbiérer
Lanterninha: ?
Multidão da Repartição: ?
Guarda Civil: ?
Mulher Fosforescente: Zinaída N. Raikh

Além dessas personagens que constam do texto escrito, Meierhold acrescentou pelo menos mais três na montagem: o Fotógrafo (que provavelmente sempre acompanhava o repórter Momentálnikov), o assistente de direção no terceiro ato e a Maria do Café ou do Chá, que aparece numa foto.

Os nomes das personagens são estudados mais adiante.

Algumas Narrativas Pelas Fotos

O ESPAÇO CÊNICO E OS CENÁRIOS

O espaço cênico é não apenas o *espaço de representação, mas a relação entre este espaço de representação e o espaço do público.* É nessa relação que muitas vezes existe o elemento novo no teatro. Pensando apenas no teatro meierholdiano, o que nos ocorre é sua incessante busca para quebrar as barreiras entre o espaço dos atores e o do público.

Não foi à toa que ele derrubou a quarta parede e buscou formas antigas de teatro, como a *Commedia dell'Arte*, o nô, o kabuki e as formas populares do teatro de feira russo. É claro que ele buscava uma nova forma de representar, e é claro igualmente que a sua busca foi também a de uma nova relação entre atores e público. Se na origem do teatro, no ritual, o público era participante, por que, em pleno século xx, ele deveria (como há séculos vinha acontecendo) continuar contemplativo? Já comentamos algumas inovações feitas por Meierhold nessa relação ator-público. Mas como sair definitivamente do palco italiano, estratificado desde a Renascença, se praticamente 90% dos teatros deste planeta são construídos com palco italiano, que literalmente separa o espaço de representação do espaço do público?

Como diretor nos teatros imperiais, Meierhold, além de quebrar várias tradições desses teatros, quebrou também a separação entre o espaço do ator e o do público. Com a montagem de *A Mascarada* de Lérmontov, em 1917 (no dia 25 de fevereiro), no Teatro Alexandrínski (apesar do peso de ser um teatro imperial), Meierhold não só retomou a *Commedia dell' Arte* como usou as passarelas do nô e, não conseguindo ir até o público, trouxe o público até o palco, sem que esse público saísse do seu lugar. Como? Fazendo o público ser refletido no palco por meio de espelhos durante a representação e, portanto, fazendo com que ele fosse parte da própria representação[207].

Em *Os Banhos* o que se viu foi um espaço que defende uma arte poética do teatro tanto de Meierhold como de Maiakóvski. Para esse espetáculo, o palco é uma tribuna, é o espaço de um teatro dentro do teatro, não só tendo em vista o terceiro ato,

---

207 Essa informação encontra-se em uma comunicação apresentada por Béatrice Picon-Vallin, "Les Années 10 à Petersbourg: Meierhold, la commedia dell'arte et le bal masqué," sobre a máscara no teatro. Durante os debates foi-lhe feita a seguinte ponderação e pergunta por F. Taviani: "O mais interessante é que Meierhold não tinha a ilusão de reconstituir a *Commedia dell'Arte* original, contrariamente ao que aconteceu na França e na Itália. Em *O Baile de Máscaras* (ou *A Mascarada*), o público estava também mascarado? Ao que Picon-Vallin respondeu: Não, mas há testemunhas de que esse espírito de mascarada impregnou o palco e a plateia. *A plateia se refletia sobre o palco em espelhos* e havia então o luxo dos trajes, de uma parte e de outra". (Grifos nossos.) Cf. B .Picon-Vallin, em: vvaa, *Le Masque: Du Rite au Théâtre*, Paris: C.N.R.S., 1985, p. 158.

MEIERHOLD: UMA POÉTICA EM CENA 177

mas a própria concepção do espetáculo que se apropria também da plateia: as quadrinhas que são escritas em venezianas ou persianas e que podem ser mudadas em cena, as quadrinhas espalhadas pela plateia, transformam todo o espaço do prédio do teatro em um espaço de representação e, consequentemente, o espectador terá que atuar.

Ainda na intervenção da Casa da Imprensa em Moscou, portanto onze dias depois da estreia da peça, Maiakóvski dava pistas da transformação física do espaço cênico: "Resolvendo certos problemas de montagem, defrontamo-nos com a extensão insuficiente do palco. Derrubamos uma frisa, derrubamos paredes, se for preciso derrubaremos o teto: queremos transformar um ato teatral individual [...] numa cena de massa". Essa transformação física do espaço cênico infelizmente não é perceptível nas fotografias do espetáculo, é apenas descrita nessa passagem.

As rubricas de Maiakóvski indicam o espaço cênico e toda a elaboração dos cenários é razoavelmente baseada nelas. Aqui surge uma posição de Meierhold aparentemente contraditória: como já comentamos, ele sempre foi violentamente criticado por não respeitar o texto escrito de qualquer dramaturgo, mesmo dos considerados monstros sagrados. A sua heresia era tal em relação à dramaturgia que, na verdade, ele se tornou um dramaturgo das suas montagens. Todavia, com as peças de Maiakóvski, dava-se o contrário. Com todas as críticas que recebia a propósito de certas cenas, ele se recusava a alterar os textos e seguia quase religiosamente o texto escrito, fazendo então um espetáculo, muito mais do que uma montagem. E referindo-se às sugestões para mudar algumas passagens, o diretor, na intervenção no Conselho Artístico, esclarece de forma definitiva: "Propor ao camarada Maiakóvski que reelabore esta peça seria uma verdadeira profanação [...] não é necessário modificar nada."[208]

Sabemos já ter comentado tal posição de Meierhold, mas convém repetir aqui, para esclarecer o fato de o cenário final do espetáculo estar tão próximo das propostas de Maiakóvski e, ao mesmo tempo, muito distante delas: "Eu sei, e creio que Meierhold sabe também, que se tivéssemos realizado a cena de acordo estritamente com as prescrições do autor, teríamos

---

208 Ver supra "A Narrativa Pelos Debates".

conseguido maior efeito teatral. Mas, ao invés de teatro psicológico, estamos apresentando teatro visual."[209]

A posição de Maiakóvski é notável. Primeiro ele se distancia do texto escrito de *Os Banhos* e trata o autor como uma outra pessoa. Ele se coloca como autor, sim, mas da montagem, juntamente com Meierhold, e é lógico que ele se refere a mudanças que não chegaram a ser colocadas na redação final, já que não teve tempo de rever a peça para publicação. Segundo, para Maiakóvski a dramaturgia vai se fazendo também como registro do *texto do teatro* – o espetáculo.

Os cenários basicamente tinham um palco giratório, bastante visível nas fotos. Havia três lances de escada, o escritório do burocrata, a sala do secretário, e que podia ser mudada para o local de trabalho de Tchudakov, indicado pelos esquemas enormes e pelo contraste do mobiliário: sofisticado no espaço dos burocratas e rústico no dos operários. A máquina do tempo não foi construída. Ela era invisível e também corresponde a uma rubrica de Maiakóvski.

No seu depoimento-crítica, M.F. Sukhânova, atriz que interpretou Pólia, comenta: "A máquina do tempo devia expelir os burocratas [...] isso teria colocado um ponto final. Mas isso não estava contido nos esboços do cenário. Todos subiam em algum lugar na armação, com malas, sacolas, e o espectador não podia entender o que estava acontecendo. Foi uma grande omissão".

Esse depoimento apareceu em 1963, portanto 33 anos depois da estreia da peça e contradiz a imagem da mesma cena narrada, na qual se percebe o movimento de jogar fora os burocratas, inclusive com todos no chão, no palco giratório. Havia ainda o foguetório na partida da máquina do tempo e, sem dúvida, a música e depois as falas finais do burocrata maior. Tal depoimento parece ecoar a acusação de que os operários não entendiam o que Maiakóvski dizia.

A máquina do tempo invisível provocou, e provoca ainda, inúmeros comentários, mas nunca se leva em conta o aspecto do estatuto do texto de Maiakóvski, ligado ao texto-espetáculo. Nas fotos, percebe-se a utilização das estruturas cênicas pelos atores, de forma total, o cenário não funciona como um acessório para

---

209 Ver supra "A Narrativa Pelos Debates".

MEIERHOLD: UMA POÉTICA EM CENA 179

a montagem de Meierhold/Maiakóvski, ele realmente é parte orgânica do espetáculo. Não existem espaços *decorativos*. Alguns comentários a respeito desse cenário chamam-no de *construtivista*[210]. Talvez porque tenha havido uma utilização de estruturas, como as escadas, que lembram os cenários construtivistas. Meierhold, porém, tem outra proposta, já bem distante do construtivismo propriamente dito.

Por mais que se procure nas fotos, na relação delas com o texto escrito e com os depoimentos de época, não existe mais o espetáculo. Fica por conta das narrativas apenas *inventar* uma totalidade que, agora, não é senão fragmento.

O ATOR – MÁSCARAS – FIGURINOS:

Quando, em 1896, ressurgiram os Jogos Olímpicos e com eles ocorreu um renascimento dos esportes, reiniciou-se também o culto ao corpo, de há muito esquecido.

Nas artes essa consciência do corpo se expressa, por exemplo, nas esculturas de Auguste Rodin (1840-1917), na pintura de Ferdinand Hodler (1853-1918), na dança de Loie Fuller (1862-1928) e de Isadora Duncan (esta muito importante para a Rússia), na ação eurrítmica de Émile Jacques-Dalcroze (1865-1950), e assim por diante.

A par disso, as artes – e, de uma forma profunda, o teatro – voltam-se para o *primitivo*, para culturas antes completamente desprezadas. A máscara vai ser entronizada pelos artistas. Ela é rígida e não pode variar de acordo com as emoções, como o rosto do ator, assim é o corpo que deve expressar-se completamente[211].

É nesse contexto que Meierhold retoma o teatro antigo, a *Commedia dell'Arte*, e monta, por exemplo, *A Barraca de Feira*, de Blók, em 1906, e depois *A Mascarada*, de Lérmontov, em 1917. E é também no mesmo contexto que, em 1908, Gordon Craig escreve o ensaio "O Ator e a Super-Marionete", na sua revista *The Mask*[212]. O artigo aparece num momento em que a tônica

---

210 Cf. Marjorie L. Hoover, *Meyerhold: The Art of Conscious Theatre*, Amherst: University of Massachusetts Press, 1974, p. 197.
211 Cf. Denis Bablet, "D'Edward Gordon Craig Au Bauhaus", op. cit., p. 137-146.
212 Ibidem.

180   UMA POÉTICA EM CENA

no teatro era o reinado dos grandes atores – os "divos" e as divas, enquanto Stanislávski estava em pleno desenvolvimento de seu método para o ator, e, em contrapartida, Meierhold já se opunha ao naturalismo no teatro e desenvolvia as investigações numa perspectiva completamente oposta, que iria resultar na biomecânica e no construtivismo, inseparáveis em um primeiro momento na sua concepção de teatro.

No outono de 1921, houve uma exposição em Moscou, intitulada "5 x 5 = 25", porque dela participaram cinco artistas, com cinco peças cada um: A.M. Rodchénko, L.S. Popova, os irmãos Steiberg e K. Meduniétski. Era uma exposição construtivista e, de acordo com Constantin Rudnítski, a "concepção de um espetáculo construtivista amadureceu na mente de Meierhold" depois dessa exposição[213].

Rudnítski usa o termo "amadureceu" para a concepção de um espetáculo, porque o construtivismo já vinha se propagando desde 1915, com Naúm Gabo fazendo suas primeiras construções e Tátlin expondo seus contrarrelevos em Petrogrado (São Petersburgo). Depois, em 1917, Mondrian e Van Doesburg fundam o movimento De Stijl, em Leiden. Em 1919, Tátlin começa a planejar o monumento para a Terceira Internacional (e se torna instrutor dos Estúdios Livres em Petrogrado); mesmo ano em que Gropius funda a Bauhaus, em Weimar. Em 1920, Gabo e Pevsner escrevem o *Manifesto Realista*, por ocasião de sua exposição ao ar livre em Moscou. E, nesse mesmo ano, Tátlin reergue o seu modelo para o Monumento à Terceira Internacional. Esse monumento, exposto no VIII Congresso dos Sovietes, em dezembro,

apresentava uma estranha estrutura em esqueleto, que teria o dobro da altura do Empire State Building, em Nova York, inclinada num eixo diagonal, como se a Torre Eiffel fosse reconstruída como uma rampa de lançamento. Na sua armação em espiral, continha três sólidos geométricos, salões para reuniões, que deveriam girar uma vez por ano, uma vez por mês e uma vez por dia, respectivamente. Em noites de nuvens projetaria *slogans* no céu sobre Moscou[214].

---

213 Op. cit., p. 289.
214 Cf. J.M. Nash, *O Cubismo, o Futurismo e o Construtivismo*, trad. Manuel Seabra, [S. l.]: Labor do Brasil, 1976, p. 54-55.

MEIERHOLD: UMA POÉTICA EM CENA

Em 1921, Varvara Stiepânova faz uma conferência no Inkhuk (Instituto de Cultura Artística) de Moscou, denominada "Sobre o Construtivismo".

Se se pensar que os anos 1920 foram absolutamente difíceis na União Soviética, que só no ano de 1920 houve supressão do bloqueio pelas potências ao país, que a produção agrícola foi reduzida a dois terços, que a indústria e o tráfego ferroviário foram reduzidos a dez por cento, que milhões de pessoas morreram e a miséria era total, fica-se espantado com a produção artística que aí surgiu. Entretanto, se de um lado há o espanto, por outro talvez se possa entender as propostas dos construtivistas para a arte.

Um país que precisava reconstruir a indústria, as cidades, enfim, toda a sua vida, mas que passava por extrema penúria econômica, vai encontrar nos artistas construtivistas colaboradores e ideólogos:

Compartilhando as aspirações industriais da sociedade soviética nascente, alguns pintores, os mais próximos a Maiakóvski, sonhavam inserir a arte na produção, torná-la utilitária como a ciência e o trabalho... A arte tornou-se construção de objetos, elaboração técnica de materiais, aproximando-se das formas do artesanato e da experiência operária [...] A ideia de uma arte industrial (*proizvódstvienoie iskustvo*) era revolucionária demais para um país retrógrado como a Rússia. Mas os "produtivistas" (*proizvódstvieniki*) ultrapassaram a superficial negação dos valores do passado... Por outro lado, o industrialismo que defendiam não pôde dar resultados notáveis não só por causa da crise econômica que se seguiu às lutas civis e dos gostos antiquados dos dirigentes e burocratas (que preferiam a todas as construções o busto de gesso de Marx barbudo), mas também devido ao caráter abstrato e ilusório de muitos de seus propósitos. Propunham um salto brusco demais em direção a uma Rússia de arranha-céus e fábricas, em direção àquela América russa que Blók anunciara em lírica em dezembro de 1913 [...].[215]

Além do construtivismo, havia outras dezenas de tendências artísticas na União Soviética, como por exemplo o suprematismo, o egofuturismo, o cubofuturismo etc. E ainda mais: havia revistas como LEF e *Nóvi* LEF, os linguistas do Opoiaz (Óssip Brik, Chlóvski, Tiniânov, Vinokur), o cinema (Eisenstein, Dziga-Viértov), o teatro (Meierhold, Taírov, Stanislávski,

---

215 Cf. A.M. Ripellino, *Maiakóvski e o Teatro de Vanguarda*, p. 116-117.

UMA POÉTICA EM CENA

Vakhtângov, o próprio Eisenstein) etc. O que se nota é, pois, uma efervescência artística e cultural nesta década.

Em 1922, Meierhold já havia perdido o espaço do antigo teatro Zon, depois Teatro RSFSR Primeiro. Como já comentamos, o espaço desse teatro havia proporcionado a Meierhold até mesmo um outro espaço, isto é, a saída do espetáculo do palco, a ausência de cortinas; e uma nova plateia: a massa operária.

Sem ele, Meierhold fica em seu estúdio e inicia oficinas para diretores e atores de teatro e então transforma essas oficinas em um instituto: o GITIS (Gosudárstvieni Institut Teatrálnoga Iskusstva – Instituto Estatal de Arte Teatral). E é nesse instituto que ele realmente experimenta, com um grupo de jovens (que depois fará parte de seus espetáculos): Ígor Ilínski, V. Zaitchíkov, Maria Babânova, M. Ziharov, D. Orlov, M. Lischin, N. Mologuín, A. Temerín (estes já vindos das montagens do RSFSR Primeiro), e ainda Serguéi Eisenstein, Erast Gárin, Zinaída Raikh (que depois será sua estrela e sua mulher), N. Ekk, S. Iutkévitch, V. Fiódorov, V. Luitsé, M. Korêniev, K. Lókchina, N. Loiter, Maria Sukhânova.

Daí em diante, o mestre (como os alunos das oficinas teatrais o chamavam) vai ter a colaboração da maioria desses atores e diretores até os seus penosos últimos instantes de vida. E é nesse instituto que Meierhold começa também a desenvolver, de forma sistemática e consciente, tanto o construtivismo como a biomecânica. Retomando ligeiramente os conceitos dos artistas plásticos, deve-se dizer que o construtivismo aportou no teatro a partir da indústria e de outras artes, principalmente da arquitetura e da pintura. Porém, como comenta Constantin Rudnítski, é "curioso que na indústria e na arquitetura nos primeiros anos da década de 1920, o construtivismo tenha se afirmado primeiramente com declarações, projetos, modelos e manifestos em poesia"[216].

Mas foi no "teatro – como afirmou I. Aksiônov – que foi dado ao construtivismo sua primeira oportunidade de manifestar-se em grandes formas e chegar à sociedade com brilhantismo"[217]. Se o país estava pobre para erguer seus prédios de vidro, suas torres, seu construtivismo arquitetônico, no teatro essa corrente artística vai encontrar um lugar ideal para suas projeções.

216 Op. cit., p. 292.
217 Ibidem.

MEIERHOLD: UMA POÉTICA EM CENA 183

O construtivismo teatral de Meierhold não foi o único da União Soviética. Havia também o de Taírov. Contudo, ao contrário de Meierhold, que desenvolveu todo o seu teatro construtivista diretamente ligado à lógica e ao dinamismo das estruturas das construções, isto é, aos mecanismos das máquinas, às escadas, aos andaimes (que ficavam à mostra) sem cor (a não ser a cor natural da madeira, do ferro etc.), Taírov baseia seu teatro num construtivismo mais ameno, menos radical e menos polêmico:

No Teatro de Câmera, A.I. Taírov interpretou diferentemente as ideias de construtivismo. Sua construção cuidadosamente ocultava sua conexão com o mundo das máquinas e mecanismos, ele foi vestido com roupas coloridas, foi pintado com cores brilhantes, foi iluminado com luzes coloridas e era francamente representacional... Taírov estetizou o Construtivismo [...] A construção de Taírov tornou-se refinada e bonita, luxuosamente representacional.[218]

Todavia, é com *O Corno Magnífico*[219], em 1922, que as ideias de Meierhold acerca do construtivismo e da biomecânica são usadas de forma consciente. A peça instaurou um novo espaço cênico. É evidente que a relação do ator com esse espaço também deveria mudar:

baseada no estudo do organismo humano, a biomecânica esforça-se para criar um homem que estude o mecanismo de sua "construção" e seja capaz de manejá-lo com perfeição e aperfeiçoando-se.
O homem moderno vivendo sob condições de mecanização não deve senão mecanizar os elementos motrizes de seu organismo.
A biomecânica estabelece os princípios de execução analítica precisa de cada movimento, estabelece a diferenciação de cada movimento com a finalidade da máxima precisão, demonstratividade – taylorismo visual de movimento (sinal de recusar – o estabelecimento do começo e fim dos pontos de movimento), uma pausa acompanha cada movimento, a geometrização do movimento é feita em planos. Nós devemos ser capazes de mostrar o ator moderno sobre o palco como um autômato completo.[220]

---

218 Ibidem, p. 293.
219 Obra de F. Crommelynck, tradução de I. Aksnov; cenário de L.S. Popova e V.V. Liutsé; compositor: N.N. Popov e ainda música de jazz; foi encenado no Estúdio Livre de Meierhold (GVTM), em Moscou; estreou em 25 de abril de 1922.
220 Vistavki Biomekhanika (A Biomecânica do Espetáculo), *Zrelischa*, n. 10, 1922, apud K. Rudnitsky, op. cit., p. 294.

184 UMA POÉTICA EM CENA

Na verdade, Meierhold não expôs teoricamente de forma organizada a sua biomecânica. Ela é claramente ligada aos estudos de Taylor e muitas vezes às teorias de Craig sobre o ator como super-marionete. No Ocidente, há alguns pequenos estudos sobre a biomecânica e uma série de fotos que ajudam a reconstruir parcialmente uma sequência de treze exercícios da biomecânica meierholdiana. Examinando uma sequência de fotos, pode-se visualizar os exercícios da biomecânica e depois notar como eles são aproveitados nos espetáculos pelos atores. De acordo com Aleksêi Grípich, esses estudos tiveram sua origem no trabalho com o ator realizado por Meierhold antes da Revolução de 1917.

De todo modo, há uma retomada e um desenvolvimento desses exercícios nas oficinas. É importante que se diga que no Estúdio de Meierhold os alunos tinham aulas ministradas por profissionais de boxe, esgrima eurrítmica dalcroziana, balé clássico, ginástica, dança moderna, dança de cabaré, dicção, música e, além disso, havia toda uma aproximação com os acrobatas do circo, sempre importante na União Soviética. Os atores praticavam os exercícios de biomecânica por uma hora todo dia. Meierhold era auxiliado por dois instrutores – Valiéri Inkidjínov e Mikhail Korêniev – e depois, bem mais tarde, por Nikolai Kustov. Os trajes usados pelos atores para a prática dos exercícios eram leves: consistiam em camisa azul e calções para as mulheres e camisas e calças para os homens. Esses uniformes, além de serem cômodos, tinham uma outra função: muitos dos *études* eram executados com a finalidade de ensinar o ator a descobrir e fazer o "máximo movimento no espaço através de coordenadas exatas" e isso exigia ter consciência até mesmo de certas linhas e dobras em seu traje, segundo Mel Gordon[221].

Muitos dos exercícios de biomecânica eram executados com acompanhamento de música ao piano, que orientava o ator a estabelecer um tempo emocional que algumas vezes conflitava com a organização rítmica natural do *étude*. Essa técnica era diametralmente oposta à de Boris Ferdinândov, que usava o metrônomo para o treinamento do ator no Teatro Experimental Heroico.

---

221 As informações sobre os exercícios da biomecânica foram obtidas em Mel Gordon, Meierhold's Biomechanics, *The Drama Review* – TDR, New York, v. 18, n. 3, sep. 1974, p. 73-88.

A própria música que variava das melodias clássicas e românticas a uma espécie de Vaudeville funcionava de forma diferente em cada *étude* – algumas vezes havia correspondência entre ritmos do corpo e melodia; outras vezes, notas e tempos eram executados contra os momentos de pausa e de respiração. Os exercícios biomecânicos tinham como proposta simplesmente funcionar como acessório físico para os *études* psicofísicos e eram executados sem acompanhamento musical.

O primeiro movimento que os atores aprendiam era o *dactyl*, um exercício sinalizador que indicava o momento exato do início do exercício para a maioria e de conclusão para outros dos *études* biomecânicos. Havia duas espécies de *dactyls*, uma forma completa e uma forma simples.

EXERCÍCIOS DA BIOMECÂNICA: O DÁTILO

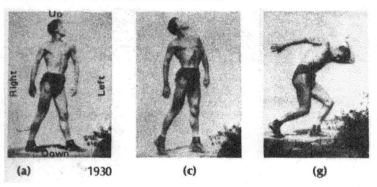

FIG. 11: *Exercícios de biomecânica*.

Na forma completa, começando com o relaxamento completo de todos os músculos (A), o ator de repente batia palmas duas vezes, num pequeno movimento para cima (B), seu corpo seguia o movimento até ficar apoiado na metade da frente da planta dos pés (C), e, então, dobrando os joelhos (D), ele imediatamente batia palmas duas vezes, num movimento para baixo (E), arremessando seus braços para trás, assim que se separavam depois da última palma (F). Este movimento abrupto era transferido para o corpo inteiro do ator, num movimento para frente e para baixo, até que a energia fosse transferida para a barriga da perna e para os pés (G). O ator estava então preparado para executar o *étude*.

FIG. 12: *Exercícios de biomecânica, sequência completa.*

No dátilo simples, eliminavam-se a segunda e a terceira etapas, B e C. O exercício ajudava o ator a estabelecer o instante exato de concentração e o munia de um meio de coordenar suas ações com as dos outros participantes, antes da execução do *étude*.

Existe uma reconstrução parcial de treze desses *études* da biomecânica de Meierhold, derivada de relatos feitos pelos participantes e observadores das suas oficinas. Eles foram nomeados assim: 1. Atirando Com Arco; 2. Arremessando a Pedra; 3. O Tapa na Cara; 4. A Punhalada; 5. Construindo a Pirâmide; 6. O Golpe Com os Pés; 7. O Salto Sobre o Peito; 8. Deixando o Peso Cair; 9. O Cavalo e o Cavaleiro; 10. Passando

Rasteira; 11. Carregando um Saco; 12. Saltando de Ombro em Ombro; 13. O Círculo[222].

É interessante observar que nas fotos das montagens de Meierhold nota-se a mesma gestualidade que aparece nas fotos dos *études*. Mas é também importante dizer que a biomecânica não se restringe unicamente a *exercícios físicos*. V.N. Solovióv, um dos colaboradores de Meierhold, durante os trabalhos realizados no Estúdio da rua Borodínskaia, explica que a biomecânica de Meierhold "em um certo grau, treina cada ator para ser um inventor que se esforça para descobrir, cada vez mais, novos meios para a representação teatral. E, frequentemente, o que aparece para o espectador como sendo um excelente trabalho do diretor é, de fato, a invenção criativa daquele que representa"[223]. E acrescenta:

Um dos aspectos mais característicos da técnica de Meierhold [...] é o desabrochar plástico e o desenvolvimento da imagem. Portanto, para o ator de Meierhold, o mais insignificante movimento sobre o palco é tão importante como um longo monólogo para um ator da escola emocional. Usando o movimento, o ator de Meierhold transmite a forma externa da imagem, a essência interna dela, momentos individuais da condição intensa em que se encontra.

Naturalmente, com a mudança do centro de gravidade para o domínio do movimento, um lugar significativo é dado para a pausa na arte do ator. Muitas vezes a pausa serve como significado para o descobrimento das mais complexas inter-relações no palco. Ocasionalmente, somente depois de uma pausa, o significado completo de uma cena precedente se torna claro. Em conexão com o papel excepcional do movimento no teatro de Meierhold, o uso da palavra tem um novo papel. *O material verbal experimenta um tratamento musical especial, em que a precisão do desenho musical e a utilização de tempos frequentemente faz com que o texto falado tenha um novo som.*[224]

É importante observar atentamente o depoimento de Solovióv: todos os elementos das montagens meierholdianas eram abordados de uma *nova* forma, incluindo o que *se falava* no palco. Mais uma vez, tem-se com Meierhold a primazia do texto-espetáculo sobre o texto escrito. Veja-se o exemplo do seu espetáculo-montagem *O Corno Magnífico*, em que o trabalho

---

222 Todos esses *études* estão descritos no artigo de Mel Gordon citado acima.
223 Ver citação de Solóviov em K. Rudnitsky, op. cit., p. 305.
224 Ibidem, p. 304 e 305. Grifos nossos.

188 UMA POÉTICA EM CENA

de três atores com a biomecânica foi tão inovador, não só como atuação, mas também como fator de coordenação geral do espetáculo, que uma nova fórmula de atuar passou a existir: ILBAZAI, palavra formada das iniciais dos nomes Ilínski, Babânova e Záitchikov, atores cuja atuação na peça foi considerada perfeita.

A biomecânica foi importantíssima para o desenvolvimento do teatro de Meierhold. Talvez tenha sido a mais longa de todas as suas experiências: durou do início dos anos 1920 até meados dos anos 1930. Embora ela tenha nascido junto com o construtivismo, Meierhold utilizou esse método para o ator até bem depois de ter abandonado o construtivismo no teatro.

Pelos escritos de Maiakóvski nas "Intervenções", nas chamadas para o espetáculo e no texto escrito da peça, fica claro que o seu teatro deveria ser "uma alegre tribuna publicista", logo, o ator devia ser aquele que *igráet* (brinca, joga, representa) dessa tribuna: o ator-tribuno.

Pelos escritos de Meierhold, a peça de Maiakóvski é um epigrama, é leve (como as peças de Molière), logo o ator deve ser conduzido para essa leveza. Ainda: Meierhold não podia ensaiar sem Maiakóvski. Por quê?

Segundo as narrativas das fotos, as imagens fixadas pelas câmeras mostram: acrobacias, uma gestualidade ligada à biomecânica, um certo ritmo (ligado à música de Chebálin, com certeza), um jogo clownesco.

Em algumas críticas como a de V. Blium, negativa, encontram-se detalhes do trabalho dos atores e do próprio espetáculo que acabam sendo úteis para imaginarmos alguns aspectos não encontrados em nenhuma outra narrativa (o tiro saiu pela culatra, para o crítico, como se diz). A dificuldade maior é reunir esses detalhes, de modo a *narrar* o ator-tribuno e as suas múltiplas máscaras.

Como já comentei, Meierhold não chegou a estruturar os exercícios de biomecânica, propostos por ele em suas oficinas de teatro, de forma escrita, a se estabelecer como *sistema* (ou *método*) de apoio para o trabalho do ator. Ele usou suas descobertas, mas escreveu muito pouco sobre elas. Esses exercícios eram basicamente ligados (ou extraídos) do esporte, da gestualidade do trabalho numa indústria, de tradições de atuação do passado etc. Basicamente, o ator treinado nesses movimentos devia ser

MEIERHOLD: UMA POÉTICA EM CENA

conscientizado a usá-los para criar seu papel no palco. Ao mesmo tempo que se percebe o uso da biomecânica em algumas fotos da peça (as dos operários no ato I), há outras características no trabalho do ator que se assemelham ao do saltimbanco e do acrobata. E esse *clown* deve fazer seu jogo lidando com a personagem com ironia e, no caso de *Os Banhos*, acaba sendo um analista da crítica aos burocratas. O ator Maksim Schtraukh era um ator da escola dos *clowns*, e seu Pobiedonóssikov foi construído levando-se em conta tais conceitos[225]. E provavelmente todas as personagens dos burocratas também se utilizaram do *clown* na sua composição e representação[226].

Há uma ideia difundida largamente em relação ao trabalho do ator exigido por Meierhold: era *proibido improvisar*. Essa posição deve ser revista. Na verdade, houve algumas montagens, como *O Professor Bubus*, de Faikó, direção de Meierhold, em 1925, que tiveram uma concepção muito particular, uma montagem rígida e até mesmo cronometrada por Meierhold.

Entretanto, quando se pensa não só no uso dos exercícios da biomecânica, mas nas outras técnicas usadas pelo mestre (*Commedia dell'Arte*, pantomima, o clownesco, barraca de feira, acrobacias), é praticamente impossível pensar que o ator não improvisasse. Depois, há também outro aspecto contraditório nessa ideia da não improvisação dos atores meierholdianos: o diretor não gostava de fazer ensaios de mesa, não discutia a peça por muito tempo, ia logo para o palco (com exceção das peças de Maiakóvski), o que significa que os atores tinham de improvisar antes de decorar as suas falas.

Procurando demonstrar que havia na peça momentos sem graça, Tcharov citou "três frasezinhas enxertadas por atores"[227]. Portanto, pelo menos de acordo com esse comentário, houve *três frasezinhas* improvisadas. Agora, uma pergunta que todos os estudiosos do trabalho de Meierhold com as peças de Maiakóvski fazem: como o diretor trabalhava com os textos do dramaturgo? Com isso em mente, Paul Schmidt observa que Meierhold afirmou ser Maiakóvski "um mestre da composição

---

225 Cf. M. Zagórski, "Diálogo Sobre *Os Banhos*", supra, e as fotos de Pobiedonóssikov, infra.
226 Cf. as fotos de Optimístienko, infra.
227 Cf. "Intervenção no Debate Sobre *Os Banhos*, em 27 de março de 1930", supra.

190 UMA POÉTICA EM CENA

dramática, no comando das leis do palco", e que, por seu lado, Maiakóvski afirmou: "Meu trabalho é cuspir nas leis do palco. A maneira que eu vejo isso: se há um revólver no primeiro ato, você se livra dele no segundo. As coisas só devem ser escritas quando você vai contra as leis."[228] E quais as novas leis em relação ao trabalho teatral com Meierhold? Para Paul Schmidt:

As novas leis são muito simples na essência. Maiakóvski colocou a ideia com perfeita clareza: "Nós fazemos a coisa juntos – eu, mais o diretor, os atores, a plateia, os suportes, as luzes etc..."[229] Essa é a mesma definição que Meierhold havia proposto vinte anos antes em seu livro *Sobre Teatro*, a de um teatro no qual o diretor, depois de realizar a concepção do autor dentro dele, leva sua criatividade para o ator (aqui o ator e o diretor tornam-se um). O ator, tendo recebido a "criatividade" através do diretor, fica face a face com o espectador (com ambos, autor e diretor atrás dele) e livremente revela sua alma para ele[230]. O teatro é definido identicamente por ambos como uma colaboração entre autor, diretor, ator e plateia. Mas como exatamente Meierhold trabalhava com os textos de Maiakóvski? Como ele realizava a concepção do autor dentro dele e "levava criatividade ao ator?" O que estava em primeiro lugar na mente de Meierhold quando ele trabalhava com as peças de Maiakóvski, nas quais as qualidades particulares do poeta eram "novas formulações da linguagem?" Meierhold admirava Maiakóvski não somente *como autor dos textos, mas como leitor deles*. Essa dupla criação de Maiakóvski – a composição dos textos como estruturas de linguagem e articulação delas na leitura do poeta – configurou o método de trabalho de Meierhold. Maiakóvski sempre conduzia os primeiros ensaios "de mesa", instruindo os atores sobre o texto como um fenômeno acústico, explicando, tornando as tônicas claras, dando a linha de leitura. Na mente de Meierhold, sempre, durante os outros ensaios, *estava a voz de Maiakóvski*.[231]

Em um discurso sobre Maiakóvski, em 1933[232], Meierhold retoma suas posições a respeito da dramaturgia do poeta, mas mostrando também a sua importância como ator e diretor de teatro, isto é, Maiakóvski dramaturgo não ficava distante do espetáculo, ambos – dramaturgia e espetáculo – se interligavam: o texto escrito nunca ficava pronto, ele ia sendo escrito de novo durante os ensaios. O diretor acaba seu discurso com as seguintes palavras:

228 *Polnoe Sobranie Sotchinenii v 13 Tomakh*, v. XII, p. 507. Maiakóvski refere-se aqui, sem dúvida, a uma observação de Tchékhov.
229 Ibidem, v. XII, p. 508.
230 *Státi, Pisma, Retchi, Besedi*, v. I, p. 131.
231 Cf. Paul Schmidt, op. cit., p. 218.
232 Cf. *Státi, Pisma, Retchi, Besedi*, v. II, p. 359.

MEIERHOLD: UMA POÉTICA EM CENA 191

Tenho certeza de que, se Maiakóvski estivesse vivo, ele seria o maior dramaturgo de nossa época exatamente porque a arte do teatro não exige simplesmente a solução dos problemas atuais, mas sobretudo dos problemas de um presente que está impregnado de futuro. O teatro não admite a estagnação e a imobilidade. O teatro, como arte, é sempre presente, conhece somente a atualidade, e quando retoma a temática do passado, esforça-se em apresentá-la como se todas as situações estivessem perpassadas pelo nosso tempo. Essa foi a força de Molière, de Shakespeare, dos espanhóis, isto é, dos autênticos dramaturgos, efetivamente nascidos para o teatro, homens que viviam seu tempo como se estivessem carregados de projetos de futuro. Tomemos Hamlet, por exemplo: Hamlet está construído de tal modo que se sente que a personagem se encontra no limiar da vida futura, enquanto o rei, a rainha, Polônio encontram-se do outro lado – no passado.

Nisso consiste a verdadeira natureza do teatro, e essa é a importância de Maiakóvski como artista de teatro.[233]

A propósito de um projeto para uma nova montagem de *O Percevejo*, Meierhold fez uma conferência, em 21 de maio de 1936[234], quando explicou por que e como iria retomar a obra de Maiakóvski. Era um novo projeto em todos os sentidos: desde o título até a reelaboração do texto-escrito. Aparentemente há uma contradição do diretor: ele *sempre* disse que jamais mudaria uma vírgula da obra de Maiakóvski! Ele chama alguns colaboradores, Óssip M. Brik, N.N. Asséiev, S.I. Kirsanov e V.A. Katanian, e discute a possibilidade do novo espetáculo. Meierhold redige, em colaboração com A. Fevrálski, um novo texto escrito para um novo texto espetáculo, *Comédia Fantástica*, que não consegue encenar.

Contudo, é nessa retomada do teatro de Maiakóvski que também se pode vislumbrar como Meierhold trabalhava com suas peças:

a reelaboração da obra não está absolutamente ligada ao desejo superficial de modificar, de "transformar" o texto. Ao recordar os anos do meu trabalho com Maiakóvski, devo declarar francamente que foi dos poucos autores, senão o único, que não apenas me alegrava ver em qualquer ensaio, mas que eu considerava indispensável ter sentado ao meu lado, na mesa do diretor, confiando a ele o trabalho para toda a articulação do texto.

Maiakóvski foi um dos melhores dramaturgos que existiram, que conhecia e sentia magnificamente as leis teatrais, que pleiteava para o teatro

233 Cf. *Státi, Pisma, Retchi, Besedi*, v. II, p. 362.
234 Ibidem, p. 336s, "Sobre o Plano de uma Nova Encenação de *O Percevejo*".

192 UMA POÉTICA EM CENA

novas e audaciosas tarefas, e que possuía talento excepcional, não apenas para o procedimento epigramático, mas também para uma linguagem sintética, afiada, extremamente lacônica e expressiva. Ao começar a trabalhar com uma obra de Maiakóvski, eu infringia os meus próprios "costumes", e não só não transformava o texto, mas não me parecia também sequer possível mudar os episódios de lugar. Maiakóvski sabia para o que e para quem escrevia. Em suas obras tudo se encontra em seu lugar.

Então, por que a reelaboração de *O Percevejo*? É somente *pelo desejo sincero de mostrar a Comédia Fantástica do modo que Maiakóvski gostaria de tê-lo visto*[235].

Meierhold, na verdade, enxertou falas de outras peças, de poemas, de discussões, da poética teatral de Maiakóvski. Contudo, a *Comédia Fantástica* não foi encenada. No fim das contas, Meierhold, mesmo com Maiakóvski, age como Meierhold e, de todo modo, como Maiakóvski pediu que agissem com suas peças: torná-las *sempre presente*.

Figurinos e Máscaras Narrados Pelas Fotos

Aleksandr Deineka, criador dos figurinos e das máscaras de *Os Banhos*, também trabalhou sob a direção do próprio Meierhold[236] (e provavelmente do próprio Maiakóvski). Ao contrário do que acontecia com os cenários, que foram indicados em rubricas no texto escrito, os figurinos e as máscaras não tiveram essas indicações precisas, foram criados especificamente para a encenação de Meierhold ou, com mais precisão, em função dela. Mesmo a Mulher Fosforescente, que vem do futuro, não é descrita em rubricas por Maiakóvski. As soluções para o espetáculo foram cênicas, surgindo no decorrer dos ensaios. Infelizmente, Maiakóvski não teve tempo de registrar tais soluções cênicas em seu texto escrito.

É possível perceber pelas fotos apenas algumas máscaras: a da Mulher Fosforescente, a de Pobiedonóssikov, a de Optimístienko, as dos operários, de Pólia, de Underton. Das outras personagens, como a de Mezaliânsova, por exemplo, não existe nenhum registro fotográfico nas obras pesquisadas, nem de Pont-Kitch, nem dos outros burocratas.

235 *Státi, Pisma, Retchi, Besedi*, v. II, p. 367-368.
236 Essa informação é dada por K. Rudnitsky, op. cit., p. 463.

MEIERHOLD: UMA POÉTICA EM CENA 193

Em cada foto, comentamos alguns aspectos da composição (figurinos + máscara), e em "A Narrativa Pelo Texto Escrito", voltamos ao problema da composição das personagens para o espetáculo de Meierhold e discutimos com mais minúcia as propostas de Alexandr Deineka para a composição das personagens para o espetáculo.

Desejamos, porém, fazer algumas considerações específicas sobre o figurino que mais foi alvo da crítica especializada da época e dos pesquisadores atuais que citam a montagem de Meierhold ou o texto escrito de Maiakóvski: a composição cênica dos operários.

Como se nota nas fotos, as personagens masculinas que interpretam operários usam um traje padronizado (Angelo Maria Ripellino, por analogia a *Mistério-Bufo*, chama essas personagens de impuras).

Esse macacão de operário foi criado por Liubóv Popova para os atores em *O Corno Magnífico*, em 1922. O figurino passou a ser designado a partir daí como *prozodéjda*, que vem de *proizvóstvennaia odejda*, ou seja, "roupas de fábrica", trajes que representam os operários em sua roupa de trabalho. Popova, Stiepânova, Ródtchenko, Lavínski e El Lissítzki criaram uma série de produtos e de objetos práticos, entre eles os macacões esportivos (*sportodéjda*) *e* os macacões para o trabalho (*prozodéjda*).

A proposta da roupa-padrão, que se ligava ao construtivismo de Meierhold, tinha também um significado mais amplo, que não chegou a ser realizado: seu projeto de realizar o teatro nas fábricas, ao ar livre, pelos próprios operários.

Pois bem, n'*Os Banhos* de Meierhold, as personagens ligadas à construção da máquina do tempo vestem macacão. Todavia, outras personagens como Underton, que aparece na foto 9, não usam a *prozodéjda*. As outras personagens, como o Lanterninha, o Diretor, as personagens da pantomima, provavelmente também não. Como não há o registro fotográfico delas, e nenhuma consideração a seu respeito nas obras consultadas, limitamos nossas considerações às personagens dos operários.

Logicamente, o fato de os operários no espetáculo usarem a *prozodéjda* gerou a mesma ladainha crítica: são desbotados, sem vida, sem graça, as personagens positivas: "As personagens positivas são, portanto, também em *Bânia*, galhos secos, esquemas

194 UMA POÉTICA EM CENA

sem substância"[237]. Como se vê, Angelo Maria Ripellino repete o jargão negativo empregado pela crítica dos contemporâneos de Maiakóvski/Meierhold e logicamente por Pasternak, já comentada e da qual discordamos[238].

As Fotos

1   Ato I, Velocipiédkin, no plano inferior (A.G. Záikov); Tchudakov, no plano superior (M.A. Tchikul). À direita uma mesa, outra à esquerda. Esquemas pendentes de todos os lados e esparramados por toda parte. No centro, o camarada Fóskin solda o ar com um maçarico. Tchudakov ziguezagueia ao redor, reexaminando um gráfico. A primeira rubrica do primeiro ato é a descrição do cenário. Na próxima foto, o cenário aparece com maiores detalhes. Pode-se perceber os esquemas pendentes, as duas mesas. Essa foto é provavelmente da cena da entrada de Velocipiédkin (deixas 2 até 31). Atente-se para a gestualidade dos atores, ligada à biomecânica. Do lado esquerdo, percebem-se trechos da quadrinha n. 7 e do lado direito, da de n. 6.

2. Ato I. Nesta foto, percebe-se melhor o cenário. As duas mesas, os gráficos, o palco giratório, que não consta da rubrica de Maiakóvski: Tchudakov no plano superior (M.A. Tchikul). No plano inferior, aparecem as personagens: Velocipiédkin (A.G. Záikov), Fóskin (?), Dvóikin (?), Tróikin (?). A personagem feminina é provavelmente Pólia (M.F. Sukhânova). Note-se a gestualidade dos atores. Tchudakov parece estar discursando, assumindo aí o conceito de ator-tribuno, mas unido aos conceitos da biomecânica. Tal afirmação fazemos por analogia com as fotos dos exercícios de biomecânica. As quadrinhas da direita são as de n. 4 e n. 6. As da esquerda, as de n. 1 e 7. Ver supra as quadrinhas na tradução e as deixas 64 até 80.

3. Cena do primeiro ato. Na foto, da esquerda para a direita: Tchudakov (M.A. Tchikul, junto à mesa), Fóskin (?), Dvóikin (?), Tróikin (?), no centro; Velocipiédkin (A.G. Záikov) sobre a mesa e Pólia (M.F. Sukhânova). As quadrinhas são as mesmas da foto anterior. Ver deixas 64 até 80.

4. Mesma cena da foto anterior. Notar nela o palco giratório bastante visível.

5. Pobiedonóssikov (M.M. Schtraukh). Note-se a composição da figura da personagem: terno de corte elegante, chapéu, óculos, mas a boca de *clown*.

---

237 A.M. Ripellino, op. cit., p. 200.
238 Ver supra "A Narrativa Pelo Texto Escrito".

MEIERHOLD: UMA POÉTICA EM CENA 195

Uma figura em que metade é séria e metade é palhaça, assim como o seu nome e o cargo que ocupa. Esse oximoro é reforçado por suas falas.

6. Pobiedonóssikov, interpretado por Maksim Schtraukh.

7. Ato II. Da esquerda para a direita: Velocipiédkin (A.G. Záikov), Tchudakov (M.A. Tchikul), Optimístienko (V.F. Záitchikov). Sentados, de costas, estão os Peticionários. Meierhold utilizou bonecos de borracha e atores. Os Peticionários (bonecos), de tanto esperar para serem atendidos, se *petrificavam*. Meierhold usou bonecos também na montagem de *O Inspetor Geral* (1926). Convém notar as caixas repletas de papelada. A rubrica de Maiakóvski para o segundo ato é: *Sala de espera. Há uma parede divisória que a separa do escritório. À direita, uma porta com um aviso luminoso:* NÃO ENTRE SEM SER ANUNCIADO. *Próximo à porta, à sua mesa, Optimístienko atende uma longa fila de peticionários que toma toda a extensão da parede. Os peticionários copiam os movimentos uns dos outros, como cartas de baralho sendo manuseadas. Quando a parede se ilumina com a luz do interior, são visíveis apenas as silhuetas negras dos peticionários e o escritório de Pobiedonóssikov.* Ver rubrica n. 82. A escada continua no cenário, e as quadrinhas também, embora não apareçam.

8. Optimístienko (V.F. Záitchikov), secretário de Pobiedonóssikov, também com uma máscara clownesca. De meio bigode bem debaixo do nariz, ele é sem dúvida o vassalo da burocracia. Na pasta de documentos que exibe, está escrito: "pasta para papéis".

9. Ato II. Pobiedonóssikov (M.M. Schtraukh), Underton (R.M. Guênina), a datilógrafa de lábios pintados. Aparece também uma personagem que não consta da peça de Maiakóvski: poderíamos chamá-la de Maria do Café ou do Chá, já que estamos na União Soviética. Note-se a pose do burocrata, sentado na poltrona de couro. Observe-se também as escadas e as quadrinhas: estas só vão mudar no terceiro ato, permanecendo as mesmas no primeiro e no segundo atos. Ver as deixas 113 até 117, que provavelmente correspondem a essa foto. Na rubrica 113 da peça, lê-se: POBIEDONÓSSIKOV *(folheia papéis, tenta ligações telefônicas e, próximo à porta, andando, dita).*

10. Ato III. A pantomima, o circo do ato III. Não se pode reconhecer as personagens, provavelmente a maioria dos atores estava em cena. A pantomima é descrita por Maiakóvski e aparece no texto da direção. Ver supra "A Narrativa Pelo Texto Escrito". Na peça de Maiakóvski, a rubrica 192 é: *Palco – continuação das fileiras do teatro. Na primeira fila, alguns lugares livres. Sinal "Início". O público olha para o palco com binóculos. Do palco, olham com binóculos para o público. Ouvem-se assobios, batidas de pé, gritos: "Começa!"* A pantomima circense acontece no meio da representação. Nesse ato, as quadrinhas mudam. Atente-se para as

202 UMA POÉTICA EM CENA

venezianas ou persianas onde elas estão escritas, que podem ser mudadas mesmo em cena, e também as escadas, que são uma construção fixa durante todo o espetáculo. As quadrinhas vistas nesta foto são: do lado esquerdo, n. 2, n. 8 e n. 5; e, do lado direito, n. 3 e n. 9.

11. Ato III. Cena onde se representa, provavelmente, a "Repousante pantomima sobre o tema: 'Trabalho e Capital' / a barriga dos atores / ficou cheia afinal." É talvez a fala do Diretor, n. 225. A quadrinha que aparece do lado esquerdo é a de n. 5, e a do lado direito, n. 9.

12. Cena do Ato V. Pobiedonóssikov fuxica acerca das outras personagens para a Mulher Fosforescente; ver falas 395 até 402. O cenário é da sala de Pobiedonóssikov. A rubrica n. 307 de Maiakóvski é: *O antigo escritório de Pobiedonóssikov está lotado. Um clima de exaltação e a desordem de combate dos primeiros dias da Revolução de Outubro.* Na foto, que focaliza apenas duas personagens, não se nota o "clima de exaltação e a desordem de combate dos primeiros dias da Revolução de Outubro" da rubrica de Maiakóvski.

13. Desenho de Aleksandr Deineka para a Mulher Fosforescente. A figura lembra os astronautas atuais, com exceção do capacete, que é mais parecido com o de um aviador. No macacão há duas iniciais, de *Fosforítcheskaia Jênchina*, Mulher Fosforescente. Ambas as pernas do macacão são transparentes, possibilitando ver as pernas da personagem. Essa figura no espetáculo de Meierhold era completamente mágica. A personagem aparece no ato IV. A rubrica de sua entrada em cena é a 286: *Estrondo, explosão, tiro. Pobiedonóssikov escancara a porta e lança-se apartamento adentro. No patamar inferior, fogos de artifício. No lugar em que estava a máquina, a Mulher Fosforescente com um pergaminho escrito em letras fosforescentes. Brilha a palavra "Credencial". Estupefação geral. Optimístienko salta ao seu encontro, arregaçando as calças. Está de chinelos, sem meias e armado.* E na rubrica 294 aparece: *Pobiedonóssikov dá passagem à Mulher Fosforescente, que vai esfriando pouco a pouco e tomando seu aspecto normal,* o que ressalta seu caráter fantástico.

14. Não é possível dizer se essa foto é de uma cena do ato V ou do ato VI. Pode-se distinguir a Mulher Fosforescente, Tchudakov, Velocipiédkin, Fóskin, Dvóikin, Tróikin. Se a foto for do ato V, refere-se às falas 308 a 325, se for do VI, às falas 410 a 419.

15. Zinaída Raikh no papel da Mulher Fosforescente.

16. Ato VI. Desenhos de Aleksandr Deineka para as personagens que viajarão na máquina do tempo. Angelo Maria Ripellino descreve: "Na cena

MEIERHOLD: UMA POÉTICA EM CENA 203

do embarque na máquina prodigiosa, os 'puros' aparecem vestindo escafandros brancos inflados como câmara de ar, com boias pretas de borracha em torno das pernas como cintos de salvamento. E, assim empacotados, pareciam saídos de um bailado de Schlemmer ou, antes, de uma propaganda dos pneus Michelin" (*Maiakóvski e o Teatro Russo de Vanguarda*, p. 204). Comparem-se os desenhos supra com a foto 18, das personagens prestes a partir na máquina do tempo.

17. Ato VI. Pobiedonóssikov no centro, embaixo, dando adeus.

18. Ato VI. As personagens subindo na máquina do tempo. As escadas foram usadas neste ato para indicar a subida[239]. É nesse ponto que as personagens cantam a "Marcha do Tempo".

19. Ato VI, final. A máquina do tempo rejeita os burocratas, que são lançados por terra. Provavelmente o palco giratório foi utilizado para jogar os burocratas no chão.

20. Cartaz para *Os Banhos,* desenhado pelos Kukriníksi (Mikhail Kupriianov, Porfírii Krilóv e Nikolai Solokov), mostra o burocrata Pobiedonóssikov na pose de um líder, tendo escrito nas palmas das mãos: *Eu não posso atendê-lo sem uma entrevista marcada.* As armas que atestam a sua autoridade estão dependuradas em seu pescoço, como se fossem medalhas: três telefones, sua pasta de documentos e uma enorme caneta-tinteiro. No canto esquerdo lê-se *Os Banhos.*

21. Ensaio de *Os Banhos,* 1930, Meierhold, Maiakóvski e Vissarión Chebálin (de óculos).

22. Meierhold, Maiakóvski e Chebálin conversam durante os ensaios de *Os Banhos,* 1930.

23. Pobiedonóssikov e Optimístienko. Esboços de Maiakóvski, 1929.

24. Maiakóvski lendo *Os Banhos* no rádio, em 1929. Não encontramos referências a tal leitura, apenas a foto (em *Vladimir Maiakovski. Sobranie sotchinenii v 8 tomakh,* v. 7, p. 96A).

239 Ver supra o depoimento-crítica de M.F. Sukhânova.

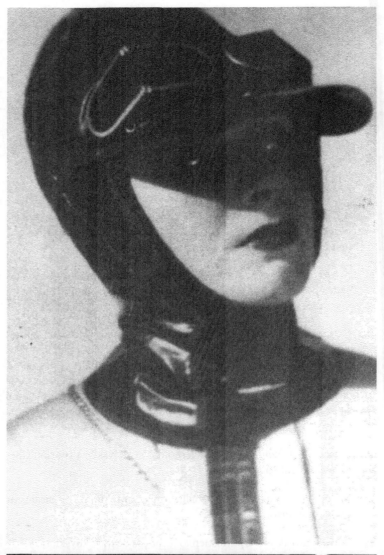

208 UMA POÉTICA EM CENA

24

A Narrativa Pelo Texto Escrito

> *Somos o teatro de proa, no campo da dramaturgia.*
> MAIAKÓVSKI

> *A noção do grotesco não tem nada de misterioso.*
> *Trata-se simplesmente de um estilo cênico que joga*
> *com os contrastes e não cessa de deslocar os planos*
> *de percepção.*
> MEIERHOLD

O esforço fundamental, desenvolvido por nós durante longos anos, foi o de aproximar as teorias teatrais da vivência da arte e estudar em profundidade as teorias de teatro, como, por exemplo, a semiologia (ou semiótica, como queiram), no entanto, não como teorias puras, desvinculadas do ato criativo.

Assim, uma questão premente que tentamos elucidar com clareza é qual o *texto* do teatro: o dramatúrgico ou o do espetáculo? A priori, elegemos sempre o do espetáculo. Claro que teorizar um espetáculo de teatro é uma tarefa quase impossível. Tal texto é circunstancial, diferente a cada apresentação, o público muda todas as noites. Devido a essa característica elusiva do espetáculo teatral, sempre se acaba numa análise de depoimentos sobre o evento, em memórias, em narrativas. E, ao mesmo tempo, *as práticas teatrais* que aprendêramos como atriz amadora (as de Stanislávski e Brecht, depois Grotóvski etc.), o *como atuar*, como exercitar, como desenvolver a personagem, eram em última análise teorias, *teorias vinculadas a uma prática* do próprio Stanislávski, de Brecht, Grotóvski...

Contudo, e Shakespeare? E a *Commedia dell'Arte*? E o teatro de feira? E mesmo a tragédia e a comédia gregas? Tudo que havia sido escrito durante os séculos seriam suposições? Por que Aristóteles *considerou o espetáculo* um dos elementos da tragédia (escrita), se as tragédias foram registradas por escrito, mas *os grandes festivais de teatro grego eram festivais de encenação*? E o teatro elisabetano? Como ele se registrou?

Nós nos perguntávamos muitas vezes se não estávamos querendo negar a dramaturgia, o texto escrito, ao privilegiar apenas o espetáculo. Durante os nossos festivais de teatro amador, do final dos anos 1960 até cerca de 1973 (época em que participamos ativamente), tivemos a chance de ver espetáculos das mais variadas tendências: de Shakespeare a Brecht; do teatro do absurdo a tragédias renascentistas portuguesas etc., etc. Muitas vezes, diziam: "Poxa, mas que cara chato esse Shakespeare!" E então pensávamos: "Não tem jeito, o texto do teatro é o espetáculo." Mas como não considerar a dramaturgia?

Num dos Festivais houve tantas encenações de Brecht que não era possível ignorar a teoria brechtiana, ligada à sua dramaturgia e seus próprios espetáculos (que conhecíamos através de narrativas, obviamente). E os *entendimentos* e uso das teorias stanislavkianas, brechtianas e grotovskianas eram os mais disparatados (e isso pode ser estendido também ao teatro profissional). Houve até um caso, que parece folclore (e muitos desses casos acabam por nos fazer voltar ao estudo das teorias teatrais): um grupo encenaria uma peça de Brecht. Pediram para os organizadores do festival que deixassem o palco completamente nu: sem rotundas, com toda a profundidade à vista. Pensou-se que se veria um espetáculo inteiramente brechtiano e só não se entendia por que o palco *todo* seria ocupado. O espetáculo à noite foi levado da seguinte maneira: sem cenários, o palco realmente todo à mostra e os atores representando o tempo todo bem próximo à parede do fundo. Não se entendia o que eles diziam, não se conseguia ver direito os atores, apequenados pela distância dos espectadores. Enfim, ninguém conseguiu saber que proposta era aquela. Nos debates depois do espetáculo, alguém da comissão julgadora perguntou ao diretor: "Eu gostaria que o senhor explicasse por que a representação foi toda feita no fundo do palco, não se ouvia os atores, não percebemos enfim a sua proposta." O diretor, com um sorriso prepotente e superior, respondeu: "Vocês nunca ouviram falar do distanciamento, é?" Mas todo esse folclore nos leva a indagar sobre questões cada vez mais elaboradas e complexas em relação a essa difícil arte que é o teatro.

Com toda clareza, acreditamos hoje só ser possível estudar o teatro de forma empírica através de narrativas, porque mesmo que se estudem todas as técnicas e desenvolvimentos não se consegue transmiti-los ou ensiná-los de modo objetivo, tal como foram realizados num dado momento, em certo contexto histórico, que morre com os realizadores, mas que renasce partindo das narrativas

MEIERHOLD: UMA POÉTICA EM CENA 211

que sobraram. Assim, pensando no texto escrito de *Os Banhos*, desejamos estudá-lo também tendo em vista a encenação de 1930. Mas o que é o texto escrito? Como é seu estatuto? Ele é completo, incompleto, o que existe nele além dos registros da fala? Será que nele está registrado até o modo de fazer teatro, até as características do próprio edifício? Será que está registrado o comportamento da plateia para a qual ele foi escrito? Quem, ao se indagar sobre teatro, não se fez essas perguntas?

Quando Augusto Boal escreveu sobre a teoria do Teatro de Arena, na época de *Arena Conta Zumbi*, *Arena Conta Tiradentes*, refletindo sobre as encenações e o método de trabalho das peças, ele chamou a atenção para alguns desses problemas:

Em geral todas as peças de Shakespeare se iniciam com cenas de violência: criados em luta corporal (*Romeu e Julieta*), movimento reivindicatório de massas (*Coriolano*), aparição de um fantasma (*Hamlet*), de três bruxas (*Macbeth*), de um monstro (*Ricardo III*) etc. Não era por coincidência que o dramaturgo elegia iniciar suas obras assim de maneira violenta. Sobre o comportamento barulhento de sua plateia narram-se muitos detalhes, alguns bem curiosos. [...] Laurence Olivier, no seu filme *Henrique V*, deu uma imagem precisa da plateia isabelina: gritos, insultos, brigas, ameaças diretas aos atores, circulação ininterrupta de espectadores, nobres no palco etc. Para silenciar essa plateia seria necessária uma introdução vigorosa e decidida. Os atores deveriam fazer mais ruído no palco do que os espectadores na plateia. Assim ia se formando a técnica de *playwriting* shakespeariana.

Também as condições de desenvolvimento da ciência propõem a possibilidade de novos estilos: sem a eletricidade seria impossível o expressionismo.[240]

Pode-se estender e aprofundar tais considerações de Boal de época para época e penetrar na dramaturgia, tendo em vista esses elementos que a rigor estão *fora* do estatuto do texto, mas que na verdade vão se registrando nele e se incorporando ao *playwriting*, por uma necessidade da encenação em uma determinada época.

Em alguns escritos de Meierhold antes de 1917, e principalmente em "Literatúrnie Priedviéstiia o Novón Teatr" ("Prenúncios de um Novo Teatro"), o diretor anuncia a superioridade da dramaturgia sobre o espetáculo:

---

240 Augusto Boal, As Metas do Coringa, em: Augusto Boal e Gianfrancesco Guarnieri, *Arena Conta Tiradentes*, São Paulo: Sagarana, 1967, p. 29.

212 UMA POÉTICA EM CENA

Li, em algum lugar, que *a cena cria a literatura*. Não é assim. Se a cena influencia a literatura, há um porém: ela atrasa um pouco o seu desenvolvimento, criando uma plêiade de escritores influenciados por uma "tendência predominante" (Tchékov e os "sub-Tchékovs"). O novo teatro nasce da literatura. Na ruptura com as formas dramáticas é sempre a literatura que toma a iniciativa. Tchékov escreveu *A Gaivota* antes que surgisse o Teatro de Arte, que a encenou. Van Lerberg e Maeterlinck – antes produziram, depois nasceram seus teatros. Ibsen; *As Auroras*, de Verhaeren; *A Terra*, de Briússov; *Tântalo*, de Viatchiesláv Ivanov – onde estão os teatros que podem encená-los? A literatura influencia o teatro. Não apenas os dramaturgos exercem essa influência, criando imagens da nova forma, que exigem outras técnicas, mas também os críticos, que rejeitam as velhas formas.[241]

Na verdade, esse escrito de Meierhold vai introduzir teoricamente o Teatro da Convenção contra o naturalismo. E *A Gaivota,* que foi escrita em 1896 e encenada pela primeira vez pelo teatro Aleksandrínski em São Petersburgo, em 17 de outubro do mesmo ano, tendo Vera Komissarjévskaia no papel de Nina, só encontrou sua nova encenação, isto é, sua condição de novo texto (embora saiba-se que Stanislávski o achasse estranho e chato, enquanto Dântchenko, ao contrário, o julgasse um texto importante) no Teatro de Arte. Apesar do grande elenco que montou a peça no Aleksandrínski, o espetáculo foi um fracasso! As peças posteriores de Tchékhov são praticamente inseparáveis do Teatro de Arte, ou melhor, da sua concepção de teatro. Aí, sim, surge um *novo teatro*.

Mas o público também muda de época para época, assim como mudam a tecnologia, os meios de comunicação. Ao abordar uma peça de Shakespeare hoje, deve-se ou não levar em consideração o seu estatuto? Maiakóvski disse inúmeras vezes (e já mencionamos muito isso neste estudo) que a obra de arte envelhece, ela tem que ser *modificada*. Meierhold fazia exatamente isso: montava os textos escritos e estabelecia *outros textos*. O novo teatro de Meierhold não encontrava uma nova dramaturgia, daí que a tal nova dramaturgia iria surgir com o próprio dramaturgo-diretor Meierhold e, sem dúvida, com as peças de Maiakóvski. Não se trata, assim, de querer sequer contestar a existência da dramaturgia como arte, mas de investigar: essa dramaturgia não

---

241 Cf. Literatúrnie Priedviéstniia o Novom Tiéatre ("Prenúncios Literários de um Novo Teatro"), *Státi, Pisma, Retchi, Besedi*, v. I, p. 123.

MEIERHOLD: UMA POÉTICA EM CENA   213

seria também (além da sua existência como dramaturgia) *mais um* registro de uma nova encenação que surgiu?

O Texto Escrito

Como a experiência dramática de Maiakóvski foi quase completamente vinculada à prática teatral conjunta com Meierhold, o texto escrito deveria trazer muitos registros da encenação de 1930. Infelizmente, Maiakóvski não fez uma redação final de *Os Banhos*. Nas *Obras Completas* aparecem indicadas as variantes que ele escreveu, mas nenhuma é definitiva, ou melhor, nenhuma foi publicada por Maiakóvski.

A tradução para o português presente neste livro, como já comentamos, é de Luiz Sampaio, com revisão de Boris Schnaiderman, e foi feita a partir do texto principal que aparece nas *Obras Completas* e que, segundo as notas, *não é* o texto que resultou no texto-espetáculo de 1930 (esse não foi redigido e encontram-se apenas anotações feitas a mão, nos vários exemplares da peça disponíveis nos arquivos russos). Vem reproduzido, assim, tal como aparece nas *Obras Completas*, inclusive com os números das falas. Não aparecem aqui as outras variantes, pois nos interessa estudar a que se publicou, tida como a mais correta, ou a mais próxima da última, tendo em vista sempre o espetáculo de 1930.

A respeito das traduções dessa peça para línguas ocidentais de ampla disseminação (inglês, italiano, espanhol e francês), não teceremos comentários, embora haja muito o que dizer: faltam trechos em algumas, outras *explicam* o texto na tradução, em nenhuma delas constam as quadrinhas que foram afixadas no palco etc., etc. Comentar essas traduções nos afastaria do nosso objetivo, que é tentar documentar, através das linguagens narrativas, o espetáculo.

O Título

O nome da peça é óbvio. Algumas traduções para línguas ocidentais traduzem como "A Casa de Banhos" (*Bathhouse*), que significa exatamente um local público onde se pode tomar banho. E é óbvio também o significado imediato do título e da

214 UMA POÉTICA EM CENA

peça: os burocratas tomam um banho, mas de crítica mordaz. Em russo o título está no singular: *Bânia*.

Há referências ao título da obra em várias passagens neste livro, feitas pelo próprio Maiakóvski, mas a mais famosa e, por isso mesmo a mais citada, é a resposta do poeta a um dos participantes, na "Intervenção no Debate na Reunião do Conselho Artístico-Político do Teatro Estatal Vsévolod Meierhold"[242], que perguntou por que a peça foi assim chamada e Maiakóvski respondeu: "Porque é a única coisa que se encontra ali".

A Forma Dramática

Algumas palavras – como "gênero" – são usadas para designar conceitos que variam de época para época, conceitos esses estabelecidos por filósofos, linguistas, pelas teorias literária e teatral; a conceituação vulgar da palavra faz com que "gênero" seja um termo a evitar. Também há o fato de os russos terem desmantelado qualquer tentativa de enquadrar as suas obras em conceitos estabelecidos ao longo dos séculos e nas teorias sobre os gêneros. Há muitos e muitos exemplos, de Púschkin a Maiakóvski. Passando, logicamente, por Tchékhov[243].

Como as intermináveis discussões teóricas sobre o tema, a nosso ver, não levam muito longe, e tendo em vista a irreverência dos russos, em vez de "gênero" usamos *forma teatral*, que, segundo Patrice Pavis,

é um termo frequentemente empregado hoje, provavelmente para renovar o desgastado termo *gênero* e para distinguir tipos de peça e de representação mais precisos que os grandes gêneros (tragédia, comédia, drama). A atual mistura de gêneros (e mesmo o desinteresse por uma tipologia das formas e uma nítida separação dos tipos de espetáculo) facilitou enormemente o emprego desse termo. "Forma" indica de imediato o aspecto eminentemente

242 Ver supra "A Narrativa Pelos Debates".
243 B. Schnaiderman esclarece: "Respeitou-se aqui a definição que o próprio autor deu a suas peças e que se afasta da noção consagrada de 'comédia'. Aliás, quando se estreou *A Gaivota*, um dos motivos do fracasso inicial, a par da incapacidade dos atores e da maioria do público de se identificar com o tom tchekhoviano da peça, realmente novo no teatro russo, foi talvez o fato de o público estar acostumado com a leveza e graça das peças curtas do autor, as famosas 'brincadeiras' de Tchékhov e esperar algo no gênero". Cf. *A Dama do Cachorrinho e Outros Contos*, org., trad., posfácio e notas de Boris Schnaiderman, 4. ed., São Paulo: Editora 34, 2009, p. 13n.

MEIERHOLD: UMA POÉTICA EM CENA

móvel e transformável dos tipos de espetáculo em função de novos fins e circunstâncias que tornam impossível uma definição canônica e estática dos gêneros. Fala-se em formas teatrais para as coisas mais heteróclitas e também nos servimos desse termo para componentes da estrutura dramática ou da representação (diálogo, monólogo, prólogo, montagem de textos, colocação no espaço etc.).[244]

Sabemos bem que *forma teatral* ou *dramática* não é uma expressão muito apropriada, já que a palavra "forma" pode remeter a forma e conteúdo ou ao formalismo, por exemplo. Todavia, nós a usamos aqui de acordo com o verbete do citado dicionário de Pavis.

Maiakóvski denominou *Os Banhos* de *drama com circo e fogos de artifício*. Nos debates realizados sobre a peça e nas chamadas para o espetáculo, ele falou várias vezes da necessidade urgente de o teatro voltar a ser espetáculo. E não foi só nesses debates. Em todas as ocasiões em que ele discutiu sobre teatro (principalmente naquelas sobre os espetáculos de Meierhold), a sua poética teatral se desenvolveu neste sentido: o teatro deve ser "uma alegre arena publicística". Além disso, quando perguntaram por que ele a denominava *drama*, respondeu: "É para que fique mais engraçada; em segundo lugar, por acaso são poucos os burocratas, e por acaso não é este o drama da nossa União Soviética?"

Mas é Meierhold, nas suas considerações por ocasião dois primeiros debates traduzidos aqui, que considera a peça uma *fantasmagoria teatral, estilo epigrama*, comparando mesmo Maiakóvski a Molière.

Quanto ao circo, pode-se pensar primeiro numa analogia com os espetáculos circenses; depois, a própria estrutura da peça (principalmente o ato III) já contém em si o circo e a pantomima. Há, ainda, o sentido figurado: a atuação burocrática era um circo, levando as personagens a serem *clowns* (e às vezes o circo era de terror). Os fogos de artifício também estão ligados ao espetacular, evidentemente.

---

244 P. Pavis, *Dicionário do Teatro*, 3. ed., São Paulo: Perspectiva, 2011, p. 175.

216   UMA POÉTICA EM CENA

As Personagens: Nomes Falantes ou Farândola de Nomes ou
Nomes Cheios de Histórias

A questão que se levanta sobre os nomes das personagens de *Os Banhos* não é em absoluto relativa somente a essa peça de Maiakóvski e tampouco é uma característica dele: trata-se de uma tradição russa. Em artigo de 1966, "Farândola de Nomes", Boris Schnaiderman explica: "Para quem se ocupa com a divulgação da literatura russa, uma das peculiaridades mais difíceis de traduzir é a importância que têm nessa literatura os nomes próprios, fato que reflete, muitas vezes, características da linguagem coloquial. Exemplos do que afirmamos podem ser citados às dezenas, às centenas."[245] Schnaiderman descreve vários exemplos de nomes próprios, quase que intraduzíveis para outras línguas:

A simbologia dos nomes próprios constitui velha tradição na literatura russa. Ela já aparece nos textos mais antigos. Nestes, frequentemente, há um epíteto que acompanha indissoluvelmente o nome, conforme se constata nos contos tradicionais: "Kaschéi, o Imortal"; "Vassilissa, a mui Bela"; etc. No entanto, mais tarde, o epíteto passa a ser, às vezes, incorporado ao nome, e essa prática permite obter os recursos mais diversos, pelo simples emprego de onomásticos significativos.[246]

São esses "recursos", de que fala Schnaiderman, que são importantes em *Os Banhos*. Também Angelo Maria Ripellino chama atenção para esses nomes próprios com significado, os "nomes falantes"[247]. Todavia, que fique claro, são "nomes falantes" para os russos ou para quem esteja habituado com a língua. Não são, obviamente, nomes falantes em português ou outro idioma. Ripellino dá muitos exemplos de obras nas quais se encontram os "nomes falantes", das comédias de Fonvízin, no séc. XVIII, a Gógol e Sukhovó-Kobílin. Na língua russa existe a possibilidade de inventar nomes que são entendidos e aceitos com naturalidade como nomes próprios, e um nativo que ouvir um deles vai entendê-lo de imediato. Para o teatro, o fato de

---

245 B. Schnaiderman, *Tradução, Ato Desmedido*, São Paulo: Perspectiva, 2011, p. 151. "Farândola de Nomes" foi originalmente publicado em *O Estado de S. Paulo*, 23 fev. 1966. Os exemplos citados por Schnaiderman nesse artigo são tirados de Tchékhov, Gógol, Maiakóvski e Dostoiévski.

246 Ibidem, p. 152.

247 A.M. Ripellino, op. cit., p. 191-209.

MEIERHOLD: UMA POÉTICA EM CENA

se poder recorrer a isso é mais um recurso para a própria configuração e caracterização de uma personagem, dispensando qualquer explicação: o nome já a explicaria.

Essa tendência de já definir uma personagem teatral pelo simples nome constitui verdadeira tradição no teatro russo. Se ela se popularizou em grande parte depois de Gógol, deve-se reconhecer que já é bem evidente no teatro russo do século XVIII. Aliás, essa tradição chegou até os nossos dias, aparecendo, por exemplo, na peça *Os Inimigos*, de Górki.

[...]
Foram realmente poucos os grandes escritores russos que não utilizaram, a não ser ocasionalmente, este recurso dos nomes simbólicos. Na maioria, percebe-se verdadeira volúpia de aproveitar as possibilidades de uma língua em que a sugestão, a paródia, o jogo de palavras, tem um caráter tão legítimo, em que o lúdico se alia com tamanha facilidade ao sério, a galhofa ao símbolo transcendente, e um simples nome pode trazer toda uma gama de significados.[248]

É evidente que traduzir esses nomes para o português coloca grandes problemas.

Estabelecemos, assim, um roteiro para tratar dos "nomes falantes" de *Os Banhos*, tendo em vista a lista de personagens dadas pelo próprio Maiakóvski no início da peça. As personagens que não aparecem na redação que nos chegou, mas que foram inseridas no espetáculo de 1930 (por Meierhold, com a autorização do assistente de direção – autor), estão descritas onde *acreditamos* que elas apareciam.

A tendência de uma peça que é drama, mas não é, que quer na sua própria escritura o espetáculo, que se utiliza do circo e mesmo dos fogos de artifício, como propostas de dramaturgia/espetáculo-montagem, é utilizar também personagens com nomes que tenham recursos implícitos. "Maiakóvski, em suas peças, rivalizou com Gógol, na capacidade de explorar os recursos grotescos dos nomes próprios russos"[249], mas além do grotesco, há outras relações: como a sátira, a utopia, a relação com a linguagem que a personagem usa.

---

248 B. Schnaiderman, op. cit., p. 154 e 156.
249 Ibidem, p. 154.

218 UMA POÉTICA EM CENA

1. POBIEDONÓSSIKOV (CHEFE SUPREMO DA DIREÇÃO PARA A COOR-DENAÇÃO – CHEFE SUPREMO DOS UMBIGOS)

O burocrata-mor de *Os Banhos* chama-se Pobiedonóssikov, o que se origina de *pobieda* (vitória) e *nossit* (carregar) ou *nóssik* (narizinho), mas ao mesmo tempo lembra o nome de Pobiedonostzev, político extremamente reacionário, que exerceu grande influência no reinado de Alexandre III. Não satisfeito com toda esta simbologia implícita num simples sobrenome, Maiakóvski atribuiu-lhe um cargo designada como *glavnatchpups*: *glavnatch* é abreviatura corrente de "chefe supremo", enquanto que *pups*, embora correspondesse à abreviatura da repartição imaginada pelo autor, lembra imediatamente *pup* (umbigo). E tudo isso resulta inequivocamente numa caçoada com as siglas complicadas e esdrúxulas de certas repartições da época.[250]

Pois bem, Pobiedonóssikov seria então: *aquele que carrega a vitória no nariz.*

Mas todo esse significado, em um sobrenome e mais a sigla, é percebido imediatamente pelo ouvido (ou olho) russo.

Aliado ao sobrenome, à postura e às falas da personagem, pode-se imaginar por que Meierhold e Maiakóvski desenvolveram no espetáculo uma representação para o *clown* – e por que a peça é um drama com circo: Pobiedonóssikov é um palhaço de uma repartição burocrática que é um circo: às vezes, um circo do horror, com toda a burocracia emperrando qualquer iniciativa e onde os Peticionários, de tanto esperar por uma resposta a seus pedidos, petrificam-se, são representados por manequins, o que pode ser visto nas imagens incluídas aqui. Apenas o nome da personagem do burocrata chefe e o nome da sigla do departamento que ele chefia produzem, então, uma verdadeira rede de significados que transita do grotesco ao satírico. Em termos teatrais, e dando aqui um critério de valor, esse é o melhor papel da peça.

Como esse nome poderia ser *traduzido*, com tantos significados?

No ensaio "O Texto como Produção (Maiakóvski)", Haroldo de Campos em uma nota propõe a tradução de Pobiedonóssikov por Victornasículo[251].

---

250 Ibidem, p. 154-155.
251 H. de Campos, *A ReOperação do Texto: Obra Revista e Ampliada*, 2. ed., São Paulo: Perspectiva, 2013, p. 82-83n66.

MEIERHOLD: UMA POÉTICA EM CENA

Como soaria Victornasículo em uma montagem? Para ler
o texto de Maiakóvski com uma nota de rodapé, creio que a
proposta de tradução funcionaria. Mas o texto escrito para teatro tem uma destinação cênica irremediável. Todos sabemos
que teoricamente o nome *Victor* está ligado a *vitória* e *nasículo*
a *nariz*, mas esse significado se perdeu no cotidiano da nossa
língua. É apenas um nome. O espectador vai achar estranho,
talvez, e nada mais. A não ser que se coloque um *nariz vitorioso* no ator. Adiantaria? E a sátira, o grotesco, a gozação que
o nome carrega em russo? Em português estaria perdida toda
a carga do nome. Além disso, *glavnatchpups*, o cargo de Pobiedonóssikov, como poderia ser traduzido de maneira *natural*?

Houve, durante o trabalho de tradução da peça, muitas
sugestões, de várias pessoas: Vitório Garboso (Luiz Sampaio);
Vitório Bicalho ou Bicanga (Walnice Galvão); Vitório Bicudo
(nossa). Mas nenhuma delas poderia sugerir *de imediato* todos
os significados de Pobiedonóssikov; além do problema da
abreviatura do cargo. Acreditamos que, em termos teatrais,
"Vitório Garboso" é um excelente achado, pois no palco funcionaria. Cada tradução tem sua dinâmica própria, num jogo
de lucros e perdas, e o que se perde numa passagem, poderá
ser acrescentado em outra. E mais: esse nariz vitorioso não faz
da personagem um homem prepotentemente garboso?

2. PÓLIA (SUA ESPOSA)

"Pólia" é uma forma de tratamento afetiva, o diminutivo de
Polina (do francês Pauline). Nome proposto em português:
Paulinha. A personagem tem uma fala característica: no final de
cada oração, ela sempre diz "Engraçado!" ou "Não é engraçado!"
e, assim, divide o mundo entre o que é e o que não é engraçado.

É uma personagem que desenvolve o patético na peça.
Meierhold preocupava-se com o patético, que é realmente difícil
de abordar: "Quando Maiakóvski se torna patético, ele nunca se
torna afetado. O que há de mais difícil em cena é desenvolver
o patético, e conduzi-lo a uma tensão máxima."[252]

---

252 Ver supra, em "A Narrativa Pelos Debates", a intervenção de Meierhold n. II,
do dia 30 de outubro de 1929.

220 UMA POÉTICA EM CENA

3. CAMARADA OPTIMÍSTIENKO (SEU SECRETÁRIO)

De origem latina, facilmente identificado em português: otimista. Todavia, para a personagem, no desenrolar da peça, o nome também é irônico, pois o secretário de Pobiedonóssikov é o que barra qualquer acesso ao chefe, com extremo *pessimismo*.

4. ISAAC BELVIEDÓNSKI (RETRATISTA, BATALHISTA, NATURALISTA)

Nome proposto em português: Isaac Bela Vista. Belvedónski soa como *belo*, tanto mais que pode recordar a estátua conhecida como Apolo do Belvedere. Em vista disso, Isaac Belvedónski soa praticamente como um oximoro: um nome helênico, sonoro, triunfal, precedido do prenome "Isaac", que evocava, para os russos da época, o judeu da diáspora, muito citadino, muito perseguido e tradicionalmente inferiorizado. Segundo Ripellino, Maiakóvski faz por intermédio dessa personagem uma paródia do pintor Isaac Isráilievitch Bródski, "autor de numerosos retratos pomposos e afetados de Lênin, Stálin e outros chefes soviéticos"[253].

No segundo ato, ele aparece como bajulador e admirador incondicional do chefe, mas no sexto, quando Pobiedonóssikov cai em desgraça, seu discurso muda e há uma fala esclarecedora da personagem: "N-Ã-O! A perspectiva no senhor tornou-se um pouco infeliz. Devemos olhar para o modelo como um pato para um balcão. Comigo, apenas de baixo para cima obtém-se o artístico em sua plenitude."[254] A personagem lembra ainda o intelectual Pinote, de *O Rei da Vela*.

5. CAMARADA MOMENTÁLNIKOV (REPÓRTER)

Maiakóvski compôs aqui um nome próprio da palavra, também de origem latina, *momentum* – que significa "momento", "instante", e que, sem dúvida, define a função de um jornalista: descrever o *momento*, o *instante* de um acontecimento. Na peça, ele é o servidor dos burocratas. Suas falas são sempre versinhos rimados e ele se assemelha muito a um bobo da corte, um palhaço dos burocratas. E note-se que os versinhos são cantados. Nome proposto em português: Momentoso.

253 Op. cit., p. 198.
254 *Os Banhos*, fala n. 464, supra.

MEIERHOLD: UMA POÉTICA EM CENA

221

6. FOTÓGRAFO

Essa personagem não está registrada na peça escrita de Maia-kóvski, mas há registro dela no espetáculo de 1930. Funcionou provavelmente como ajudante do repórter.

7. MISTER PONT KITCH (ESTRANGEIRO)

Anglo-saxão de origem britânica. O sobrenome Kitch lembra *kitsch*. Sua fala é incompreensível, o que o torna grotesco. Ripellino observa "que as palavras russas são ajuntadas de modo a transmitir, por semelhança fonética, locuções inglesas. Pelos efeitos burlescos a fala de Pont Kitch aproxima-se à de certas figuras da *pietrúchka*, como o alemão, também chamado 'homem forasteiro'"[255].

É com Pont Kitch que Maiakóvski faz uma brincadeira com Nikolai Assiéiev, usando o nome do poeta: "Assiéiev, o hipo-pótamo, empreste, semblante arrebentado, e o preço caiu maio arroba relógios."[256] Novamente, nos lembra uma personagem de *O Rei da Vela*, o Americano.

8. CAMARADA UNDERTON (DATILÓGRAFA)

Underton, marca de máquina de escrever, famosa à época. Esse nome falante poderia, pois, ser *traduzido* por Camarada Remington.

A característica mais notável de Underton é seu *problema*, os lábios pintados. Ela funciona como antagonista de Pobie-donóssikov no segundo ato. Até o final da peça, mesmo depois de despedida do emprego, ela se comporta como secretária. Quando Pobiedonóssikov indaga "Pois bem, camaradas... Por que e onde nós paramos?", Underton imediatamente responde: "Paramos em 'Pois bem, camaradas'..."[257]

9. PECULADOR NÓTCHKIN

Rastrátchik significa *peculador, malversador,* e *Nótchkin* é nome derivado de *notch,* noite. Uma tradução possível, "Noite Mal-versada". Acreditamos que pode parecer difícil chamar alguém

---

255 Cf. Ripellino, op. cit., p. 198.
256 Fala n. 406, supra.
257 Falas n. 445-446, supra.

222   UMA POÉTICA EM CENA

desse modo. Além disso, Malversada pode soar solene demais para a personagem, mas o tradutor pensou nesse nome por analogia ao cantor e compositor brasileiro Noite Ilustrada. Em cena, o nome poderia funcionar.

10. CAMARADA VELOCIPIÉDKIN (EX-CAVALARIANO LIGEIRO, GUARDA POPULAR).

O nome em português pode permanecer como em russo: Velocípede. Provém de *velocipiéd*, velocípede, bicicleta, e indica duas características para a personagem, a rapidez e a esperteza, descritas em suas próprias palavras: "sua besta, eu não o abracei à toa. A minha condição de criança de rua me ajudou. Não foi ele que eu abracei, mas o bolso dele!"[258]

A função de Velocipiédkin era a de uma espécie de inspetor nas fábricas e nos escritórios soviéticos, exercida por jovens, para lutar contra a burocracia e os seus abusos, na época.

11. CAMARADA TCHUDAKOV (INVENTOR)

Deriva de *tchudák*, que significa esquisitão, excêntrico, e também pode ser *tchudo*, milagre, maravilha. Maiakóvski se refere ao nome Tchudakov na Intervenção de 30 de outubro: "Depois disseram que eu dei ao inventor o sobrenome de Tchudakov. Eu participei do congresso de inventores e sei que um inventor realmente, antes de tudo, é uma pessoa estrambótica."[259] Ele explica que não quis fazer de Tchudakov um bobão. Porém, na verdade, Tchudakov não passa disso, é uma personagem ingênua, no sentido de não perceber, por exemplo, que Pont Kitch queria roubar seu invento, no primeiro ato.

Não se chegou a uma proposta de tradução para essa personagem.

12. MADAME MEZALIÂNSOVA (COLABORADORA DA SOCIEDADE DAS RELAÇÕES CULTURAIS COM O EXTERIOR).

Mezaliânsova é ligado a *mésalliance*. Nome proposto: Mesaliance. Amante de Pobiedonóssikov quando ele está no poder,

---

258   Fala n. 60, supra.
259   Ver supra, "A Narrativa Pelos Debates".

MEIERHOLD: UMA POÉTICA EM CENA

abandona-o por Pont Kitch assim que o burocrata perde as regalias de chefe, no final da peça.

Esnobe, é bem caracterizada quando entra no primeiro ato para apresentar Pont Kitch ao inventor. Ela diz para Tchudakov: "*Du iú spik inglish? Então, sprechen zi dóitch? Parlê vu francé?* Ah! Eu já sabia! É muito fatigante. Eu sou coagida a fazer *traducción* do nosso idioma, para o idioma operário-camponês".[260]

Em outras palavras, ela é obrigada a fazer tradução das línguas *cultas* (inglês, alemão e francês) para a *inculta* (russo).

13. CAMARADA FÓSKIN (OPERÁRIO)

Provavelmente de *foska*, gíria de jogador: carta de baralho de 2 a 10. Em português, Coringa seria um bom nome para a personagem, inclusive porque tem na peça a característica de substituir algumas funções.

14. CAMARADA DVÓIKIN (OPERÁRIO)

Dvóikin é relativo ao número dois no jogo de cartas. Proposta de tradução: Duque. A personagem tem as mesmas características de Fóskin.

15. CAMARADA TRÓIKIN (OPERÁRIO)

Tróikin é relativo ao número três no jogo de cartas. Proposta de tradução: Trinca. Apresenta as mesmas características de Fóskin e Dvóikin.

16. DIRETOR TEATRAL

Essa personagem tem uma grande importância no terceiro ato. Através de paródias e sátiras, dirige todos os atores na pantomima, parodiando o Teatro de Arte e o balé de Reingold Glier (1874-1956), dançado no Teatro Bolshoi, em 1927, *A Papoula Vermelha*. Mas há também paródia da *siniaia blusa* e uma gozação com os clássicos.

Meierhold introduziu na comédia uma nova personagem, o *pomriej*, ou seja, o assistente de direção, com enormes calções bufantes e malha listada;

---

260 Fala n. 33, supra.

224 UMA POÉTICA EM CENA

Lev Svierdlin encarnava essa figura, parodiando os costumes e os movimentos dos atores do teatro kabuki, que estivera em Moscou em agosto de 1928. Os intérpretes da pantomima exibiam-se em exercícios com varas e arcos, e o Capital dançava de cartola, de camisa de gala e calção de banho.[261]

17. IVAN IVANÓVITCH

Ivan é um dos nomes mais comuns em russo. É a personagem burocrática, completamente robotizada, é o *tipo* que sempre tem alguém importante para quem telefonar. É com essa personagem, e sua fala-clichê, "Extremamente interessante", que se faz uma paródia de versos de Lermontov, "O Demônio".

E é também com Ivan Ivanóvitch que, no terceiro ato, há citações dos espetáculos do Teatro de Arte, citações confusas, que se transformam em falas grotescas.

18. MULHER FOSFORESCENTE

Em algumas variantes da peça, essa personagem aparece como "Comunista Fosforescente", segundo as *Obras Completas*. Ela é caracterizada por uma espécie de magia. Meierhold diz que ela "pronuncia esses monólogos, e suas aparições ao longo da peça são testemunhas de um conhecimento surpreendente das leis da arte poética e musical" e que sua intérprete precisaria dinamizar "a atmosfera do espetáculo, conduzir o espectador, graças à sua tensão emocional, a acreditar na realidade do 'século comunista'"[262].

19. AS PERSONAGENS-FIGURANTES

Os Peticionários, o "Síndico do Comitê de Moradores" (Maiakóvski o chama pela sigla Preddomkom), o Lanterninha (que não consta de algumas versões, segundo as *Obras Completas*) e o Guarda Civil são figurantes, que apenas dão suporte em alguns pontos para o desenrolar da ação das outras personagens.

261 A.M. Ripellino, op. cit., p. 205.
262 Ver supra, "Sobre *Os Banhos* de Vladímir Maiakósvki", 13 de março de 1930.

As Utopias

O primeiro ato é o da exposição sobre a máquina do tempo – que vem do futuro e depois volta. Construído com falas ágeis, nesse ato as personagens do operário-cientista Tchudakov e de Velocipiédkin conversam a respeito da construção da máquina e do seu significado para o comunismo. Na fala de Tchudakov ficam explícitas, de maneira rápida, duas citações importantes: "os fogos de artifício das fantasias de Wells" e o "cérebro futurista de Einstein"[263].

Roman Jakobson, tanto no ensaio "Uma Geração Que Esbanjou os Seus Poetas"[264] como no livro *Diálogos*[265], menciona a preocupação de Maiakóvski com o futuro, a teoria da relatividade, a ressurreição: "Era coisa boba ocupar-se com sua própria monumentalidade em mármore."[266] As dúvidas acerca da possibilidade de ressurreição são um eco do entusiasmo mitogenético de Maiakóvski pelo tema da reversibilidade do tempo e pela fantasmagoria da futura vitória sobre a morte, ligada ao misticismo materialista do filósofo Nicolai Fedorov (1829-1903), cujo livro lhe caíra em mãos, e com as histórias mirabolantes que surgiram em Moscou a propósito da teoria que então iniciava a novíssima fase da física moderna, isto é, a teoria geral da relatividade, de Albert Einstein.

Há, ainda, um trecho citado por V. Kátanian, e reproduzido por Angelo Maria Ripellino, de uma narrativa de Roman Jakobson:

Na primavera de 1920, voltei à Moscou assediada, trazendo novos livros da Europa e estudos sobre o trabalho científico do Ocidente. Maiakóvski obrigou-me a repetir-lhe inúmeras vezes aquilo que sabia sobre a teoria geral da relatividade e sobre as disputas que essa havia suscitado. A liberação da energia, o problema da duração, a questão de se uma velocidade superar a da luz não seria um movimento inverso no tempo: tudo isso entusiasmava Maiakóvski. Poucas vezes o vi tão atento e absorvido. "Você não acha" – perguntou-me de repente – "que dessa forma conquistar-se-á a imortalidade?" Fitei-o com espanto, balbuciando palavras de dúvida. Porém ele, com sua obstinação hipnotizante, familiar decerto a todos que

---

263 Fala n. 7, supra.

264 "Una Generación que Malogró a sus Poetas", *El Caso Maiakóvski*, trad. Maria Ángels Margarit, Barcelona: Icaria, 1977, p. 34-35.

265 Roman Jakobson; Krystina Pomorska, *Diálogos*, trad. Elisa Angotti Kossovitch, Boris Schnaiderman e Léon Kossovitch, São Paulo: Cultrix, 1985, p. 138.

266 Maiakóvski tinha horror ao mármore: monumentos, estátuas etc.

226 UMA POÉTICA EM CENA

o conheceram de perto, contraiu os pômulos, exclamando: "Pois eu estou inteiramente convencido de que não haverá mais a morte. Os defuntos serão ressuscitados. Encontrarei um físico que me explique ponto por ponto o livro de Einstein. Não é possível que eu não tenha entendido. Pagar-lhe-ei o quinhão acadêmico." Naquele instante foi-me revelado um Maiakóvski diferente, dominado pela necessidade de vencer a morte.[267]

A par dessa obsessão com as teorias científicas da época, em especial a teoria da relatividade, Maiakóvski demonstrava interesse por outras utopias, marcadamente as que tinham origens literárias: H.G. Wells influenciou toda uma geração de escritores russos, inclusive o poeta da revolução: a máquina do tempo de *Os Banhos* é uma espécie de citação da máquina do tempo de Wells. Em um escrito de 1914, falando a respeito da sua primeira peça, a tragédia *Vladímir Maiakóvski*, ele afirmara que "no ano passado apresentei a mesma revolta dos objetivos que vêm hoje escoltados por Wells"[268].

Essa preocupação com a utopia (ou antiutopia?) não é apenas de Maiakóvski. Khlébnikov e Zamiátin[269], por exemplo, também enveredaram por ela. Khlébnikov de maneira muito mais otimista, como diz Schnaiderman, pois o mundo dele:

é o mundo em que o homem viverá fundido com a natureza, em que cidade, natureza e linguagem poética formarão um todo harmonioso inconfundível. E tudo isso num universo em que as distinções de espaço e tempo estão apagadas, como no conto "Ka" de Khliébnikov, onde uma isbá russa surge à margem do Nilo e um sábio do ano 2222 aparece na época em que "se acreditava ainda no espaço e pensava-se pouco no tempo" etc.[270]

Além disso, Schnaiderman chama a atenção para o romance russo de 1863, *Que fazer?*, de N.G. Tchernichévski, no qual já aparece "uma visão otimista da sociedade industrial, que deveria

---

267 V.V. Kátanian, *Maiakovski: Literatúrnaia Khrónika* (Maiakovski: Crônica Literária), 3. ed., Moscou, 1956, p. 52, apud A.M. Ripellino, op. cit., p. 109-110. No início dos anos 1920, época da grande fome na URSS, Górki conseguiu do governo uma ração suplementar a quem se ocupasse de atividades intelectuais.

268 Ver *Tiepiér k Amiérikam!* (Agora, Rumo às Américas!), uma alusão ao espetáculo Vladímir Maiakóvski, em 1913.

269 Ver, à guisa de exemplo, *Nós*, de Ievguêni Zamiátin, trad. do inglês de Lia Alverga Wyler, Rio de Janeiro: Anima, 1983.

270 B. Schnaiderman, *A Poética de Maiákovski – Através de Sua Prosa*, 2. ed. revista e ampliada, São Paulo: Perspectiva, 2014, p. 48.

forçosamente evoluir para o socialismo"[271]. E a utopia, como um futuro ideal, aparece em vários outros trabalhos de Maiakóvski: no *Mistério-Bufo*, em *O Percevejo*, no poema "Quinta Internacional"[272]. Angelo Maria Ripellino é outro estudioso que também salienta esse aspecto da obra de Maiakóvski. A máquina, enfim, representava o futuro, almejado ou temido[273].

No entanto, no primeiro ato, há um aspecto ligado à máquina do tempo, que desejamos comentar, especificamente ligado ao texto-espetáculo de 1930 e ao texto escrito: sua invisibilidade.

A Máquina Invisível do Tempo

Na rubrica número 1 de *Os Banhos*, "o Camarada Fóskin solda o ar com um maçarico". Na fala número 8, Velocipiédkin, referindo-se à máquina do tempo, diz: "Eu não estou entendendo quase nada, mas em todo caso também não estou *vendo* absolutamente nada."

É, contudo, em uma das rubricas que Maiakóvski explicita que a máquina do tempo é invisível (grifo nosso): "Bate a porta, empurrando Pólia para dentro do apartamento. No degrau inferior, aparece Velicipiédkin acompanhado de Tchudakov, carregando a máquina *invisível*. Dvóikin e Tróikin o ajudam a carregá-la"[274].

O fato de a máquina do tempo ser invisível teve dois aspectos diferentes no espetáculo de Meierhold: para M. Sukhânova, a atriz que representou Pólia, era ruim o fato de não se haver construído a máquina para pôr em cena[275]. E, decerto, é Constatin Rudnítski quem aborda esse aspecto de uma forma muito mais problemática, a nosso ver: "Meierhold estava incapacitado de construir a máquina do tempo. Eram necessários efeitos que seu teatro empobrecido não estava em condições de exibir. (Essa é, provavelmente, a razão pela qual Maiakóvski indicou em seu texto que Tchudakov, Dvóikin e Tróikin trazem para dentro a máquina invisível.)"[276]

271 Ibidem.
272 Poema incompleto.
273 É conveniente lembrar também que Orson Welles, no final da década de 1930, nos Estados Unidos, colocou a população em pânico com a apresentação radiofônica de "Guerra dos Mundos", de H.G. Wells.
274 Rubrica 270, supra.
275 Ver o depoimento "Três Peças de V.V. Maiakovski", supra.
276 K. Rudnitsky, op. cit., p. 449.

228 UMA POÉTICA EM CENA

Nas várias notas das *Obras Completas* de Maiakóvski, não há referências de que a invisibilidade fosse um acréscimo de alguma das variantes, portanto é provável que Maiakóvski já tenha, desde a primeira versão, intencionalmente definido que a máquina seria invisível.

Acreditamos que a observação de Constantin Rudnítski não tenha fundamento. Se fosse o caso de Maiakóvski ter acrescentado a máquina invisível por falta de recursos para construir um aparelho qualquer que a representasse, seriam inviáveis também, por falta de recursos, o cenário, os enormes esquemas que aparecem no primeiro ato, toda a cena da pantomima, a confecção dos bonecos representando os Peticionários no segundo ato. Não era uma questão de falta de dinheiro para a produção. Se Meierhold quisesse a máquina do tempo construída, ele a teria executado. No depoimento de M. Sukhânova está bem explícito que a máquina deveria expulsar os burocratas, a começar por seu líder, Pobiedonóssikov, mas que isso "não estava contido nos esboços do cenário"[277].

Ora, se Meierhold cuidou pessoalmente dos cenários e figurinos, e o cenógrafo e o figurinista praticamente apenas realizaram a sua execução, e tal máquina não foi executada é porque o encenador não o quis. Seguia rigorosamente o texto escrito? Obedecia simplesmente a rubrica de Maiakóvski? É claro que não! Lendo a peça hoje, percebe-se, sem nenhum esforço, que as personagens (mesmo as dos operários, ou sobretudo as deles) são *clowns*: por suas deixas, por sua gestualidade. Não é apenas por causa da pantomima do terceiro ato que Maiakóvski denomina sua peça de *drama com circo e fogos de artifício*. É a escritura, seu estatuto, sua forma dramática que se caracteriza pela estrutura circense, ou melhor, de *clown*, de excêntrico. E é claro que, sendo invisível, a máquina do tempo estabelece uma relação com os atores de extremo efeito cênico para o desenvolvimento das mímicas, do clownesco. Imagine soldar o ar: o maçarico *é de verdade*, é *visível* e a máquina sendo soldada, invisível! Imagine carregar a máquina, que esquenta a ponto de queimar as mãos de Tchudakov, Velocipiédkin, Dvóikin e Tróikin! Era absolutamente essencial que ela fosse invisível nessa montagem!

---

277 Ver o depoimento "Três Peças de V. V. Maiakóvski", supra.

Pode-se objetar e dizer: mas no espetáculo de 1953 ela existia concretamente. Ao que respondemos: nesse espetáculo as personagens foram *despidas* do *clown*, não houve pantomima e "o circo e os fogos de artifício ficaram na vida espiritual das imagens cênicas"! O que queremos frisar é que a invisibilidade da máquina está genialmente proposta por um verdadeiro dramaturgo-diretor. Meierhold tinha razão: Maiakóvski era um dramaturgo que sabia *fazer* teatro.

Ato I

O primeiro ato é praticamente todo dominado pelas personagens não burocráticas. Da fala 1 até a 32, o ato é de Tchudakov, Velocipiédkin e Fóskin. As falas giram em torno da máquina do tempo, de como terminar o invento de Tchudakov; o que cada um quer fazer com a possibilidade do tempo avançar. Na fala 7, Tchudakov, em apenas uma breve insinuação, expõe um problema que persiste ainda em nossos dias: as contas na Suíça.

Na fala 16, Velocipiédkin quer colocar na máquina discursos de personalidades que, como os de hoje, duravam horas, para durarem segundos. Uma flechada num adversário de Maiakóvski: Kogan, à época presidente da Academia Estatal de Artes Científicas. Na fala 17, de Tchudakov, outra flechada em Kogan e a explicação universal da máquina do tempo. Na fala 18, Velocipiédkin diz que é exatamente isto que ele está falando, de coisas científicas, e dá como exemplo criar uma galinha de oito quilos em quinze minutos!

As falas são ágeis e aqui chamo a atenção de novo para o *clown*, porque enquanto o cientista pensa em termos científicos e universais, os seus ajudantes pensam em termos do cotidiano, o que produz durante todo o primeiro ato um efeito de comicidade. A fala 24, de Velocipiédkin ("Pode ser que em cinco minutos eu me transforme de jovem comunista em uma espécie de Marx barbudão") expõe claramente o comunismo "do povão", como o homem comum trata a teoria marxista.

Cada uma dessas falas é ágil, coerente, e nas 31 primeiras deixas discute-se de forma teatral, sintetizada, uma gama imensa de problemas do cotidiano. Em que ponto é possível dizer que as personagens são *galhos secos*, moralistas?

230 UMA POÉTICA EM CENA

E a passagem da 31 (que poderia ser chamado de 1º quadro da peça) para a 32, e até a fala 54 (2º quadro), quando entram em cena os vigaristas (Mezaliânsova, Pont Kitch, Ivan Ivanóvitch e Momentálnikov – talvez no espetáculo entrasse também o fotógrafo), é feita com uma habilidade absolutamente cômica e coerente para o desenvolvimento da ação: o cientista-operário e seus ajudantes estão falando em dinheiro para terminar a máquina do tempo e entra em cena Pont Kitch, o estrangeiro que aparentemente vai salvar o invento e financiar o término da empreitada. As falas são sempre características a cada um e, quando unidas ao significado do nome, se estabelecem não esquematizações, mas personagens.

Ocorre também no primeiro ato a apresentação de algumas personagens: na fala 62, Velocipiédkin menciona e já descreve Optimístienko, Nótchkin e Pobiedonóssikov. Mas essa antecipação é natural, e necessária até, pois os operários discutem exatamente o problema da burocracia, que não proporciona os meios para o término da invenção de Tchudakov. No primeiro ato, já aparece também a explosão de fogos de artifício no lugar em que está a máquina (rubrica 74).

Esse ato, na verdade, é o ato dos operários, ainda que entre eles haja papéis menores, como é o caso de Dvóikin e Tróikin. Todavia, há papéis menores também entre os burocratas, por exemplo, o Síndico, que tem apenas uma fala (a 81).

Ato II

Do primeiro para o segundo ato, há uma mudança de cenário. Segundo a crítica de V. Blium, "um palco giratório vem ajudar toda essa comoção, para passá-la de episódio para episódio"[278]. Isso significa que não havia intervalo entre os atos. (Acreditamos ter havido apenas um intervalo do segundo para o terceiro.)

É o ato dos burocratas, no qual Optimístienko está às voltas com os Peticionários (muitos já petrificados de tanto esperar). Da fala 83 até a 97, Optimístienko os atende: essas personagens têm também pequenos papéis em casos do cotidiano, que caracterizam, de forma grotesca, problemas de cidadãos comuns, válidos para qualquer lugar até hoje.

278 Cf. "Os Banhos no Teatro Meierhold", de V. Blium, parte final, já traduzido em "As Narrativas Pela Crítica".

As falas de 99 a 111, entre Velocipiédkin, Tchudakov e Optimístienko, são excepcionais, curtas, mas com informações dignas de nota (da 102 até 105); o espectador percebe há quanto tempo está emperrada a deliberação a respeito da máquina do tempo: "Eu não tinha bigode quando comecei a esbarrar no senhor" (diz Tchudakov para Optimístienko – na fala 105). A fala 111, de Optimístienko, é importante: define a personagem pelo tom sádico. E a cena é interrompida justamente nessa fala, para a entrada de Pobiedonóssikov e Underton, mas depois é retomada na fala 119. Esse corte é de uma teatralidade surpreendente: aí existe uma *montagem*, prevista no próprio texto escrito; há o que Meierhold chamou de *cineificação do teatro* nas suas intervenções nas discussões sobre *Os Banhos*. O segundo ato é todo montado, passa da sala de Optimístienko para a de Pobiedonóssikov, sendo os cortes indicados através da luz: apaga-se um plano e acende-se outro. Entretanto, não há cortes nas falas: elas continuam de onde pararam.

Chamamos a atenção para as falas 125 e 126 entre Tchudakov e Optimístienko, em que o secretário de Pobiedonóssikov reforça toda a questão da burocracia: "E então, o que foi que eu disse? Recusado! É irreal. E, pra que estar às cinco da manhã em Leningrado, quando todas as repartições ainda estão fechadas?"

São notáveis também as mudanças de tom, dependendo da personagem a quem Optimístienko se dirige: se para os operários ou os Peticionários, ele é rude e grosseiro, se for para uma personagem ligada ao chefe, ele é amável (por exemplo, na fala 122).

As cenas no interior do escritório de Pobiedonóssikov explicitam para o espectador todo o poder do burocrata e desvendam a inutilidade de seu trabalho. As falas de Pobiedonóssikov, nesse ato, são todas ligadas ao *clown*, mas a personagem Underton, a datilógrafa, funciona exatamente como contraponto, como antagonista do chefe. Ela vai mostrando para o espectador como o burocrata é imbecil (ver falas de 113 a 117). A fala 117 é toda entrecortada: ele dita a carta para a secretária, passa uma descompostura nela, mas no final há um corte, sem nenhuma rubrica indicando a mudança de assunto e que, sem dúvida, apanha o espectador de surpresa:

Até Lev Tolstói, até essa imensa ursa da pena, se lhe ocorresse dar uma olhada nos nossos êxitos na forma do acima mencionado bonde, até ela teria declarado na cara do imperialismo internacional: "Não posso me calar. Eis

232 UMA POÉTICA EM CENA

aí os frutos vermelhos da educação universal e obrigatória.' E nestes dias de jubileu..." Pouca vergonha! Pesadelo! Mande chamar até mim, aqui, o camarada... o cidadão contador Nótchkin.

Devido à forma como é construída essa fala, por instantes, tem-se a impressão de que a *pouca vergonha* e o *pesadelo* estão diretamente ligados aos *dias de jubileu*. Porém, logo em seguida percebe-se que Pobiedonóssikov descobriu o desfalque de Nótchkin. Daí a cena muda, volta ao escritório de Optimístienko, muda de novo para o escritório de Pobiedonóssikov, que continua ditando a carta para Underton (ainda a antagonista do chefe), entra Belviedónski, e só quase no final do segundo ato é que vai se esclarecer a cena com Nótchkin. E a cada entrada de personagem, Pobiedonóssikov vai se revelando cada vez mais. Com Belviedónski (da fala 134 até a 153 e depois a 177) toda a situação leva Pobiedonóssikov ao extremo ridículo. Embora Belviedónski não seja um antagonista do burocrata como Underton (ao contrário, é um bajulador), o diálogo entre os dois cumpre dupla função: expõe ainda mais Pobiedonóssikov (ignorante, narcisista) e faz uma demonstração dos retratistas de personalidades da época (que Maiakóvski detestava).

Nesses diálogos há duas falas que vão se repetir: a de Pobiedonóssikov – "Ah! Então ele deve me conhecer. Você sabe, pintores há muitos, mas chefe supremo da Direção Para a Coordenação há apenas um" (152); e a de Belviedónski – "Permita-me eternizar este instante" (final das falas 153 e 177).

É na entrada de Nótchkin e nos seus diálogos com Pobiedonóssikov (156 e 175) que Maiakóvski expõe os burocratas ao ridículo e faz com que discutam Karl Marx! E foi aí, quando eles demonstram uma total ignorância a respeito de Marx, que a crítica especializada viu uma generalização e tomou essa cena como *aviltante aos burocratas reais*.

Ato iii

A proposta do teatro no teatro não é nova. Shakeskpeare, Calderón de La Barca, Pirandello usaram o que Lionel Abel, em 1963, denominou *metateatro*[279].

---

279 Cf. *Metateatro*, trad. Bárbara Heliodora, Rio de Janeiro: Zahar, 1968.

MEIERHOLD: UMA POÉTICA EM CENA

O terceiro ato de *Os Banhos* é, de certo modo, um teatro no teatro um pouco diferente: é no terceiro ato que o espectador fica sabendo que os dois atos anteriores eram teatro, isto é, que as personagens todas eram atores representando uma peça, os dois primeiros atos não eram *de verdade*. É aí que tudo se complica: o Pobiedonóssikov (e sua corte de verdade) estava vendo da plateia os dois primeiros atos. Fica furioso e discute com o Diretor, mas o Pobiedonóssikov que está na plateia, junto com Mezaliânsova, Ivan Ivanóvitch, Pont Kitch, Momentálnikov, *é o mesmo* que estava no palco nos dois primeiros atos, assim como seus companheiros de cena. Para complicar, Velocipiédkin, que estava no palco nos dois primeiros atos, chega procurando pelo Pobiedonóssikov de verdade, que está na plateia discutindo com o Diretor.

[240] VELOCIPIÉDKIN: Mas eu não vim assistir. Com o assunto que tenho, eu entro aqui até com o bilhete do Partido... Eu preciso falar com o senhor, Camarada Pobiedonóssikov.
[241] POBIEDONÓSSIKOV: E o senhor, está gritando por quê? E quem é esse? Qual Pobiedonóssikov?!!!
[242] VELOCIPIÉDKIN: Chega de piadas, *pare de representar*. O senhor é ele mesmo e eu preciso falar com o senhor, que é exatamente o chefe geral dos Umbigos, Pobiedonóssikov.

E a fala final do ato:

[256] DIRETOR (*Para Velocipiédkin*):
Olha o que você fez! Você quase desmontou o espetáculo. *Já para o palco.*[280]

A peça continua!
Normalmente o teatro no teatro (como faz Lionel Abel com o metateatro) é visto sob um ponto de vista temático: a vida é espelhada no palco, a vida é tema da vida[281]. Em *Os Banhos,* contudo, primeiro há uma confusão consciente entre os limites da realidade e da representação e, depois, todo o ato é pantomima, circo, o que acaba sendo, na verdade, o desenvolvimento mais elaborado da poética teatral de Maiakóvski, assinada também por Meierhold: a pantomima faz a crítica aos teatros da época, ao

280 Grifos nossos.
281 Cf. Patrice Davis, op. cit., p. 240.

balé e, principalmente, redefine as críticas que Maiakóvski vinha sofrendo. Na fala 254, é Pobiedonóssikov quem repete: "isso não é para as massas. Nem operários nem camponeses entenderão isso aí, e ainda bem que não entenderão e tampouco se deve explicar a eles. [...] Nós queremos permanecer inativos... como é que se diz? – espectadores. Não! Da próxima vez eu irei a outro teatro!" O teatro no teatro é lente de aumento. E tal lente de aumento se magnifica na última fala de Pobiedonóssikov, no último ato e nas quadrinhas que estão no palco e na plateia. O teatro no teatro se completa como estrutura e não apenas como tema e, o principal para os dois artistas, o teatro volta a ser espetáculo.

É nesse ato que também há várias citações, como a de Pobiedonóssikov na fala 216, em que ele cita o "Demônio", de M.I. Lérmontov, numa paródia. Ainda na fala 463, Pobiedonóssikov cita Lênin, "Pintor, fisgue este momento!", mostrando o jargão em que se transformou a frase. Ou então a personagem Ivan Ivanóvitch citando o espetáculo de balé de Glier, *Papoula Vermelha*, e assim Maiakóvski já ridicularizava o balé, isso na fala 218.

Há ainda a citação de "A Internacional", na deixa do Diretor (fala 225), em que Maiakóvski ridiculariza não o hino, mas o uso que se fazia dele: "Os quadros masculinos que estiverem livres – no palco! Apoiem-se em um joelho e inclinem-se, fazendo ar de escravos. Cavem com uma picareta invisível na mão visível o carvão invisível. As caras, expressões mais sombrias... Forças do mal tenebrosamente vos oprimem... Muito bem! Estamos indo!..."

Todas as citações acabam parodiando alguma obra com a clara intenção de tornar ridículas tanto as personagens como a obra parodiada. E sem dúvida, além do cômico, existe toda uma ironia nessas paródias, além de passar de forma transparente todo o grotesco das situações e das personagens. Aliás, o grotesco sempre teve um papel importante na obra teatral de Meierhold, que trabalhou tantas vezes com o estatuto do grotesco, muito antes da Revolução de 1917. O próprio pseudônimo de Dr. Dapertutto, tirado de uma personagem de Hoffman, quando escrevia na revista *O Amor das Três Laranjas*, é significativo para se entender a importância do grotesco para Meierhold. Abordando o grotesco, Patrice Pavis escreve:

"O grotesco antigo é tímido e procura sempre se esconder. [...] No pensamento dos modernos, ao contrário, o grotesco tem imenso papel.

MEIERHOLD: UMA POÉTICA EM CENA

Encontramo-lo em toda parte; de um lado, cria o disforme e o horrível; de outro, o cômico e o bufo. [...] O grotesco é, segundo nosso ponto de vista, a mais rica fonte que a natureza pode abrir à arte" (HUGO, prefácio de *Cromwell*, 1827). b. Aplicado ao teatro – dramaturgia e apresentação cênica – o grotesco conserva sua função essencial de princípio de deformação acrescido, além disso, de um grande senso do concreto e do detalhe realista. MEIERHOLD a ele se refere constantemente, fazendo até do teatro, dentro da tradição estética de um RABELAIS, de um HUGO e, posteriormente, de um teórico como BAKHTIN (1970), a forma de expressão por excelência do grotesco: exagero premeditado, desfiguração da natureza, insistência sobre o lado sensível e material das formas.[282]

Em vários artigos Meierhold escreveu sobre o grotesco – no "Balagan" (O Teatro de Feira, 1912), em "Ampluá Aktiora" (O Papel do Ator, 1922) etc. Na verdade, para ele o grotesco fazia parte não só da vida comum, mas especialmente do seu teatro.Nas anotações de Gladkóv em "Meierhold Fala", aparecem palavras simples e elucidativas do diretor:

A noção do "grotesco" não tem nada de misterioso. Trata-se simplesmente de um estilo cênico que joga com os contrastes e não cessa de deslocar os planos de percepção. *O Nariz*, de Gógol, por exemplo. Não pode haver em arte métodos proibidos; existem somente métodos mal-empregados.[283]

No terceiro ato de *Os Banhos* o grotesco meierholdiano ficou bem evidenciado na encenação (já estava também evidente no texto de Maiakóvski)[284]. No entanto, ele aparece em toda a peça, como se pode perceber durante a simples leitura.

Ato IV

No quarto ato, Maiakóvski coloca Pobiedonóssikov na situação da vida familiar, desmistificando o burocrata também nesse aspecto. Esse ato também é estruturado em quadros: cenas quase simultâneas – Pobiedonóssikov e Pólia (258 e 269); a cena dos operários carregando a máquina invisível para perto do apartamento de

---

282 Op. cit, p. 188.
283 Em A. Conrado (org.), op. cit., p. 215.
284 Existe uma obra, *Meyerhold's Theatre of the Grotesque*, de James M. Symons, que trata, embora de forma generalizada, do grotesco no teatro de Meierhold, nas suas encenações entre 1920 e 1932.

236 UMA POÉTICA EM CENA

Pobiedonóssikov (271 a 278); de novo Pólia e Pobiedonóssikov (281 e 282); a chegada da amante Mezaliânsova (284 e 285) e a explosão: a chegada da Mulher Fosforescente. Começa a queda de Pobiedonóssikov.

Ato v

Esse ato é uma réplica do segundo. Até mesmo a primeira fala de Optimístienko é igual à sua primeira fala do ato II: "Qual é o problema, cidadão?" (299). Mas os Peticionários se invertem: quem *espera* para ser atendido são o burocrata e sua corte. É a Mulher Fosforescente quem assume o escritório do todo-poderoso Pobiedonóssikov.

No discurso da Mulher Fosforescente (fala 308), que Angelo Maria Ripellino qualifica de *discursinho ideológico*, não se pode dizer que é possível saber como é o futuro. E é aí, no primeiro discurso da personagem, que se percebe uma admiração e respeito dos que estão no futuro pelas realizações dos trabalhadores do passado. Fica explícito que a sátira de Maiakóvski não é contra o comunismo, mas definitivamente contra a burocracia. A crítica da época não se apercebeu disso.

Nesse quadro da Mulher Fosforescente com os operários (fala 308 a 324), os diálogos adquirem seriedade: ocorre uma atitude mais formal para com a Mulher Fosforescente, os diálogos passam a ser explicações sérias e o tom de sátira, de gozação, desaparece. Todavia, de volta para a sala de Optimístienko (fala 327), retorna-se ao clownesco de Pobiedonóssikov e à irreverência de Optimístienko, que já tem agora outro chefe.

A entrada de Pólia (fala 335) constitui a única fala da peça toda que possui tensão dramática, e essa fala se caracteriza por exteriorizar a afirmação do porta-voz de um conflito: o que é o socialismo? A personagem não fica descaracterizada, ela usa as mesmas palavras "engraçado, não é engraçado", mas nesse momento há uma quebra no modo de elaboração do diálogo e instaura-se o patético:

Eu peço a palavra! Desculpem a impertinência, eu não tenho a menor esperança, que esperança pode haver?! Engraçado! Eu busco apenas uma informação: o que é socialismo? O Camarada Pobiedonóssikov me contou muitas coisas sobre o socialismo, mas tudo isso não é lá muito engraçado.

MEIERHOLD: UMA POÉTICA EM CENA 237

Em seguida a Mulher Fosforescente rompe com o patético da cena, mas durante toda a entrevista com Pólia há um desenvolvimento dessa fala inicial, entre o patético e o cômico (falas 336 a 344). O ato v é, aliás, aquele em que há uma quebra geral do modo como a escritura dos atos se processava: além do quadro da entrevista com Pólia, há o quadro da entrevista com Underton (de 354 a 380), que lembra em alguns momentos as falas dos dois vagabundos de *Esperando Godot.* (*Nonsense?* Não propriamente...) O que acontece é um desenrolar de narrativas que a Mulher Fosforescente não entende, há uma fuga de seus códigos. E o diálogo entre as duas acaba ficando entre o absurdo e o cômico.

O quinto ato é o mais longo da peça e o que apresenta mais mudanças na forma dramática. É nele que desfilam todas as personagens diante da Mulher Fosforescente e que se colocam os problemas do presente, um longínquo passado para a personagem vinda do futuro. É aquele em que aparecem os diálogos mais longos: Pobiedonóssikov tem verdadeiros *bifes.* Ele tenta convencer a Mulher Fosforescente da necessidade de sua existência como burocrata, vislumbra um futuro de diárias, salários enormes e demais mordomias, e se revela cada vez mais mesquinho.

Como Meierhold resolveu cenicamente o ato? Não encontramos registros precisos a respeito (aliás, de nenhum dos atos), mas talvez seja ao quinto ato que Meierhold se referira na "Intervenção no Clube da Primeira Tipografia Modelo": "Quando Maiakóvski se torna patético, ele nunca fica afetado. O que há de mais difícl em cena é desenvolver o patético e conduzi-lo a uma tensão máxima."

Ato vi

O sexto ato retoma o primeiro: os operários estão trabalhando na máquina invisível, ajudados pela Mulher Fosforescente.

Nesse ato, Maiakóvski volta à linha mestra de *Os Banhos* e retoma a sátira e a gozação com os burocratas. Na rubrica 420, os passageiros começam a entrar em cena para viajar. É aqui que surge a "Marcha do Tempo". No texto escrito já está prevista a entrada das personagens, com cartazes nos quais se lê "Marcha". Muito provavelmente, seria um convite para o público cantar junto com os atores.

No texto de Maiakóvski apenas aparecem descritas as bagagens dos burocratas: Pobiedonóssikov aparece com cães Setters! As deixas de Pobiedonóssikov e Optimístienko são *desligadas*. É como se se voltasse ao primeiro ato, quando Velocipiédkin comenta a vontade de desligar os discursos de Kogan. Nas fotos 16, 17 e 18 pode-se perceber os trajes de viagem que os burocratas usavam: trajes de borracha, infláveis.

Não se sabe se os operários e a massa que também vão viajar usavam trajes comuns e, pela crítica de V. Blium, já citada, fica-se sabendo que levavam "galinha viva como provisão", o que é criticado por ele, mas que no espetáculo salientava ao máximo o grotesco de toda a situação.

A fala final de Pobiedonóssikov, como já comentamos, transforma de novo toda a realidade de *Os Banhos* em teatro e todo o teatro em realidade.

As Quadrinhas: Uma Poética do Efêmero[285]

O teatro transita e se faz como um eterno renovar na trajetória do efêmero, do circunstancial. A experiência corrosiva do teatro, para qualquer espectador, essa *experiência de ácido* – de que fala Peter Brook – própria do teatro, é o efêmero: um avesso ao registro.

Mas há outra face do efêmero, que se irradia muito além do espetáculo teatral. É essa face, que se registra, que existe em qualquer época da história do homem, que representa um papel importante no seu instante histórico, mas que depois é esquecida e desprezada logo após ter exercido sua função. É dessa face que falaremos agora.

Já mencionamos em várias passagens as quadrinhas de Maiakóvski para o espetáculo de 1930; percebemos que *nenhuma* das traduções de *Os Banhos* para as línguas ocidentais as apresentam traduzidas. Perguntamo-nos várias vezes o porquê: não fazem parte do texto escrito? Não têm nenhum valor poético? Acreditamos não ser possível desprezá-las. Partimos do princípio de que elas fazem parte da escritura da peça

---

285 Chamo estas palavras de ordem de quadrinhas ou poeminhas, pois nem sempre estes pequenos poemas são quadras.

MEIERHOLD: UMA POÉTICA EM CENA 239

de Maiakóvski e que são mais um dos registros das narrativas da encenação de 1930.

As quadrinhas ou palavras de ordem, como Maiakóvski as designou, apresentam uma dificuldade considerável para um tradutor. Nesta tradução estabeleceu-se o seguinte princípio: todos os versos rimados por Maiakóvski permanecem rimados em português e, ao mesmo tempo, procurou-se deixar os significados bem próximos do original, exatamente pela importância que esses significados tiveram para o espetáculo de 1930, como se pode observar nas fotos. Ademais, por meio delas o limite palco/plateia foi quebrado.

No palco ficavam nove quadrinhas. Nas fotos, pode-se ver algumas dessas quadrinhas que, como já comentamos, estavam permanentemente à vista; elas mudavam, de acordo com a cena, por meio de um sistema de janelas-venezianas ou persianas. Eram os próprios atores que faziam a mudança. Infelizmente, dada a escassez de fotos, não se pode analisá-las em relação às cenas. De qualquer modo, sabe-se que elas funcionavam como alerta aos espectadores – vocês estão no teatro – ou, se quiserem, como o distanciamento brechtiano.

As quadrinhas espalhadas pela plateia eram dezoito. Aí não havia mudanças durante o espetáculo. Elas eram fixas. Como terá sido o comportamento do espectador em relação à leitura desses cartazes-poemas? Eles os leriam antes do espetáculo? Haveria durante o espetáculo dispositivos, como iluminação, focalizando o que deveria ser lido? Não há depoimentos a respeito (ao menos nas obras consultadas por nós).

Por fim, havia duas faixas, às quais Maiakóvski denominou em seu texto-escrito de "Palavras de Ordem Para as Faixas no Final". Em uma delas figuram os versos da "Marcha do Tempo".

Como avaliar a poética do efêmero nesses poeminhas de Maiakóvski? Há, pensamos, uma profunda relação entre eles e o próprio espetáculo de 1930, o que ficou mais ou menos registrado no estatuto do texto escrito de *Os Banhos,* tal como foi possível ser editado (já que Maiakóvski se suicidou antes de publicá-lo). Mas existe também uma relação evidente com as peças curtas de sua autoria.

Essas pecinhas parecem simplórias na construção da fábula, mas eram uma arte que atendia ao projeto do próprio

240   UMA POÉTICA EM CENA

Maiakóvski: o dia, o momento. Elas foram muito pouco estudadas, como foram muito pouco estudadas as quadrinhas de *Os Banhos*; os libretos para o teatro de *agit-prop*; *O Alfabeto Soviético* (poema teatralizado), representado em 1919 pelo circo; ou mesmo as faladas janelas da ROSTA, as propagandas para se tomar água fervida, propagandas de chupeta. Tudo isso tem um valor não só histórico, mas também poético: é só lembrar que muitas dessas peças tinham até o título rimado[286], embora muitas delas hoje tenham mesmo um caráter obsoleto.

Mas os poeminhas de *Os Banhos* devem *todos* ser considerados circunstanciais? Ou apenas os que têm um caráter de momento histórico evidente? Lendo-os, seja os do palco, seja os da plateia, pode-se perceber sua natureza: 1. crítica feroz aos burocratas; 2. crítica feroz aos críticos; 3. exaltação à luta comunista; 4. exaltação aos operários; 5. a poética do teatro. Na crítica aos burocratas (que, afinal, é do que trata a peça), o poeminha de número 14 (na plateia) é o mais representativo e acaba sendo a síntese do próprio espetáculo e uma crítica direta à burocracia estatal que emperrava o país naquele momento:

> Naufraga a luta
> no mar da papelada,
> que a luta contra os burocratas
> seja revitalizada.
> Não deixemos que,
> por causa de alguns
> cretinos-formas,
> piore
> a cretinice das formas.

E será possível ver também a poética de Maiakóvski, não só de teatro, mas a da sua poesia, nos últimos versos? E nos versos dedicados aos críticos não será também possível ver o juízo de valor negativo aos burocratas? Veja-se, por exemplo, o poema número 5 (fixado na plateia):

---

286 As peças curtas são as seguintes: E Se Então?... Devaneios de Maio Numa Poltrona Burguesa, 1920. Peça sobre os popes, que não compreendem o que é um feriado (título rimado em russo), 1920; Como Cada Um Passa o Tempo Celebrando os Feriados (título rimado em russo), 1920; Campeonato da Luta Mundial de Classes (peça para circo), 1920; A Façanha da Véspera (O que fizemos com as sementes tiradas dos camponeses) (título rimado em russo), 1921.

De repente
não se evapora
o enxame de burocratas.
Nem banhos
nem sabões
bastam a vós.
E ainda
aos burocratas
auxilia a pena
de críticos
do tipo de Ermílov...

A respeito desse poema, é preciso que se diga que é bastante citado e pouco conhecido, já que na carta-despedida de Maia-kóvski, "A Todos", escrita em 12 de abril de 1930, dois dias antes de se suicidar, o poeta escreve um pós-escrito aos camaradas da RAPP:

Digam ao Ermílov que lamento ter retirado o cartaz – precisávamos acabar de nos xingar.

Bastante pressionado por amigos de Ermílov, Maiakóvski havia retirado o cartaz da plateia. Como se vê, *à força*. De maneira incomum para um suicida, o poeta deixou um protesto na hora da morte, por ter cedido a essas pressões.

Nesses poeminhas, em que está evidente a exaltação aos operários e à luta comunista, estão também incorporadas suas críticas e, muitas vezes, sua poética do teatro. E ao criticar, por exemplo, o Teatro de Arte, o Balé Bolshoi, o Teatro de Ópera, ele deixa implícita essa poética: leia-se os poemas de número 1, 2, 3, 4, 7, 8 (poemas fixados no palco), e o 9, 10 (poemas fixados na plateia).

O poeminha número 16, considerado pelos estudiosos do poeta um *manifesto do teatro* de Maiakóvski, ficava na plateia. Faz-se necessário, no entanto, ligá-lo a todos os outros citados acima e ao número 17:

(16)
Aponte os projetores:
na ribalta luz e cor.
Gire:
a ação arrebata
não arrasta o momento.

O teatro
não é espelho refletor,
mas
lente de aumento.

(17)
Recuem,
gumes
das cômicas sovelas,
as comédias
estão em extremo risco,
a todos os comediantes
superou
o cômico
papa de Roma.

Na verdade, todos esses *poemas efêmeros* são interligados. É difícil subdividi-los ou catalogá-los em crítica aos burocratas, aos críticos etc. rigorosamente. O que há é uma ênfase em determinada crítica, mais aguda em uns do que em outros.

É possível dizer que esses poeminhas têm apenas um valor histórico? O valor poético neles é evidente, mesmo que seja a poética do efêmero, afinal, segundo o próprio Maiakóvski, a arte envelhece – o que talvez seja muito mais evidente no presente caso. Ao mesmo tempo, a poética do efêmero tem a sua importância também como escritura poética. Como se pode ler abaixo, Maiakóvski não privilegiou a esquerda só por ser de esquerda, e esse poeminha efêmero de 1930 é válido para nós até hoje:

(2)
Desmascarem
já
os conchavos da direita
e
da esquerda o blá-blá-blá.

MEIERHOLD: UMA POÉTICA EM CENA

DA MÚSICA QUE É BOM...

A rigor, a narrativa pela música neste trabalho não se escreveu. Como não foi possível obter as partituras da peça, resta apenas tecer suposições. Infelizmente, os estudos sobre o espetáculo de 1930 na maioria das vezes também sequer tocam nesse assunto. Foi Vissarión Chebálin (1902-1963) o compositor que mais vezes trabalhou com Meierhold. Ele compôs para o teatro de Vsévolod E. Meierhold as músicas da montagem de *O Comandante do Segundo Exército*, de Selvínski, em 1929; de *Os Banhos,* em 1930; de *A Batalha Final*, de Vischiévski, em 1931; de *A Adesão*, de I. German, em 1933; de *A Dama das Camélias*, de Dumas Filho, em 1934; e de *O Convidado de Pedra*, de A. Púschkin, em 1935, *espetáculo* transmitido pelo rádio.

Em seu artigo "Se o Dramaturgo Conhecesse Música", Chebálin escreveu: "O compositor que se propõe a musicar um espetáculo deve antes de tudo estudar a peça, compreender a obra e então criar uma concordância entre a sua compreensão e o tratamento dado pelo diretor."[287] Pelo número de vezes que ele trabalhou com Meierhold, parece ter havido um entendimento entre os dois.

E. Bontch-Osmolóvskaia diz

> mesmo retornando a uma peça teatral, o compositor cria uma música absolutamente nova. Assim sucede na criação musical de *Os Banhos, O Convidado de Pedra* e *Hamlet*. Buscando a concretude imagética indispensável ao teatro e ao cinema, Chebálin reforça por meio da música a sensação de tempo do clima cotidiano da situação dramática, da paisagem. Ele cria condições para a transmissão do mundo da alma dos heróis, segue o caminho do aprofundamento de sentido e dá atmosfera às ideias, às emoções e ao ambiente social da obra[288].

Essa referência à música de Chebálin para *Os Banhos* é a única elogiosa que conhecemos. Há duas outras referências à música da peça, uma na obra de Marjorie Hoover; a outra na carta de Rudnítski, que citamos na introdução. Hoover diz: "A música, embora composta por Vissarión Chebálin, que colaborou talvez melhor e certamente mais vezes com Meierhold

---

287 Apud E. Bontch-Osmolóvskaia, *V. Chebálin*, p. 98.
288 Ibidem, p. 97.

244 UMA POÉTICA EM CENA

que qualquer outro compositor, foi acusada de deixar o texto inaudível"[289]. Como contrastar os comentários aqui citados, sem as partituras, sem outros depoimentos? Aliás, não se sabe nem mesmo quantas músicas Chebálin compôs para esse espetáculo.

Com toda certeza só se pode afirmar a música para a "Marcha do Tempo". Contudo, e as músicas para o terceiro ato, em que a pantomima e o circo eram com certeza musicados? Há até uma indicação de Maiakóvski no terceiro ato, na fala do Diretor, n. 225, quase no final: "Agitem a mão livre com o martelo imaginário ao ritmo do país livre, transmitindo o patético da luta. *Orquestra, acrescente à música o estrépito das indústrias.* Assim! Muito bem!" (Grifo nosso.)

E as músicas para a personagem Momentálnikov, cujas falas são versinhos rimados, na grande maioria? E com toda certeza havia música para eles, pois Maiakóvski indica nas rubricas da fala 54 que a personagem cantarolava: "Momentálnikov (*trota cantarolando*): Etchelência, ordene…" E as outras personagens? Pobiedonóssikov, como personagem principal, grotesca, teria um tema musical, um *leitmotiv* através da música?

Quanto à marcha cujos versos são de exaltação ao tempo, em direção ao comunismo do futuro, imagina-se que a música tenha um andamento no ritmo indicado pelo próprio nome. E, sendo assim, seria retumbante como são os hinos nacionais? Terá sido composta em intervalos de quarta, como os hinos? Ou estaria mais próxima à música de Hanns Eisler (1898-1962)? O fato é que o poema de Maiakóvski, embora seja de exaltação, não é absolutamente escrito em versos lineares como os hinos nacionais. Há até dificuldade em cantá-lo como um hino. Existe mesmo uma certa estranheza na repetição da palavra "minha", a qual, aliás, a tradução para o português tentou manter:

> A MARCHA DO TEMPO
> Erga-se, canção,
> brilhe, minha,
> na marcha
> dos rubros batalhões!

---

289 Ver Marjorie Hoover, op. cit., p. 195.

Avan-
te,
tem-
po!
Tem-
po,
avante!
Avante, nação,
rápido, minha,
apague
o passado
com as mãos
Avan-
te,
tem-
po!
Tem-
po,
avan-
te!
Avance, nação,
mais rápido, minha,
a comuna
chega aos portões!
Avan-
te,
tem-
po!
Tem-
po,
avante!
Cinco anos,
em quatro,
os nossos,
cumprirão!
Avan-
te,
tem-
po!
Tem-
po,
avante!
Adiante, nação,
rápido, minha,
nenhuma interrupção

Avan-
te,
tem-
po!
Tem-
po,
avante!
Mais forte, comuna,
arrase, minha,
o tempo horrendo
ao paredão!
Avan-
te,
tem-
po!
Tem-
po,
avante!
Erga-se, canção,
brilhe, minha,
na marcha
dos rubros batalhões!
Avan-
te,
tem-
po!
Tem-
po,
avante!

Quando, no sexto ato, entra a marcha, os atores seguram cartazes com o poema num convite para o público cantar junto. Teria o público cantado? E quanto ao que diz Marjorie Hoover, em que momento a música de Chebálin deixava o texto inaudível? Só em "A Marcha do Tempo" ou em outros momentos, nos quais então havia música?

Infelizmente essas perguntas permanecem sem resposta.

Mas além da(s) composição(ões) de Chebálin, há indicações de outras músicas na peça de Maiakóvski: no final da fala 179, de Pobiedonóssikov: "Que importância têm 240 rublos ida e volta? Sim, podemos lançar como diárias ou algo assim. Com urgência, pelo malote... Sim, logicamente, o seu eu adianto... Isso mesmo! Cáucaso... para mim. Então lhe aperto a mão

MEIERHOLD: UMA POÉTICA EM CENA

com as minhas responsáveis saudações. (*Joga o telefone. Canta a "Ária do Toreador".*) Alô! Alô!"

A "Ária do Toreador", da ópera *Carmen*, de Georges Bizet, é obviamente significativa nessa fala, e os dois últimos "Alô! Alô!" vinculam-se de imediato ao "Olé! Olé!" dos toureiros. E aqui, mais uma vez, há uma paródia, que sem dúvida conduz ao grotesco. O que não se sabe é se a ária foi usada na encenação de 1930, embora seja um recurso cênico extraordinário demais para não ter sido usada!

Há ainda a citação de Maiakóvski da ária da opereta *Dançarina*, de I. Kalman, quando Mezaliânsova no final do segundo ato entra no escritório de Pobiedonóssikov cantando: "Oh! dançarina, diante da tua beleza, tara-ram-tara-ram". Apenas indagações...

EPÍLOGO?!

Quase No Fim...

> *Porque os que usaram sempre de*
> *um mesmo ofício*
> *De outro não podem receber consorte.*
>
> Os Lusíadas, canto v, segundo
> Júlio Amaral de Oliveira,
> o "Julinho Boas Maneiras".

Palavras, Palavras, Palavras

Nesta exata página, deveria estar começando o que, de início, nos propomos a fazer em 1984: uma proposta de montagem de *Os Banhos*, no Brasil.

Durante três anos, fizemos dois trabalhos simultâneos: este que o leitor tem em mãos e um outro, desenhando personagens, cenários, estudando a produção. Chegamos a fazer um estudo de fala por fala da tradução, verificando todos os elementos de *clown*, tendo em vista os exercícios do italiano Mário Ricci; o *clown* também do ponto de vista meierholdiano e, é claro, considerando o grotesco a partir de Meierhold. Fizemos ainda outros estudos: sobre o patético, sobre o absurdo, analogias com as falas de *Esperando Godot*, de Beckett, e as paródias que aparecem no texto de Maiakóvski; tentamos, enfim, transportar a ação para os dias de hoje. Mas tudo isso ficou incompleto, e tais estudos foram realizados com base no faz de conta de que a peça estava sendo ensaiada; portanto, não se tratava de um estudo teórico, mas de impressões, de leitura para montar um espetáculo. Um estudo direcionado, repleto de critérios de valor para estabelecer as personagens, os cenários, a iluminação, a música. No fundo, creio que nos deixamos contaminar completamente por Meierhold, nas suas várias fases. Muitas vezes me senti como a pessoa a quem Meierhold se dirigiu no seu artigo "Meierhold Contra o Meierholdismo".

Houve momentos em que a natureza coletiva da criação teatral não pôde ser superada. Então coletivizamos o estudo. Pedimos a vários amigos que desenhassem a Mulher Fosforescente. Primeiro, porque na montagem de Meierhold o figurino da personagem lembra, hoje, a figura de um astronauta. Para nós, ficou difícil lançar mão do mesmo tipo de figura, porque é perigoso: os super-heróis de televisão se vestem mais ou menos assim, além de algumas propagandas que envolvem sempre o futuro, e as personagens das propagandas também aparecem usando roupas parecidas com as de Zinaída Raikh, na montagem de 1930.

Assim, tendo decidido não mais apresentar a segunda parte deste trabalho, sentimos dificuldade em trabalhar com o texto-escrito de Maiakóvski, por já estarmos bastante contaminados pelo outro estudo, que na verdade precedeu a este. Assim, deixamos de nos aprofundar especificamente na paródia, no grotesco, que, de certa forma, aparecem aqui em notas e em uma ou outra ocasião no texto principal.

O título deste estudo também deve ser objeto de comentário. Escrevemos nove títulos para ele (talvez seja o eterno retorno à infância, quando eu via, em circos no interior de São Paulo, peças que tinham vários nomes: *Madalena, ou Honrarás Pai e Mãe, ou O Corcunda de Paris, ou...* e ia por aí afora). Optamos por "Uma Poética em Cena" por acreditar que, no espetáculo de *Os Banhos*, os dois artistas expressaram de forma evidente a sua *poética do teatro*, naquele momento.

Aqui terminamos. Terminamos? É apenas modo de dizer. Sabemos que terminar um trabalho sobre uma encenação de teatro é quase impossível. Muitos pontos haveria ainda por discutir.

*　*　*

MEIERHOLD: UMA POÉTICA EM CENA 249

Em 1987, quando este estudo foi concluído, a *perestroika* de Mikhail Gorbatchév estava apenas delineada. No início dos anos 1990, foram tantos os acontecimentos no Leste Europeu que, sem dúvida, quem for montar *Os Banhos* deve tomar vários cuidados. Segundo uma visão talvez simplista, o comunismo está morto ou pelo menos agonizante. Nesse aspecto, o que fazer com o *comunismo utópico* de Maiakóvski, aquele do ano 2030 e da Mulher Fosforescente?

Se, por um lado, temos esse problema, por outro, vemos com clareza como seria complicado montar tal texto antes da *perestroika*: o comunismo de 1930 era repleto de burocratas ineficientes que emperravam a vida das pessoas. Como montar a peça sem pensar em Stálin e como fazer para, ao criticar o comunismo de 1930, não deixar implícita uma elegia ao capitalismo? Antes da *perestroika*, havia o comunismo utópico de Maiakóvski, e agora?

Talvez seja o caso de proceder como o próprio Maiakóvski recomendava: modificar a sua peça – e, de novo, cuidar para não mitificar a ideologia contrária. Não é trabalho fácil! Mas pode ser um exercício político! Um exercício político jamais abandonado por Maiakóvski e por Meierhold.

A Representação Não Terminou

Mas isso não tem fim! Contracenamos. Todos de uma vez a representar a nossa inventada história. A princípio, um disparate – as desatinadas pataratas, que nem jogo de adivinhar. Palavras de outro ar. Eu mesmo não sabia o que ia dizer, dizendo. Esse drama do agora, desconhecido, estúrdio, de todos o mais bonito, que nunca houve, ninguém escreveu, não se podendo representar outra vez, e nunca mais. Ah, a gente: protagonistas, outros atores, as figurantes figuras, as personagens personificantes. Assim perpassando, com a naturalidade de nunca, entrante própria, a valente vida, estrepuxada. E fiz uma força, comigo, para me soltar do encantamento. Não podia, não conseguia – para fora do corrido, contínuo, do incessar. Cada um de nós se esquecendo do seu mesmo, transvivendo, sobrecrentes, disto: que era o verdadeiro viver? E era bom demais – a gente voar nas palavras: no que se ouvia dos outros e no nosso próprio falar. Como terminar? Só uma maneira de interromper, só a maneira de sair do fio, do rio, da roda, do representar sem fim. Parar. E depois? Outras narrativas e depois outras, o ressurgir, um ressurreto...

Acta Non Est Fabula!

Proposta Para uma Montagem de A Barraca de Feira[1]

RENI CHAVES CARDOSO

> for anything so overdone is from the
> purpose of playing, whose end, both at the first
> and now, was and is, to hold as 'twere, the mirror up
> to nature; to show virtue her own feature, scorn her
> own image, and the very age and body of the time
> his form and pressure
>
> W. SHAKESPEARE, *Hamlet*, Ato III, cena 2.

> El actor debe poseer la virtud de verse mentalmente
> como en un espejo. En forma embrionaria, esta es
> una propiedad que tienen todas las personas en
> general. Pero, en el actor, debe estar desarrollada.
>
> VSÉVOLOD MEIERHOLD

> El hábito de los comediógrafos de presentar
> detalles sobre los "caracteres" [...], esta costumbre
> estereotipada, además del tono vulgar
> de su conversación, son los arcaicos horrores del
> teatro contemporáneo.
>
> VLADÍMIR MAIAKÓVSKI,
> El Teatro Ha Olvidado Ser Espectaculo.

NOTA INTRODUTÓRIA MELANCÓLICA

Diante das inquietações subjetivas que o teatro me apresenta, desejo tentar objetivar esta pequena nota introdutória.

---

1 Devo agradecer aos meus queridos irmãos Ruth e Ewerton, pela ajuda: à Ruth, por ter esboçado algumas máscaras e figurinos; ao Ewerton, por ter feito o cenário "se mover". Alguns esboços são do Hudson. [N. da E.: Trabalho apresentado no curso Meierhold I, ministrado por J. Guinsburg na ECA-USP, no primeiro semestre de 1975. Os desenhos dos figurinos e máscaras foram idealizados por Reni Chaves Cardoso. As referências de agradecimento são a sua irmã Ruth Chaves Cardoso; e a seus amigos Ewerton de Castro, ator, e Antônio Hudson Buck de Carvalho, artista plástico. A tradução do texto, a partir do inglês, foi de Reni Chaves Cardoso, cotejado com o original russo por Boris Schnaiderman.]

Ao me ver diante das propostas:

1. "Se Meierhold tivesse de encenar a peça X, como supõe você que ele faria um roteiro de direção?"
2. "Se Meierhold tivesse de encenar a peça X, como supõe você que ele analisaria o texto e os elementos teatrais para realizá-lo?", imediatamente o grande desejo de trabalhar com a primeira proposta se apoderou de mim com maior força, mesmo sabendo que eu não sou "diretora de teatro".

Depois da leitura (e posterior tradução) de *A Barraca de Feira*, de Aleksandr Blók, a resolução foi também tomada: seria essa a peça, por várias razões que não vou enumerar. Apenas citarei a maior de todas, que talvez tenha algo de subjetivo: Meierhold trabalhou com essa peça em três encenações diferentes – pela primeira vez em 1906, no teatro de Vera Komissarjévskaia; a segunda vez em Vitebsk, em 1908; e a terceira em seu Estúdio em São Petersburgo, em 1914[2].

Além disso, o texto de Blók, em associação com os estudos sobre as concepções de Meierhold, ativou minha imaginação.

Neste roteiro, a tentativa foi a de colocar, *em palavras*, o grotesco divino em oposição ao grotesco humano; o princípio da concepção para fazer enxergar, isto é, tornar o mundo desfamiliar: "na arte grotesca dá-se o contrário [de Brecht]: ela tende a exprimir precisamente a desorientação em face de uma realidade tornada estranha e imperscrutável"[3].

De acordo ainda com o próprio Meierhold, no seu Estúdio da rua Borondiskaia, entre 1913 e 1917, suas concepções básicas com o ator e o espetáculo convergiam para a *Commedia dell'Arte* e o grotesco. Isso me fez retomar esses aspectos em *A Barraca de Feira*, já que o próprio texto fornece tais elementos, além de Meierhold os ter incorporado em suas três montagens da peça.

A tentativa aqui foi desdobrar os elementos simbólicos da peça (simbolismo, grotesco e *Commedia dell'Arte*), colocados no nível dos planos que surgiriam neste trabalho em forma visual, embora tenha que recorrer à palavra e descrevê-los, em virtude das minhas limitações como desenhista.

2   Cf. *Travail Théâtral*, IX, 1972, p. 69.
3   Anatol Rosenfeld, *Texto/Contexto*, São Paulo: Perspectiva, São Paulo, 1969, p. 58.

PROPOSTA PARA UMA MONTAGEM DE *A BARRACA DE FEIRA*

NÍVEIS OU PLANOS DO SIMBOLISMO[4]

"1. Plano real que se liga a uma situação de fato.
2. Plano figurativo: no qual o lugar indica a altivez de um poeta que se acha muito acima da gente comum...
3. Plano emotivo: ligado ao segundo plano, indica a solidão e o vazio e, consequentemente, o desespero do emissor."

COMÉDIA DE ARTE

Os princípios da *Commedia dell'Arte* vão ser usados principalmente no que se refere ao "espetáculo", aos atores, às mudanças de cenário, aos acessórios e porque algumas figuras características desse tipo de teatro aparecem no próprio texto.

O GROTESCO

O grotesco deve aparecer nas figuras dos Mascarados em geral e na tentativa de unir os níveis do simbolismo, a partir do estatuto do texto de Blók.

Tentei contar uma história sem mediação de nenhum narrador, o que pode resultar em desastre, como assinala Jorge Luis Borges:

> Na história anterior quis contar o processo de uma derrota. Pensei, primeiro, naquele arcebispo de Canterbury que se propôs demonstrar a existência de um Deus; depois, nos alquimistas que buscaram a pedra filosofal; depois, nos inúteis trissectores do ângulo e retificadores do círculo. Refleti, em seguida, que mais poético é o caso de um homem que se propõe um fim que não está vedado a outros, mas sim a ele. Lembrei-me de Averróis, que, encerrado no âmbito do Islã, nunca pôde saber o significado das palavras *tragédia* e *comédia*. Contei o caso; à medida que me adiantava, senti o que teve de sentir aquele deus mencionado por Burton, que pretendeu criar um touro e criou um búfalo. Senti que a obra zombava de mim. Senti que Averróis, querendo imaginar o que é um drama sem ter suspeitado o que seja um teatro, não era mais absurdo do que eu, querendo imaginar Averróis, sem outro material além de alguns rudimentos de Renan, de Lane, e de Asín Palacios. Senti, na última página, que minha narrativa era um símbolo do homem que eu fui enquanto escrevia, e que, para escrever essa narrativa, fui obrigado a ser aquele homem e que, para ser aquele homem, tive de escrever essa narrativa, e assim até o infinito.[5]

---

4 Cf. Krystyna Pomorska, *Formalismo e Futurismo*, São Paulo: Perspectiva, 1972, p. 79s.
5 A Busca de Averróis, *O Aleph*, Porto Alegre: Globo, 1972, p. 79-80.

ESTUDO GERAL DAS CENAS

MÍSTICOS

Em vez de três Místicos usaremos seis e o Chefe. Suas falas serão redistribuídas. Conforme o texto, eles ficarão sentados em volta da mesa, de frente para o público.

FALA: apenas sussurradas, com ansiedade. Grandes pausas entre as falas.

GESTOS: como estátuas, as mãos e as faces deverão mostrar a ansiedade da espera. O movimento cênico dos Místicos até a chegada da Moça está justamente concentrado nas mãos e nas faces.

ILUMINAÇÃO: foco nos rostos e mãos dos Místicos. Uso de velas. A iluminação deve sugerir a tentativa de captação de "outra realidade".

TRAJES: roupas pretas com detalhes brancos (ver os esboços infra).

MÁSCARAS: rostos "naturalistas", destacáveis.

PIERRÔ:

Embora esteja presente nesta cena, deve estar em outra "realidade".

CHEGADA DA MOÇA:

Encoberta pela mesa, levanta-se no momento em que os Místicos estão com atenção na janela e na porta. Ergue-se perto do terceiro Místico, à esquerda do palco. À percepção da Moça, os movimentos dos Místicos serão exagerados e barulhentos.

Moça: sempre imóvel com iluminação intensa.

Pierrô: ajoelhado no mesmo lugar perto da janela, à percepção da Moça passa para a "realidade" dos Místicos.

Chefe dos Místicos: ao se dirigir a Pierrô e tentar convencê-lo de que a Moça é a Morte, se referirá à foice como elemento principal. O Chefe e os Místicos, estando em *uma realidade*, "verão" a foice; Pierrô, que está em outra realidade, "verá" apenas uma trança. *O público, presenciando as duas realidades, pode ver tanto a foice como a trança, completando a cena com a sua fantasia.*

Pierrô: em toda esta primeira cena deve estar quase imóvel. Seu texto, espécie de narrativa para informar ao público sua busca por Colombina, deve ser entremeado com a música que

PROPOSTA PARA UMA MONTAGEM DE *A BARRACA DE FEIRA*   255

vai tocar na última cena da peça, sobre a sua história secular da busca de Colombina. Dessa forma o elemento poético-narrativo de sua fala, desde o início, terá circularidade no final, como se tudo começasse de novo.

Ao dialogar com o Chefe dos Místicos, expressa-se com todo o corpo: agilidade, irreverência. Assim, fica bem nítida sua individualidade em relação a todos os Pierrôs.

À chegada de Arlequim, e ao ser por este tocado, deve cair com agilidade, com todo o corpo.

Mesma agilidade corporal ao notar as casacas vazias dos Místicos, dependuradas; deve dar um salto acrobático ao sair de cena.

Autor: na sua primeira intervenção já deve falar como se discursasse. Deve estar vestido de terno e gravata, muito magro, cabelo crespo, bigode ridículo. Não está nem na realidade dos Místicos nem na realidade do Pierrô. Sua realidade é um cotidiano banal. Isso deve ficar claro, pois o Autor deve ser um dos elementos de corte no prosseguimento da ação, mostrando ao público que ele está num teatro, numa quebra constante da "ilusão".

O BAILE

Os vários Mascarados que estão em cena usarão máscaras enormes. Os seus corpos no espaço não serão desarticulados: seus movimentos são próximos aos movimentos dos atores da *Commedia dell'Arte*: os atores adaptam-se à sua área de representação e, como os atores da *Commedia,* são eles que mudam o cenário, colocam os elementos necessários de cena, sempre atentos às suas próprias ações e às ações das outras personagens. Os Mascarados, que nunca "falam", *não deverão deixar de representar.*

Tannhäuser e Vênus: aparecerão em cena e permanecerão depois no meio dos Mascarados. A lenda nos mostra Tannhäuser (poeta alemão mítico do século XIII) dividido entre o amor profano, em que o detém Vênus, e o amor divino representado por Isabel da Hungria. Dessa forma, Isabel deverá também aparecer em cena, perseguindo sempre Vênus e Tannhäuser no meio dos Mascarados. Isabel deve usar máscara "divina". Para a primeira cena em que Vênus e Tannhäuser aparecem se beijando no baile, usaremos para interrompê-los a ópera de Wagner no trecho da oração de Isabel. Nesse mesmo instante, a Máscara de Isabel aparecerá

UMA POÉTICA EM CENA

atrás do banco no qual Tannhäuser e Vênus estarão se beijando. Essas três Máscaras (Vênus, Tannhäuser e Isabel) permanecerão em cena o tempo todo, com movimentos de dança, Tannhäuser e Vênus em eterna fuga de Isabel.

PIERRÔ NA CENA DO BAILE

O elemento narrativo nas falas de Pierrô continua. Enquanto ele fala, o baile dos Mascarados prossegue e, mais uma vez, Pierrô está em outra realidade.

MASCARADO DE AZUL E MASCARADA DE ROSA NO BAILE

Estão sentados no mesmo banco em que antes estavam Tannhäuser e Vênus, depois Pierrô. Num primeiro momento permanecem sentados. Gestos suaves, como a própria roupa e fala. Depois, durante toda a cena entre os dois, deverão bailar suavemente por todo o palco. Gestos e falas sincronizados; movimentação de balé. Durante essa cena, os Mascarados permanecerão bailando em segundo plano. A iluminação da cena deve ser em cores tão suaves como as falas e gestos dos Mascarados de Azul e Rosa.

MASCARADO DE NEGRO E MASCARADA DE VERMELHO NO BAILE

Descrição das roupas: seguir rubricas do texto.

A capa do Mascarado de Negro deve ser bastante ampla para seguir a movimentação frenética da sua dança. A capa da Mascarada de Vermelho é muito grande, com elementos trançados, dando a impressão de línguas de fogo. Suas Máscaras devem seguir as rubricas do texto.

Os movimentos de todos os outros Mascarados devem ser mais ou menos paralelos, mas em segundo plano. Enquanto os Mascarados de Negro e Vermelho dançam freneticamente, os pares precedentes – Mascarado de Azul e Mascarada de Rosa – acompanham com o corpo todo o ritmo das próprias palavras: suavemente; estes (Mascarado de Negro e Mascarada de Vermelho) dão o contraste total: o "diabólico", evidenciado na capa da "Feiticeira", na sua máscara grotesca, na sua dança mágica. Esses planos devem ser bem evidenciados: os corpos ágeis, a dança frenética, que abrangerá todo o palco, não farão sumir as palavras ditas por eles, mas formarão um conjunto harmônico,

PROPOSTA PARA UMA MONTAGEM DE *A BARRACA DE FEIRA* 257

no qual todos os elementos são importantes e se entrecruzam. Ao terminar a cena propriamente dita, deverão permanecer em cena, continuando a *representar*, sem deixar seu plano violento da sua esfera rítmica.

O CAVALEIRO MASCARADO DA IDADE MÉDIA E A MASCARADA "ECO" NO BAILE

Ocuparão o primeiro plano de representação. Em vez de apenas uma Mascarada Eco, haverá duas em cena. A primeira responde as "deixas" do Mascarado, permanece imóvel, como sugere a mitologia (Eco: ninfa que, por ter desagradado a Juno, foi metamorfoseada em rochedo e condenada a repetir as últimas palavras de quem a interrogava). Sua máscara deve sugerir essa condição de pedra. Ele deve ser enorme; enquanto fala rodeia-a e toca-a e grotescamente "fala" com a espada. Seu movimento é alternado com o patético e o cômico grosseiro. Ao final da fala da primeira Eco, a segunda, exatamente igual, repete em "eco" as falas da primeira em estilo telegráfico: "Papel maravilhoso sempre aqui coração felicidade finda".

O Palhaço, que sai do meio dos Mascarados e dos outros palhaços, corre, pula, faz truques e mostra a língua ao Mascarado Cavaleiro (efeito especial para a língua do Palhaço, que deve ser grotescamente comprida). O Cavaleiro da Idade Média, ao "arrebentar" a cabeça do Palhaço com sua espada de madeira, deve fazê-lo de maneira grotesca, circense. Os outros Mascarados se aproximam do Palhaço sempre dançando, olhando, rindo: alegria geral para a formação do coro em estilo grego.

NOTA: a indicação da época (Idade Média) será dada pelo cenário.

FORMAÇÃO DO CORO

Todos os Mascarados dançando e gesticulando grotescamente, numa paródia do coro grego convencional, formam uma procissão e, ao começarem a falar, o tom deverá ser sério, como um coro grego convencional.

ARLEQUIM

Na primeira cena em que aparece, é muito jovial, ágil, elegante, cada movimento seu é um movimento de dança.

Como Corifeu, não vai ficar parado. Deve ser irreverente nos seus gestos, acusar os Mascarados, o público. Intercalação de dois planos nas falas de Arlequim: o plano real, o mundo, "indica a altivez de um poeta que se acha muito acima da gente comum (simbolismo); e o plano emotivo, ligado ao plano real: indica a solidão e o vazio e, consequentemente, o desespero do emissor". Essas indicações devem abranger não só o nível das palavras, mas todo o *representar* de Arlequim.

COLOMBINA

Na primeira cena, embora tida como a Morte pelos Místicos, ela é Colombina. Duplicação de Colombina nos trajes:

A. Colombina

B. Morte (cena final), quando uma foice deverá aparecer de fato. Não há igualdade Colombina = Morte, pois a Morte que aparece no final deve estar ligada ao plano do Arlequim e dos Mascarados em geral e ao mundo cotidiano.

Presença constante de Colombina nas falas de Pierrô. É a única Mascarada que não permanece o tempo todo em cena, só entrando nas horas indicadas pelo "texto".

MÁSCARAS GERAIS

Vários Palhaços; Máscaras enormes estarão presentes a partir das cenas do Baile. Serão elas que mudarão o cenário e colocarão os objetos de cena necessários.

ESBOÇOS PARA OS TRAJES E AS MÁSCARAS

> "Quero penetrar
> Por trás
> Da máscara
> Por trás
> Da ação
> No caráter inteligível
> Da persona
> E descobrir sua
> Máscara-dentro."

ORGANIZAÇÃO DO ESPAÇO CÊNICO

Visualização do Espetáculo

O espetáculo começa *antes* da peça propriamente. Palco e plateia totalmente iluminados. A plateia deve ser a extensão do palco. Música circense. Sensação de festa no ambiente. Palhaços e Mascarados em cena podem estar também na plateia. Jogos acrobáticos.

Início do Espetáculo Propriamente Dito

Luzes do palco e da plateia se apagam lentamente, os atores (Mascarados, Palhaços) em cena começam a girar o cenário. A música circense morre aos poucos. Luzes se apagam. Escuridão total no palco e na plateia.

Descrição Geral do Cenário

MAPA GERAL

O cenário é construído de painéis em torno de um eixo giratório. O centro do eixo possui pinos removíveis que possibilitam também a subida e a descida dos painéis através de um sistema de roldanas (necessário na cena em que todo o cenário "voa para cima"). Há três blocos nessa construção. O aproveitamento prático desse cenário possibilita a mudança de lugar, época, estados cênico-emocionais. A descrição técnica está esboçada através dos desenhos, em cada Mapa.

MAPA I – SALA CINZA

Telões foram girados e formam o cenário da Sala Cinza. Iluminação fraquíssima. Ambiente totalmente diferente do ambiente anterior, de festa. Os telões são cinza claros, dando a ideia de uma sala. Há uma janela no centro. A mesa e as cadeiras dos Místicos já estão em cena.

MAPA II – SALÃO DE BAILE

Cenário girado pelos Mascarados e Palhaços. O Autor está em cena, falando enquanto o cenário é mudado. Música. Alegria. Mascarados e Palhaços dançam.

260 UMA POÉTICA EM CENA

Quando o Autor está terminando de falar: "Tanto mais um jogo de palavras alegórico: é indecente chamar a trança de uma mulher de foice da morte!", há nova mudança de cenário para o Mapa III.

MAPA III
Continua o clima do Baile. Mascarados e Palhaços dançam, giram o cenário. Desce uma cortina com fitas amarelas no fundo. O Autor ainda está em cena. Ao dizer "Isso é uma calúnia à condição feminina! Meus caríssimos senhores e senho...", uma mão, saindo de trás da cortina, o agarra por trás, pelo pescoço. Com um berro, ele desaparece nos bastidores. Continua a cortina fechada. Mascarados rodopiam ao som de uma música. Outros Mascarados (cavaleiros, senhoras, palhaços) vagueiam entre eles. Pierrô, triste, senta-se no meio do palco. Enquanto isso, Vênus e Tannhäuser se beijam no banco. Sai do meio dos Mascarados Isabel da Hungria, que se aproxima do banco. Nesse momento, ouvem-se trechos da ópera de Wagner durante a oração de Isabel. Vênus e Tannhäuser saem do banco, sempre perseguidos por Isabel. Pierrô senta-se no banco e faz sua cena. O baile continua.

MAPA IIIA – MASCARADO DE AZUL E MASCARADA DE ROSA
A cortina de fitas amarelas sobe.
Mascarado de Azul e Mascarada de Rosa fazem sua cena.
Iluminação suave.
Imaginação da cúpula da igreja.
O baile continua.

MAPA IV – CENA DA MASCARADA DE VERMELHO
E DO MASCARADO DE NEGRO
Ainda o baile. Os Mascarados mudam o painel (Mapa IV).
No final da cena, o painel vai sendo mudado depois que o sósia do Mascarado de Negro vai atrás da dupla formada pela Mascarada de Vermelho e o Mascarado de Negro.

MAPA V – CENA DA MASCARADA "ECO" E CAVALEIRO DA IDADE MÉDIA
O baile continua.
Os Mascarados mudam os painéis.
Formação do Mapa V.

PROPOSTA PARA UMA MONTAGEM DE *A BARRACA DE FEIRA*   261

Há duas personagens "Eco" em cena.

MAPA VI – PROCISSÃO DE TOCHAS
Fim do baile.

Os Mascarados permanecem em cena.

Muda o cenário para o Mapa VI:

(Tendo ficado dependurado lá por um momento, ele [o Palhaço] sai. Barulho. Confusão. Gritos de alegria: "Tochas! Tochas! Uma procissão de tochas acesas!" Um coro aparece com tochas. Os Mascarados se agrupam, riem e saltam.)

MAPA VII
Nova movimentação dos painéis quando Arlequim se transforma em Corifeu.

Faz toda sua cena, depois pula pela janela.

Mesmo cenário. A Morte aparece nesta janela (ver Mapa VII).

Descrição cênica até a "crucificação dos Mascarados".

Em vez de as damas perderem flores pelo palco, perdem os acessórios: sapatos, lenços etc.

MAPA VIII – "VITRAIS"
Nova mudança de cenário.

Permanece a janela do telão do fundo.

O perfil do Mascarado de Azul, que é recortado em vitrais de papel celofane iluminados por trás, aparece nos telões dos lados. Ao se apagar a luz dos vitrais, o perfil desaparece.

Esse mesmo cenário começa a girar, quando o Autor une as mãos de Pierrô e Colombina.

O cenário sobe e o palco fica nu.

Cena final de Pierrô.

Esboços de A Barraca de Feira

RENI CHAVES CARDOSO

1. *Esboços para os Místicos.*

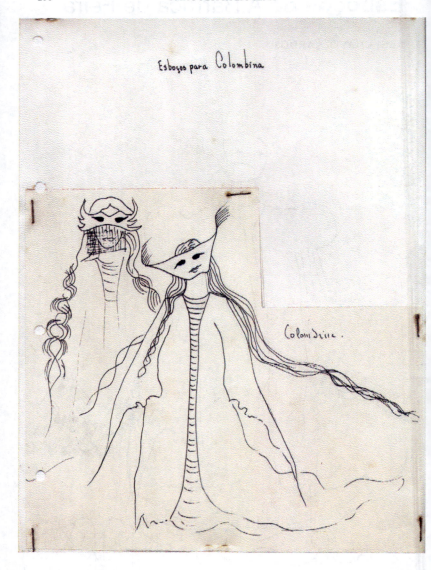

2. *Esboço para a Colombina (à direita).*

ESBOÇOS DE *A BARRACA DE FEIRA* 265

3. Esboço colorido para a Colombina.

266 UMA POÉTICA EM CENA

4. *Esboços para o Arlequim.*

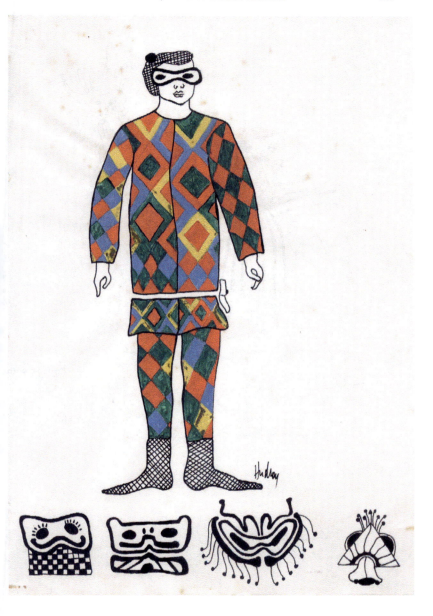

5. *Esboço colorido para o Arlequim; de Antônio Hudson Buck de Carvalho.*

6. *Esboço para Tannhäuser*; de Antônio Hudson Buck de Carvalho.

7. Esboço colorido para Vênus; de Antônio Hudson Buck de Carvalho.

8. Esboço de máscara para Isabel da Hungria.

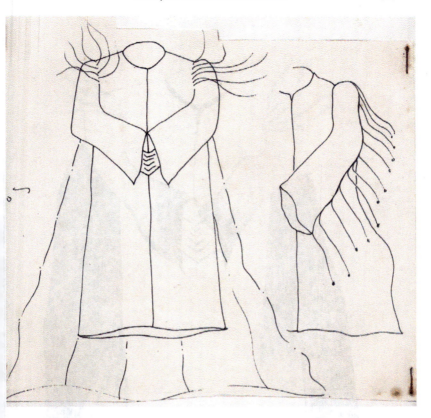

9. Esboços para os trajes do Mascarado de Azul.

10. *Esboço colorido para o Mascarado de Azul.*

11. *Esboço colorido para a Mascarada de Rosa.*

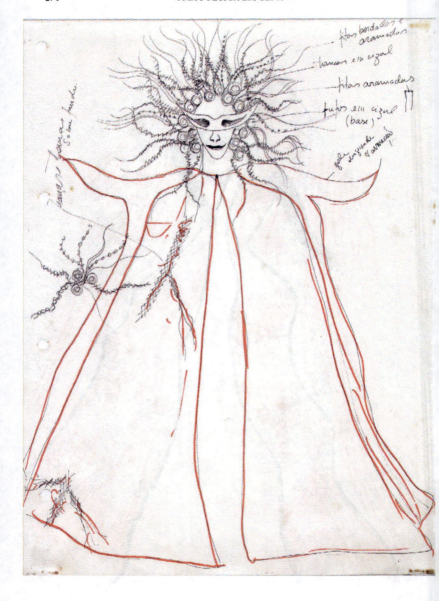

12. *Estudo colorido para a Mascarada de Vermelho.*

ESBOÇOS DE *A BARRACA DE FEIRA*

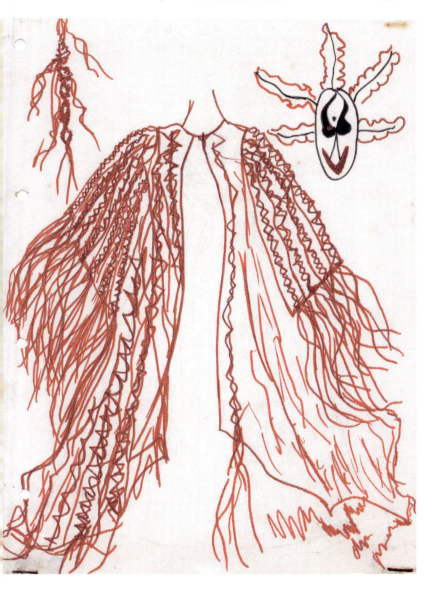

13. Estudo colorido para a capa da Mascarada de Vermelho.

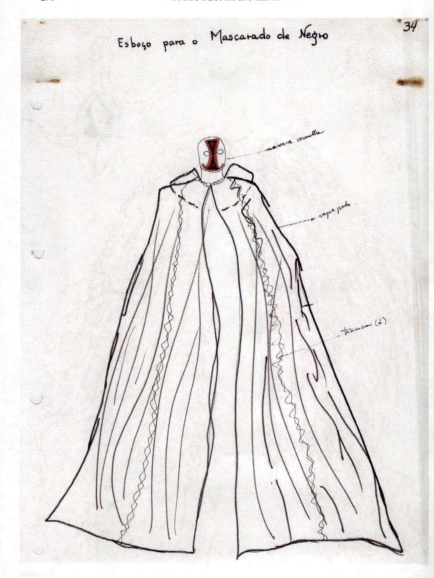

14. *Esboço para o Mascarado de Negro.*

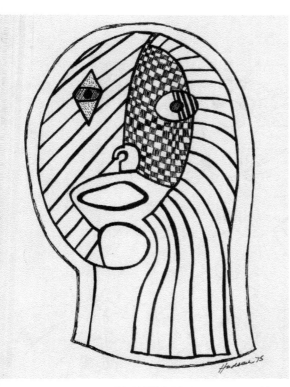

15. Estudo para a máscara de Eco; de Antônio Hudson Buck de Carvalho.

16. Estudo para a máscara do Cavaleiro da Idade Média.

17. *Estudo para o Palhaço (Suco de Fruta)*.

18. Estudo para a roupa de palhaço.

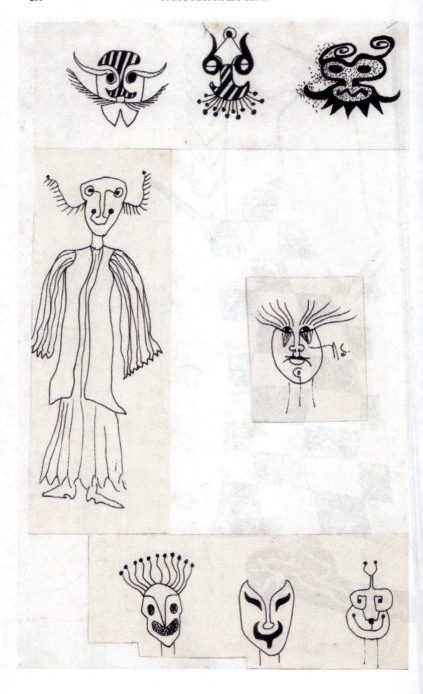

19. *Estudo para máscaras.*

20. *Estudo para máscara.*

21 a 24. *Estudos para máscaras; de Antônio Hudson Buck de Carvalho.*

ESBOÇOS DE *A BARRACA DE FEIRA* 283

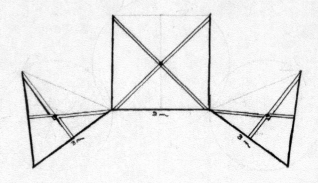

24. *Esquema geral do cenário.*

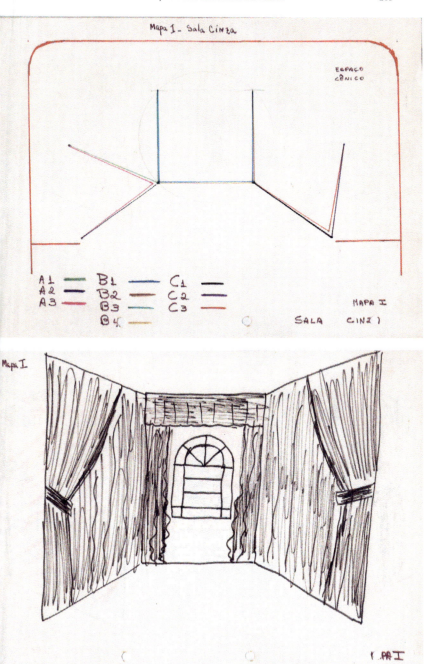

25. Esquema 1: espaço cênico da sala cinza.
26. Esquema 1: detalhe do cenário.

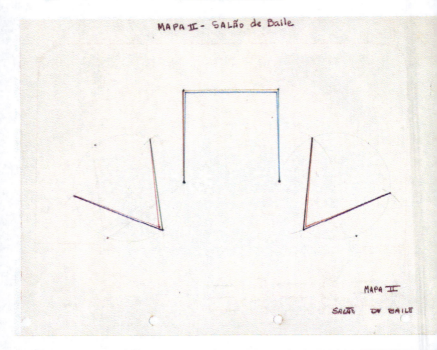

27. *Esquema 2: salão de baile.*
28. *Esquema 2: detalhe do salão de baile.*

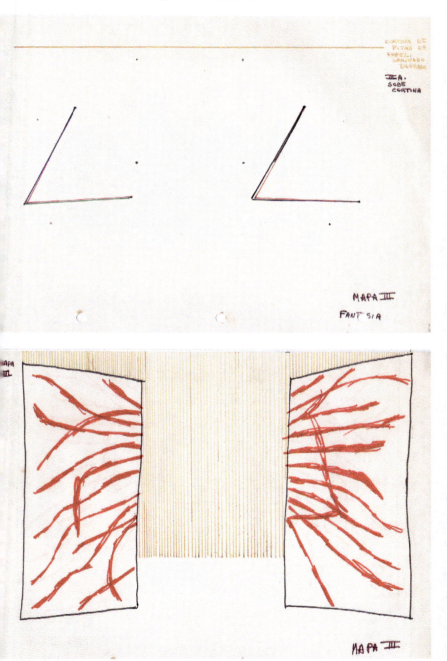

29. Esquema 3: disposição das cortinas.
30. Esquema 3: esboço de todas as cortinas.

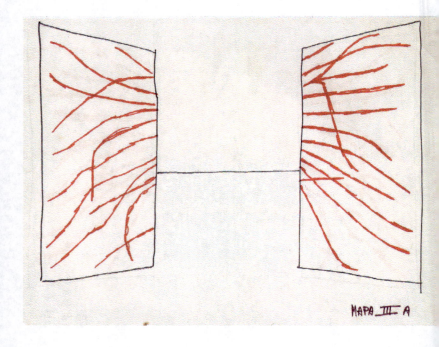

31. *Esquema 3: esboço das cortinas vermelhas.*

ESBOÇOS DE *A BARRACA DE FEIRA* 289

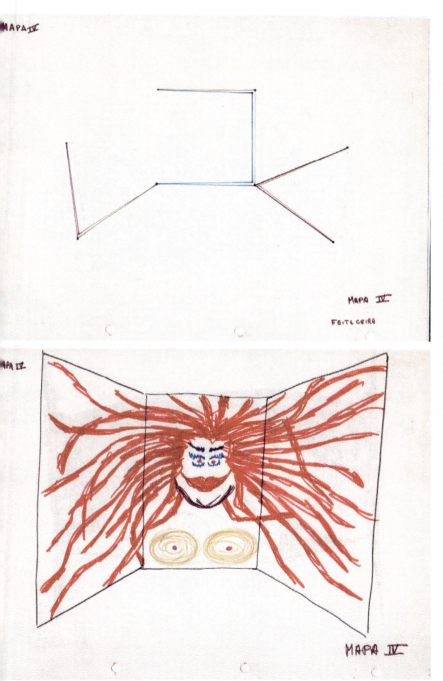

32. *Esquema 4: Feiticeira.*
33. *Esquema 4: esboço colorido da Feiticeira.*

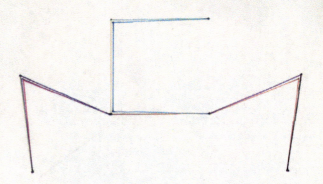

34. *Esquema 5: Eco.*
35. *Esquema 5: esboço de Eco.*

ESBOÇOS DE *A BARRACA DE FEIRA*

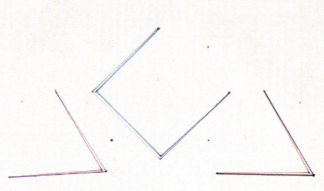

36. Esquema 6: tochas.
37. Esquema 6: esboço.

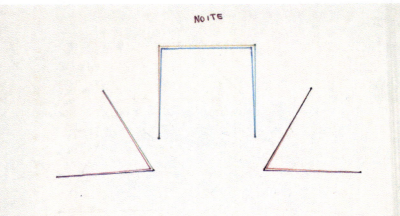

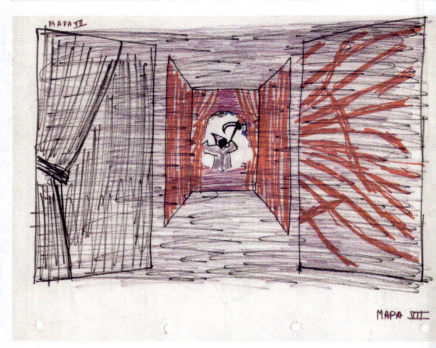

38. *Esquema 7: noite e janelas.*
38. *Esquema 7: esboço das cortinas com a morte ao fundo.*

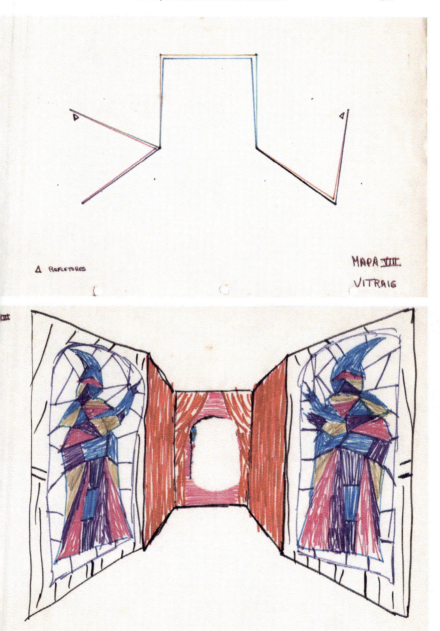

39. Esquema 8: vitrais.
40. Esquema 8: esboço dos vitrais.

Simbolismo e Teatro Russo

J. GUINSBURG E LUIZ H. SOARES

O SIMBOLISMO

Movimento intelectual e artístico que predominou na arte europeia do fim do século XIX e início do século XX, o simbolismo foi uma espécie de ultrarrealismo. Tanto na literatura como nas artes plásticas e no teatro, ele constituiu uma reação ao positivismo, baseada em tendências idealistas. Não almejava mais, na literatura ou nas artes plásticas e cênicas, a reprodução ilusionista do mundo empírico, mas a evocação e transposição criativa, muitas vezes fantástica, de ideias, atmosferas e emoções, mediante símbolos: formas que, longe de terem apenas valor decorativo ou descritivo imediato, encobrem o enunciado direto para acentuar o elemento sugestivo e espiritual.

Em sua vertente literária russa, o simbolismo fez contribuições poéticas de notável importância. Tendo se desenvolvido naquele país na esteira do esgotamento do realismo e do fim da era dos grandes romancistas russos, a chamada "era de Ouro", o movimento simbolista coincidiu, no plano social, com o declínio do papel da aristocracia e a ascensão da sociedade urbana. Ao contrário do seu predecessor, não visava retratar a realidade, mas evocar uma suposta essência. Sofreu grande influência dos estímulos estrangeiros provenientes das obras de um Schopenhauer ou um Wagner, bem como dos discípulos de Baudelaire (1821-1867), a santíssima trindade decadentista francesa: Verlaine, Mallarmé e Rimbaud. Além de Ibsen.

De início um conjunto de teorias propugnadas por um punhado de praticantes notáveis, pode-se datar o movimento, no plano literário, pela publicação do artigo *O Antigo Debate* (1884), de Nikolai Minski (1855-1937), que promovia um individualismo extremo, conceito incorporado por muitos simbolistas, e pelos dois volumes do poeta e tradutor de textos clássicos, Dmitri Merezhkovski, *Simbolii: piesni e poemii* (Símbolos: Músicas e Poemas, 1892), obras nas quais já se encontram as propostas e os traços mais marcantes dessa corrente artística: a ênfase no ritual e na relação entre arte e religião. Outra figura ligada ao movimento, Zenaida Gippius (1869-1945), escritora, dramaturga e pensadora, chamava os versos que fazia de "preces pessoais", o que explica por que depois ensejaram toda uma linha de pensamento de cunho religioso. Ela era vista como ícone da liberação sexual, cultivava uma imagem andrógina, fazendo uso de roupas e pseudônimos masculinos e abusava dos insultos. Casada com Minski, a casa deles em São Petersburgo – cidade que se tornou um símbolo em si – ficou conhecida como o "quartel-general da decadência russa". Outro importante adepto foi Ivan Konevskói (1877-1901), que chegou a escrever poemas influenciado pela audição de *Parsifal* em Bayreuth. Foi, porém, preciso o talento de Valeri Briússov (1873-1924), poeta, tradutor e historiador, para que a poesia simbolista ocupasse o devido espaço na literatura russa. Para projetar o simbolismo como um movimento bem mais difundido do que realmente era, Briússov fez publicar os três volumes de *Simbolistas Russos: Uma Antologia* (1892-1895), em que todos os poemas eram, na verdade, dele. Além de Briússov, Konstantin Balmont, que experimentava com a sonoridade e a estrutura rítmica da língua russa; Fiódor Sologub, que assim como Balmont ficou conhecido como decadentista e foi quem introduziu o pessimismo *fin de siècle* na literatura russa (ainda que seja mais conhecido atualmente como romancista do que como poeta); e Innokenti Annenski (1855-1909), tradutor de Eurípedes e autor do póstumo *Kiparisovii Lapets* (A Caixa de

Cipreste, 1910), fizeram com que o movimento simbolista exercesse uma profunda influência nas artes russas.

Não obstante, foram dois jovens poetas da geração seguinte, Aleksandr Blók e Andrei Biéli, que se tornaram os mais conhecidos. Aleksandr Blók é amplamente considerado um dos maiores, se não o maior, poeta russo do século xx, sendo que a Era de Prata da Poesia Russa foi, por vezes, denominada "a era de Blók". Seus versos têm uma rica sonoridade, à qual, no período mais tardio, ele procurou introduzir padrões rítmicos ousados. Seus poemas maduros são baseados no conflito entre a visão platônica de beleza perfeita e a realidade da periferia. Um de seus poemas, "Dvenadtsat" (Os Doze, 1918), uma referência aos apóstolos, descreve a marcha de soldados bolcheviques pelas ruas da Petrogrado revolucionária por meio de um peculiar uso das cores e com fervor religioso e traz algumas características simbolistas e sua dramaticidade inerente que já se faziam notar na "Barraca de Feira", anterior em mais de uma década. O poema, aqui transcrito na magistral tradução de Augusto de Campos – para a antologia de *Poesia Russa Moderna* que Haroldo de Campos, Boris Schnaiderman e ele publicaram na Perspectiva, ainda hoje a mais abrangente realizada entre nós –, é marcado pelas repetições sonoras, o ritmo e a linguagem peculiares e coloquiais, as cores sombrias, que ajudam a transmitir o "clima" daquele tempo e lugar, em toda a sua ambivalência de horror e esperança:

OS DOZE

Noite negra.
Neve branca.
Vento, vento!
Gente vacila na treva.
Vento, vento –
Varrendo toda a terra!

O vento escreve
Na neve branca.
Gelo – embaixo da neve.
É liso, rente:
O pé que passa
Desliza – Pobre gente!

De casa em casa
Uma corda pende.
Sobre a corda uma faixa:
"Todo o poder à Assembleia Constituinte!"
Uma velhinha chora em voz baixa,
Sem perceber o que se passa:
"Para que essa imensa faixa?
Tanto pano desperdiçado,
Quantas roupas para as crianças,
E todo mundo esfarrapado..."
Lá vai, galinha espavorida,
A velhinha e seus tremeliques:
– Ai, Mãe-do-Céu, os bolcheviques
Vão acabar com nossa vida!

O vento açoita, voraz.
O frio corta, feroz.

Na encruzilhada o burguês
De nariz no cache-nez.

E este, quem é? Longos bandos,
Murmureja a meia voz:
– Súcia!
– É o fim da Rússia! –
Por certo, um aristocrático
Literato...

E você, onde vai nesse trote,
Enrolado no seu saiote?
Para que essa cara escura,
camarada cura?

Você se lembra como antes
Impava, ventre pra frente
A cruz pejada de brilhantes
No grande ventre sobre a gente?

Madame me seu astracã se
Encontra com outra dama:
– Ah, que doloroso transe...
Zás-trás, num relance
É madame que se esparrama!
Ai, ai!
Segura que ela cai!

SIMBOLISMO E TEATRO RUSSO

Vento gaiato,
Vento espavento,
Levanta as saias
Derruba a gente
Rasga, rói, desfaz
o grande cartaz:
"Todo o poder à Assembleia Constituinte!"
E palavras traz:

...Também fizemos nossa conspiração...
... Essa é a casa...
... Revolução...
... Resolução:
10 rublos a hora, 25 a noitada ...
... Por menos ninguém dá...
... Dorme comigo, vá ...

É tarde.
Tudo turvo.
Na rua
Nua,
Um velho curvo.
E o vento arde ...

Ei, carcaça!
Vem cá,
Me abraça ...
Pão!

De graça ...
E o futuro?
Passa!
Escuro, céu escuro.
Ódio surdo, ódio
No peito oco...
Ódio escuro, São ódio ...
Camarada! Abre
O olho!

2

O vento vaga a neve dança.
A coluna dos doze avança.

Nos fuzis, uma negra tira
E o fogo, fogo, fogo gira ...

Na boca um toco, à testa um gorro
Falta somente um ás de ouros.

Liberdade, liberdade;
Sus, sus, sem cruz!
Tra-ta-tá!
Faz frio, frio atroz.
– Kátia e Vanka estão na taverna...
– Muita gaita entre a meia e a perna!
–Vaniuchka está cheio da nota...
– Já foi nosso, agora é da bota!
– Ah! Vankanalha de uma figa,
– Não ponha a mão na minha amiga!

Liberdade, liberdade,
Sus, sus, sem cruz!
Kátia e Vanka, braços dados,
Para que, para que abraçados?
Tra-ta-ta!
Tra-ta-ta!

E o fogo, fogo, fogo gira ...
Fuzil no ombro, negra tira

Revolução, mantém o passo!
O inimigo arma o seu laço!

Ergue o fuzil, *továrich*, sem receio!
Mira na Santa Rússia, bem no meio
Da nauseabunda,
Gravebunda,
Moribunda,
Sus, sus, sem cruz!

3
Nossos moços largam casa
Pelo Exército Vermelho.
Pelo Exército Vermelho
Nossos moços largam brasa!

Ah, dor-dureza!
Vida de moleza!

Fuzil austriaco,
Trapo de casaco!

Burguês, treme de terror!
Poremos fogo na terra,
Fogo no sangue – é a guerra!
Dá-nos tua bênção, Senhor!

4
Trenó arranca, a neve risca,
Kátia e Vanka lá se vão...
Lanterna elétrica faísca
Sobre o timão...
Isca! Isca!

Galã de capote e bota,
Ele, cara de idiota,
Torce e retorce o bigode
Todo janota,
E chuchota...

Vanka – como ele é galante!
Vanka – como e bem falante!
A Kátia ele abraça e beija
E corteja...

A nuca enfim ela dobra,
Dentes-pérolas desdobra ...
Ah, Kátia, minha garota,
Minha gatinha marota...

5
Em teu colo, Kátia, fiz
Uma linda cicatriz.
Teu seio, Kátia querida,
Tem no meio uma ferida.
Dança, dança, bis!
Pernas roliças de atriz!
Punhas lingerie de renda –
Quebra, requebra!
Botavas teu corpo à venda –
Bola, rebola!
Rola, rola, meretriz!
Meu coração pede bis!

Lembras, Kátia, o oficial?
Só por causa de uma vaca
Passou pelo meu punhal.
Tua memória anda fraca?

A minha, bisca, te diz:
Vem, vaca, bis!

Papavas finos confeitos,
Passeavas de salto alto,
Andavas com os cadetes –
Agora vais com soldados?

Também quero ser feliz:
Bis, Kátia, bis!

6
... Lá vai em doida correria
O trenó – berra e bate o guia...

– Alto lá! Nem um passo mais!
– Ajuda, André! – Petruchka, atrás!

Trac-tararac-tac-tac-tac-tac!
Contra o céu a neve estilhaça.

– Lá se vai! Vanka escapuliu!
Um tiro ainda! Arma o fuzil!

Trac-tararac! Vais aprender
....
A não roubar minha mulher!

Foge, poltrão! Passou por perto!
Mas cedo ou tarde ainda te acerto...

E Kátia? – Morta, lá, gelada,
Com a cabeça transpassada.
Contente, Kátia? Você ria...
Ri, cadáver, na neve fria!

Revolução, mantém o passo!
O inimigo arma o seu laço.

7

De novo avançam na neve
Os doze – fuzil no ombro.
Só um deles não se atreve
A erguer o rosto da sombra.

Depressa, ainda mais depressa,
Lenço amarrado ao pescoço,
Desvairado vai o moço,
Sai do compasso, tropeça.

– Ei, camarada, onde vais?
– Que te deu? O que te dói?
– Ei, Pedro, não podes mais?
Ou é Kátia que te rói?

– Camaradas, meus irmãos,
Eu a amava, realmente.
Noites negras, de paixão,
Kátia não me sai da mente.

– Por esse olhar – estopim
Que incendiou o meu peito,
Por esse sinal carmim
Sobre o seu ombro direito,
Eu a perdi, ai de mim,
Eu mesmo fiz o malfeito!

– Ei, Pedro, que choro é esse?
Ouçam só essa vitrola...
– Para que virar do avesso
A alma? Deixa de ser mole!
– Rapaz, ergue essa cabeça!
Anda, mantém o controle!

– Este não é o momento
Para servirmos de ama-
Seca do teu sofrimento.
Uma ação maior nos chama!
E Petruchka acerta o passo,
Vai de novo no compasso...

Cabeça alta, pra frente,
Ele sorri novamente...

Eia, eia!
Enche a cara, saqueia!

Fecha o trinco, põe tranca,
Hoje, a entrada é franca!

Abre a adega, burguês,
Chegou a nossa vez!

8
Ah, dor-dureza!
Mortal
Tédio sem remédio!
Tempo, tempão
Mato, mato...

Fuzil na mão
Cato, cato...
Grãozinho, grão
Parto, parto ...

Faca, facão
    Corto, corto...

Burguês, foge como um rato!
Teu sangue barato
Bebo gota a gota
Por minha garota.
Senhor, acalma a alma de tua serva...
Tédio!

9
Tudo é silêncio na cidade.
Torre do Neva. Tudo jaz.
Não há mais guardas. Liberdade!
Viva! sem vinho, meu rapaz!

Eis o burguês na encruzilhada,
Nariz no cache-nez, ao vento.

A seu lado, transido, cauda
Entre as pernas, um cão sarnento.

SIMBOLISMO E TEATRO RUSSO

Eis o burguês, um cão sem osso,
Taciturna interrogação,

E o mundo velho – frente ao moço
Rabo entre as pernas, como um cão.

10
A neve investe no vento.
Ah, vento nevoento!
A gente nem vê a gente
Frente a frente.

Neve em funil se revira,
Neve em coluna regira...

– Ah, Senhor, que noite fria!
– Ei, chega de hipocrisia!
Que te adiantou, camarada,
Essa imagem redourada?
Procura ser consciente,
Deixa desse disparate.
A Tua mão ainda está quente
Do sangue da tua Kátia!
– Mantém, revolucionário,
O teu passo vigilante!

Avante, avante, avante,
Povo operário!

11
... Lá se vão sem santo e sem cruz
Os doze – pela estrada.
Prontos a tudo,
Presos a nada...

A mira dos fuzis de aço
Caça inimigos pelo espaço...
Até nos becos sem saída,
Lá onde a neve cai em maços
E a bota afunda, confundida,
Chega, implacável, o seu passo.

Vermelho-aberta,
A bandeira.

Todos alerta,
Em fileira.

Arma o seu guante
O adversário...

E a neve com seu cortante
Açoite
Dia e noite...

Avante, avante,
Povo operário!

12
... Eles se vão num passo onipotente...
– Quem vem aí? Fale ou atiro!
É o vento apenas a zurzir o
Pendão vermelho a sua frente...

Lá adiante, um monte de neve.
– Quem é? Quem está aí oculto?
Só um cachorro se atreve
A entremostrar o magro vulto...

– Some da vista, cão sarnento,
Ou eu te corto à baioneta!
Mundo velho, cão lazarento,
Desaparece na sarjeta!

Mostrando os dentes, como um lobo,
Rabo entre as pernas, segue atrás
O cão com fome, cão sem dono.
– Ei, responde, há alguém mais?

– Quem é que agita a bandeira?
– Olha bem, que noite escura!
– Quem mais por aí se esgueira?
– Saia de trás da fechadura!

– *Továrich*, te entrega logo!
E inútil. Não há saída.
– Melhor ser pego com vida,
Te entrega ou eu passo fogo!

SIMBOLISMO E TEATRO RUSSO

Trac-tac-tac! – Só o eco
Responde de beco em beco.
Só o vento, com voz rouca,
Gargalha na neve louca ...

Trac-tac-tac!
Trac-tac-tac...

... Eles se vão num passo onipotente...

Atrás – o cão esfomeado.
À frente – pendão sangrento,
Às avalanches insensível,
Às balas duras invisível,
Em meio às ondas furiosas
Da neve, coroado de rosas
Brancas, irrompe imprevisto –
À frente – Jesus Cristo.

Janeiro 1918[1]

Na época em que esse poema foi publicado, o simbolismo já de há muito não era mais a corrente artística em voga, lugar que na segunda década do século XX passara a ser ocupado pelo futurismo, radical em sua recriação da arte – uma nova arte para um novo tempo – e em abolir as convenções estéticas, numa aberta e declarada oposição aos simbolistas.

Simbolismo e Teatro

Como sói acontecer com as escolas artísticas, o simbolismo expressava o pensamento da época, a experimentação, um ímpeto que perpassava todas as artes, música (lembremos de um Debussy...), teatro (como Roberto Gomes, entre nós), artes plásticas (Gauguin) e poesia (Cruz e Sousa). O teatro, como arte compósita, era tido como particularmente propício a essa experimentação e recebeu contribuição de quase todos os artistas. Eles não estavam interessados na sua faceta de entretenimento

---

1 Augusto de Campos; Haroldo de Campos; Boris Schnaiderman, *Poesia Russa Moderna*, 6. ed., São Paulo: Perspectiva, 2016, p. 61-77. Agradecemos a Augusto de Campos por permitir a utilização de sua tradução nesta obra.

nem em uma suposta arte pela arte, mas no caminho em direção à renovação de certa "religiosidade", do "rito", do "mistério" que se realizaria no palco. Assim, a escola simbolista e sua ênfase na relação entre arte e religião, por um viés metafísico, surge como uma reação ao movimento realista e naturalista no teatro e nas artes, dominante no final do século xix, do qual Stanislávski era parte. *O Jardim das Cerejeiras*, por exemplo, recebeu de Stanislávski a montagem mais realista possível – e dramática, para escândalo de Tchékhov, que visara o cômico. Em contraposição, temos a produção de *A Barraca de Feira* (1906), por Meierhold.

ALEKSANDR BLÓK (1880-1921)

Uma das principais estrelas na constelação da chamada "era de Prata" da poesia russa, junto com Anna Akhmátova, Marina Tzvetáeva, Andrei Biéli (*nom de plume* de Boris Nikolaievitch Bugaev, 1880-1934) e Maximilian Voloschin. Os pais de Blók se separaram logo após seu nascimento e ele cresceu junto à família materna, em um ambiente ricamente intelectual. Seu avô, Andrei Nikolaevitch Beketov, era botânico e reitor da Universidade de São Petersburgo, enquanto sua avó, mãe e tia eram escritoras e tradutoras. Em 1898, Blók entrou na Faculdade de Direito da Universidade de São Petersburgo, mas três anos depois, sua predileção pela literatura fez com que mudasse para Filologia.

Formado na tradição clássica, uma de suas influências, assim como ocorreu com Andrei Biéli e outros simbolistas de primeira hora, foi o autor Vladímir Soloviov (1853-1900), uma típica personalidade russa multifacetada, misto de pensador, místico, poeta e teólogo, dotado de profunda erudição, autor de *Krizis Zapadnoi Filosofi* (A Crise da Filosofia Ocidental: Contra os Positivistas, 1874), iniciador da sofiologia ortodoxa russa, corrente teológica e mística que via na Igreja Ortodoxa e na própria "história" a manifestação da Sofia, a sabedoria (divina), que para ele assumia o aspecto do Eterno Feminino. Ao mesmo tempo, essa visão histórico-teológica pouco disfarçava o tom racista de sua pregação, sempre esbravecente contra o "perigo amarelo, mau e pagão" que ameaçava a branca Europa cristã

SIMBOLISMO E TEATRO RUSSO 309

e profetizando um Novo Advento. Sua influência era enorme na época, e Blók e outros jovens intelectuais não escaparam ao seu fascínio. Assim, seus primeiros poemas revelam a adesão a essa poesia místico-romântica de estrato solovioviano e ele só travou contato com o simbolismo na universidade.

Em 1903, Blók se casou com Liubov Mendeleeva, filha do segundo casamento do químico Dmitri Mendeleev, o inventor da tabela periódica dos elementos. Os dois haviam se conhecido e se apaixonado nos verões passados em Solnechnaia Gora, nas imediações de Moscou, onde a família de Blók detinha uma propriedade, vizinha à de Mendeleev, que ele tornaria célebre, Shakhmatovo: ali ele escreveria, ainda na infância, seus primeiros versos, invenções com a sonoridade das palavras, e ali ficava para eles o paraíso terrestre, um jardim que ele cultivava física e espiritualmente ou, em seus próprios termos, "como homem e como poeta". No ano seguinte ao seu casamento, lançou seu primeiro livro, *Stikhi o Prekrasnoi Dame* (Versos Sobre a Belíssima Dama, 1904). Saudada por suas características impressionistas e por ser cheia de ritmo, sua poesia foi recebida com entusiasmo pela crítica.

A obra foi dedicada a Liubov, que desempenharia daí por diante em sua poesia o papel de inspiração para a figura poética da mulher inacessível e do Eterno Feminino, inspirado na Sofia solovioviana. Essa idealização fez com que ele não quisesse manter relações sexuais com a esposa, preferindo ter casos extraconjugais. O fato de Liubov tornar-se musa idealizada – e suposta amante – também de Andrei Biéli, amigo do casal, levou a que ambos os escritores se desafiassem várias vezes para duelos que acabavam não acontecendo – nem foi a amizade rompida. Posteriormente, Biéli se afastaria por um tempo com seu novo interesse amoroso, Ássia Turgeneva, em uma longa viagem fora do país (entre 1910 e 1912).

De simbólica e mística na primeira obra, a poesia de Blók adquiriu tons mais prosaicos nas coletâneas seguintes desse período, como *Nechaianaia Radost* (Alegria Imprevista, 1907) e *Zemlia v Snegu* (A Terra na Neve, 1908). *Nochnie Chasi* (As Horas da Noite, 1911), *Stikhi o Rossii* (Versos Sobre a Rússia, 1915), *Rodina* (Terra Natal, 1907-1916) e a *Vozmezdie* (Retribuição Épica, 1910-1921), suas obras da década seguinte, registram uma reflexão sobre a Rússia e seu destino. Antes da Revolução de 1917, Blók acreditava estar o país na iminência de "um grande evento", e seus ensaios também dão a entrever suas preocupações políticas. Ele havia sido convocado, mas permaneceu numa unidade estacionada em Pskov até a saída da Rússia da Primeira Guerra Mundial, nunca tomando parte em nenhum combate.

Os simbolistas não formavam exatamente o grupo mais extremado ideologicamente dentre os intelectuais russos, seu radicalismo sendo mais social que político, mas Blók recebeu com genuíno entusiasmo a Revolução Russa de 1917 – na sua opinião, um evento catártico, de transfiguração do mundo –, tendo vivenciado mesmo um impulso criativo nesse período que lhe renderia seus poemas mais conhecidos: *Os Doze* e *Skifis* (Os Citas, 1918). O primeiro deles, principalmente, tornou-se objeto de escândalo e um sucesso de vendas.

Seu entusiamo com os bolcheviques não duraria muito, porém, e a decepção com os rumos que a Revolução tomava o levaram a declarar que abandonava a poesia, passando a trabalhar como tradutor, editor e ensaísta ou dedicando-se ao teatro.

Blók era fascinado pelo teatro desde criança, quando ele e os primos passavam boa parte das férias de verão em Shakhmatovo encenando peças. Na temporada de 1899-1900, ele chegou mesmo a se juntar, como ator, a um prestigioso grupo de teatro amador da capital. Por mais desapontadora que tenha sido a experiência (Blók teve problemas com as intrigas de bastidores), ela deve ter sido de alguma utilidade quando resolveu enfrentar a tarefa de escrever a sério para teatro. Além da *Barraca de Feira*, sua dramaturgia inclui ainda os dramas *Neznakomka* (A Desconhecida, 1906), *Pesnia Sudbi* (Canção do Destino, 1909), *Roza i Krest* (A Rosa e a Cruz, 1912), *Ramzes* (Ramsés, 1911), *Korol na Ploschadi* (O Rei na Praça, 1906), esta última tendo causado tal impressão em Meierhold que o levou a escrever a Blók, afirmando que desejava encená-la, o que nunca ocorreu, segundo Blók disse a um amigo, porque o censor proibiu. Em 1923, Meierhold tentaria de novo encená-la, mais uma vez sem sucesso.

Blók costumava fazer recitações públicas de seus poemas e, em fevereiro de 1921, realizou a última delas, dedicada a Púschkin, a quem considerava o maior de todos os poetas. Em 7 de agosto desse ano, aquele que é considerado o último grande poeta pré-revolucionário morreu, de causas até hoje desconhecidas. Bertrand Russel, no entanto, em *Free Thought and Official Propaganda* (Liberdade de Pensamento e Propaganda Oficial, 1922), afirmou:

Conheci em Petrogrado um eminente poeta russo, Aleksandr Blók, que morreu como resultado de privações. Os bolcheviques lhe permitiram que ensinasse estética, mas ele reclamou que insistiram que ele o fizesse "do ponto de vista marxista". Sentiu-se desorientado ao tentar descobrir como a teoria do ritmo se relacionava com o marxismo, embora, para evitar a fome, tivesse dado o seu melhor para encontrar uma solução. Claro, é impossível, desde que os bolcheviques chegaram ao poder, imprimir na Rússia qualquer coisa crítica dos dogmas sobre os quais seu regime se fundamenta.

A BARRACA DE FEIRA

A montagem de *A Barraca de Feira* exerceu uma influência muito grande sobre a vanguarda teatral não só na Rússia como no exterior, que perdura até hoje. Apresentada no ano seguinte à malfadada Revolução de 1905, evento pressagiador, a peça foi uma ponte entre o velho e o novo.

O *balagan* é, por natureza, uma forma sintética. Nessa "barraca de feira de atrações" exibia-se o inusitado segundo as regras da natureza e se apresentavam todas as artes do espetáculo, como animais adestrados, prestidigitadores, autômatos, dioramas, carrosséis, ginastas, teatro de marionetes, para mencionar alguns[2]. A segunda metade do século XIX, com seu cientificismo disseminado por todas as áreas da vida, tinha horror à ilusão, principalmente em arte e, assim, tal forma de divertimento foi vista como inferior e corruptora pela *intelligentsia* progressista, que criou os chamados "teatros populares" das comédias realistas didáticas e higienistas – e o *balagan*, relegado à periferia, urbana e cultural. Ele havia de ressurgir onde menos se esperava: primeiro entre os pintores do grupo Mundo da Arte, movimento que combatia o realismo com base nas ideias de

---

2   Cf. Béatrice Picon-Vallin, *Meierhold*, São Paulo: Perspectiva, 2013, p. 45.

312 UMA POÉTICA EM CENA

Wagner, Nietzche, Ruskin e Wilde, depois nas páginas da peça de Blók que Meierhold leva ao palco[3]. Em carta a Meierhold, de 22 de dezembro de 1906, Blók diz:

Todo *balagan*, e o meu também, claro, esforça-se para ser um aríete, para abrir uma brecha na estagnação: o *balagan* abraça a matéria inerte, vai ao encontro dela, arma-lhe laços estranhos, perversos, como se se sacrificasse a ela. E, então, essa matéria idiota e obtusa cede, começa a confiar nele, vai por iniciativa própria ao encontro desses laços. Aqui deve soar "a hora do mistério": a matéria é enganada, enfraquecida, submetida e é nesse sentido que eu aceito o mundo – o mundo inteiro com sua idiotice, sua rotina, suas cores mortas e secas, com o único objetivo de enganar essa velha megera descarnada e rejuvenescê-la: nos laços do bufão, do ator de feira, o velho mundo se torna melhor, mais jovem, e seus olhos se tornam transparentes.[4]

Como ressalta Béatrice Picón-Vallin, na dualidade estrutural da obra de Blók, dois mundos se interconectam: o humano (místicos, palhaços e o Autor, numa constante crítica ao rebaixamento de sua criação, que não controla) e o das personagens-tipo (Arlequim, Colombina e Pierrô, interpretado pelo próprio Meierhold como uma personagem quase imaterial, "sem nenhum traço sentimental, [...] anguloso e insolente"[5]), num desenvolvimento não linear. Dessa forma, momentos de teatralidade exacerbada (a assembleia e o baile) alternam-se com outros nos quais ocorre uma quebra do artifício da "quarta parede" em que se interpela o próprio público, ora pelo Autor, ora pelo Pierrô, um apelando à razão, o outro, à emoção do espectador convertido em observador ativo. O fundo do cenário simples de papelão colorido, feito por Nikolai Sapúnov (1880-1912), é formado de telas brancas, diante das quais eleva-se o pequeno teatro de feira. No meio do palco, há um teatro em miniatura. O gestual das personagens é estereotipado e repetitivo: Pierrô, mais de uma vez, suspira, ergue os braços.

Tudo devidamente assinalado por Blók, como destaca a pesquisadora:

3   Ibidem, p. 46.
4   Apud B. Picon-Vallin, *A Cena em Ensaios*, São Paulo: Perspectiva, 2008, p. 3-4.
5   Em Aldomar Conrado (org.), *O Teatro de Meyerhold*, Rio de Janeiro: Civilização Brasileira, 1969, p. 58.

SIMBOLISMO E TEATRO RUSSO

A escrita dramatúrgica de *A Barraca da Feira de Atrações* contém propostas concretas de encenação: as numerosas indicações cênicas de Blók levam à realização material de suas ideias nos jogos de cena, no ritmo, na música, nas cores, no jogo com a plateia. Ela introduz uma série de técnicas provenientes da cultura popular, que atacam os métodos realistas ligados ao teatro de texto. Construção metafórica das personagens, estilhaçamento do indivíduo psicológico em facetas dissociadas e sua desaparição sob a máscara ou num grupo de personagens, liberdade de composição a partir do modelo de Ludwig Tieck e dos românticos alemães, combinação de uma multiplicidade de planos contrastados e conflitantes (quotidiano, farsa, mascarada, féerie), cortes brutais e rupturas inesperadas entre os fragmentos. O verso sucede as vociferações prosaicas e triviais, e até no interior do texto versificado reina a disparidade entre metros, ritmos e gêneros, da confissão lírica ao poema romântico, passando pela canção e até mesmo pela poesia mística.[6]

A peça é marcada por um tom grotesco que alcança o ápice quando, ao defrontar-se com a Colombina de papelão, um Arlequim desiludido afirma que "Aqui ninguém sabe amar. Aqui se vive num sonho lúgubre", optando por fugir à realidade, quando então, ao pular pela janela, voa para o vazio, depois de rasgar o fundo de cenário de papel.

As Máscaras

As personagens da *Commedia dell'Arte* e as mascaradas eram um fenômeno cultural na Rússia pós-1905, saindo do campo estrito das artes para invadir os bailes e encontros dos intelectuais. Havia, portanto, máscaras por todo lado – difícil não relacionar as mascaradas sociais às políticas e à tensão que o país vivia naqueles anos. O Apocalipse era uma forma sociológica de explicar o desenvolvimento de eventos numa história que, embora pressagiasse o fim, estava longe de terminar – os quatro cavaleiros do Apocalipse pareciam cavalgar livremente por aquelas plagas, numa "infernal arlequinada". Todavia, Petersburgo é uma Veneza gélida e a máscara russa desconstrói, de certa forma, a da tradição carnavalesca, assim, elas e as personagens da *Commedia* se tornam nas mãos de Vsévolod

6   B. Picon-Vallin, *Meierhold*, p. 48-49.

314 UMA POÉTICA EM CENA

figuras arquetípicas, quando então, "ao lado do elegante esteta apaixonado pelo drama literário, surge um outro Meierhold investigando as fontes do teatro popular"[7]. As máscaras e os demais expedientes, oriundos do teatro popular ou do antigo, usados em nova chave, eram recursos valiosos na refrega pelo alargamento das possibilidades expressivas contra um drama naturalista que para muitos tinha uma uma visão estreita do papel do teatro e era incapaz de representar a realidade de um mundo em transformação acelerada ou, acreditava-se, em acelerada dissolução, por isso, como afirmou o próprio encenador:

a maior parte dos diretores tende a preferir, atualmente, a pantomima ao drama verbal. Não acredito que seja obra do acaso, do gosto, encontrar uma atração particular por esse gênero. O fato é que a montagem dessas peças silenciosas revela, tanto para o diretor como para o ator, o poder dos elementos primeiros do teatro: poder da máscara, do gesto, do movimento, da intriga[8].

Trata-se de uma declaração inequívoca que se junta a várias outras da mesma lavra e no mesmo diapasão, como a de que "sem comediante ambulante não existe teatro e, inversamente, o teatro que abdica das leis essenciais da teatralidade pode dispensar o comediante ambulante"[9] ou que "no teatro as palavras são apenas desenhos saídos dos esboços dos movimentos"[10]. Assim, ao fazer-se uso das máscaras, rompe-se com o realismo de um Stanislávski, por exemplo, pois elas são imagens, não representação psicológica, e os gestos, a pantomima, é uma forma de dizer o indizível.

Curiosamente, a despeito da detalhada escritura cênica de Blók, é a partir da encenação d'*A Barraca de Feira* que a visão do que seja a teatralidade se transforma, com o teatro assumindo, cada vez mais, a condição de uma realização do ator ou do encenador.

7 A. Conrado, op. cit., p. 7.
8 Meierhold em A. Conrado (org.), op. cit., p. 86.
9 Ibidem.
10 Ibidem.

Minha Memória Afetuosa

JOSÉ EDUARDO VENDRAMINI[*]

A filha de seu Renério Cardoso, funcionário da antiga Fepasa, e de dona Adelina, nascida em Cedral, no interior de São Paulo, em 1945, foi aluna exemplar e mestre ímpar. Antes mesmo de fazer sua graduação em Letras na Faculdade de Filosofia, Ciências e Letras de São José do Rio Preto (atual Unesp), Reni Chaves Cardoso já lecionava para seus alunos particulares, com didática e simpatia absolutamente cativantes. Durante a faculdade, era comovente seu entusiasmo em ajudar seus colegas em dificuldade – a generosidade sempre foi um traço marcante seu.

Iniciou a pós-graduação na PUC-SP, prosseguindo na Faculdade de Filosofia, Letras e Ciências Humanas da Universidade de São Paulo (FFLCH-USP), onde foi orientanda do grande mestre Boris Schnaiderman tanto no mestrado (sobre *O Rei Da Vela*, de Oswald de Andrade, pelo Teatro Oficina) como no doutorado, decorrente de trabalhos realizados para o curso de pós-graduação ministrado por J. Guinsburg e que deu origem a esta mais que oportuna e merecida publicação. Sua incansável paixão pelo conhecimento a levou a cursar disciplinas em número muito superior ao necessário. Tanto saber foi compartilhado por meio de inúmeras disciplinas ministradas no

---

[*] Dramaturgo, encenador e professor titular emérito da ECA-USP.

Departamento de Artes Cênicas da Escola de Comunicações e Artes (ECA) da USP como docente autônoma.

Não sei em que momento começou a nascer seu interesse pelo teatro russo, mas seu vínculo com esse universo e com o país era tão intenso que mais parecia que ela estava fisicamente no Brasil, mas com o pensamento sempre lá nas estepes gélidas do interior e nos teatros de Moscou e São Petersburgo. Suponho que sua paixão por Maiakóvski (Reni era grande poeta e, além de escrever poesia de excelente qualidade, gostava de ler e dizer poemas) foi o verdadeiro começo desse vínculo.

Mas a paixão de Reni por teatro começara muito antes, nas décadas de 1960 e 1970, em São José do Rio Preto, no importante teatro amador daquela cidade paulista, ao ser ela premiada como atriz por suas atuações como Olan, em *A Muralha da China*, de Max Frisch, e como uma inesquecível Catarina, em *A Megera Domada*, de William Shakespeare. (Ela se orgulhava muito de ter recebido das mãos de Eugênio Kusnet o Prêmio Anchieta por esse último espetáculo, dirigido por Fernando Muralha, em 1970.)

É impossível resumir a sua produção artístico-acadêmica. São artigos, livros, antologias, traduções, palestras, oficinas, assessorias, festivais, seminários, assistências de direção... Em resumo: teatro (amador e profissional) e poesia (como autora e participante do movimento Catequese Poética, ao lado de Lindolf Bell) sempre estiveram presentes em sua vida.

Seus conhecimentos eram solicitados por colegas que a convidavam frequentemente para bancas de qualificação, mestrado e doutorado. Além das dissertações e teses, Reni lia ou relia parte da bibliografia mencionada, para melhor contribuir em benefício do candidato. Seu entusiasmo pela organização de dados (oriundo dos tempos em que trabalhara no Departamento de Informação e Documentação Artísticas – Idart), sob a supervisão de Sábato Magaldi, fez com que ela organizasse importante acervo fotográfico sobre encenações históricas (material precioso que alguma equipe de pesquisadores deveria recuperar e catalogar). A computação encontrou nela uma grande aprendiz de surpreendente talento desde a primeira hora.

Enfim, falta falar da querida amiga: solidária, generosa, leal, que sempre estendia sua mão a quem precisasse. Acometida por

POSFÁCIO: MINHAS MEMÓRIAS AFETUOSAS 317

um câncer devastador, lutou o quanto pôde para não preocu-par os amigos e ex-professores, que só vieram a saber de sua doença e sucessivas cirurgias depois de seu falecimento (em 2007). Deixou dois filhos gêmeos – Luiz Henrique, alto como o pai, e Ana Carolina, pequenina como a mãe – e o marido Luiz Sampaio, também poeta e tradutor (voltado, além das palavras portuguesas e russas, para planetários e estrelas), e que agora, ao lado do incansável mestre J. Guinsburg, organizou esta publi-cação que abrilhantará o mosaico de contribuições da editora Perspectiva para os estudos teatrais.

ПРОСЯТ КУРИТЬ!

PEDE-SE FUMAR!

Este livro foi impresso na cidade de Cotia,
nas oficinas da MetaBrasil, em julho de 2018,
para a Editora Perspectiva.